普通高校体育选项课系列教材

休闲娱乐运动
XIUXIAN YULE YUNDONG

彭文军 马 良 赵 蓉 编著

清华大学出版社
北 京

内 容 简 介

本教材从理论与实践两个方面对休闲娱乐运动进行了全面的分析和介绍。理论部分包括休闲体育运动的基本知识，休闲娱乐运动的价值，休闲娱乐运动与现代社会的关系，休闲娱乐运动损伤预防与处理；实践部分涉及台球、棒球、门球、保龄球和高尔夫球等时尚与新型休闲球类运动，风筝、毽球、跳绳、拔河、秋千和舞龙舞狮等传统休闲娱乐运动，轮滑、垂钓、飞镖、飞盘等户外休闲娱乐运动，登山、攀岩、漂流、滑雪和山地自行车等户外拓展训练运动以及围棋、中国象棋、五子棋和桥牌等心智休闲娱乐运动，能为读者参与休闲娱乐运动提供积极的指导。

本书封面贴有清华大学出版社防伪标签，无标签者不得销售。
版权所有，侵权必究。举报：010-62782989，beiqinquan@tup.tsinghua.edu.cn。

图书在版编目(CIP)数据

休闲娱乐运动 / 彭文军，马良，赵蓉编著 . —北京：清华大学出版社，2015（2025.1重印）
（普通高校体育选项课系列教材）
ISBN 978-7-302-40104-9

Ⅰ. ①休… Ⅱ. ①彭… ②马… ③赵… Ⅲ. ①体育锻炼—高等学校—教材 Ⅳ. ①G806

中国版本图书馆 CIP 数据核字(2015)第 089470 号

责任编辑：王燊娉　胡花蕾
封面设计：赵晋锋
版式设计：周玉娇
责任校对：成凤进
责任印制：刘海龙

出版发行：清华大学出版社
网　　址：https://www.tup.com.cn,https://www.wqxuetang.com
地　　址：北京清华大学学研大厦A座　　邮　编：100084
社 总 机：010-83470000　　邮　购：010-62786544
投稿与读者服务：010-62776969，c-service@tup.tsinghua.edu.cn
质 量 反 馈：010-62772015，zhiliang@tup.tsinghua.edu.cn

印 装 者：三河市龙大印装有限公司
经　　销：全国新华书店
开　　本：185mm×260mm　　印　张：17　　字　数：413千字
版　　次：2015年8月第1版　　印　次：2025年1月第5次印刷
定　　价：49.00元

产品编号：064687-02

丛书编委会

主　　编：赵志明

编　　委（按姓氏笔画排名）：

马　良	王彦旎	王晓旭	王晓军	王耀全
刘坤翔	刘积德	齐效成	孙　成	李　华
李明芝	何维彦	汪聚伟	沈　圳	迟永柏
张陶淘	张　鹏	陈志坚	苟小平	周　鹏
赵　蓉	侯邢晨	秦黎霞	高学锋	高淑艳
高　巍	郭玉洁	黄　荣	黄　艳	梁燕飞
屠建华	彭文军	覃兴耀	谢大伟	

丛 书 序

教育是立国之本、强国之基,没有优良的教育,一个国家就难以获得发展。在经济和社会的快速发展下,竞争日益加剧,而这种竞争逐渐演变为人才的竞争。在这一背景下,高等教育面临着培养全面型高素质人才的历史使命。而健康的体质是人才的基础,要培养合格的人才,高校必须重视体育教学。尤其是目前我国面临着国民体质日益下降的严峻形势,如何加强高校体育教育,进行体育教育改革,成为高校体育教育的重要工作。

我国对高校体育教育非常重视。《中共中央国务院关于深化教育改革全面推进素质教育的决定》中明确了体育教育工作的重要性,《全国普通高等学校体育课程教学指导纲要》也对体育课程进行了分析与定位,这些都为我国高校体育教育的发展提供了方向。高校体育教育要严格遵循"健康第一""以人为本""终身体育"的指导思想,以《全国普通高等学校体育课程教学指导纲要》为根据,遵循体育教育的客观规律,不断进行体育教育改革,提高体育教育质量,为实现培养全面人才的重任而努力。

高校体育教育的重要任务就是让学生获得体育运动的基本知识,掌握一两种体育锻炼的技能,从而促进自身身心健康与社会适应能力,增强体质,形成终身体育意识。基于这一任务,从高校体育教育与学生的实际情况出发,我们编写了《普通高校体育选项课系列教材》,包括《体育运动科学理论》《足球》《篮球》《排球》《乒乓球》《羽毛球》《网球》《健美操》《形体与体育舞蹈》《武术与养身》《跆拳道、散手及自卫防身术》《游泳救生及水上运动》《定向运动与野外生存》《休闲娱乐运动》等。

本套教材有以下特点:

(1)内容丰富。本套教材根据高校体育教育的实际、学生体育学习的需要以及时代的发展,从庞大的体育系统中选择了一些对学生发展有利的、易于学生接受的、时代性强的内容进行讲解,既包含了体育理论的相关知识,也包含体育运动项目的实践,编排全面合理,能够满足高校体育教师教学与学生学习的需要。

(2)教育性强。本套教材在编写过程中突出了教育性,不仅对学生进行体育文化的教育,还对学生进行体育实践的指导,更注重学生体育技能的掌握与体育意识的培养,体现出了体育在素质教育与人才培养方面的重要性。

(3)突出个性。本套教材在编写中严格遵守"以人为本",内容选择上从学生的需要出发,讲解中考虑了学生的身心发展特征,并体现出了个体差异,有利于学生在学习过程中的个性培养,为终身体育奠定基础。

(4)实用性强。本套教材所选内容切合实际,编排遵循了人类认识的一般规律,语言通俗易懂,图文并茂,方便教师教学与学生学习,具有较强的实用性。

本套教材在编写过程中吸收、借鉴了国内外专家和学者的研究成果和资料,并得到了清华大学出版社的大力帮助和支持,在此表示衷心的感谢。由于编写人员精力和水平有限,书中难免存在不妥之处,敬请广大读者批评指正。

赵志明

湖南科技大学体育学院教授

北京体育大学体育教育训练学博士

2015 年 1 月

前　言

经济与社会的不断发展和进步，使得人们对体育运动的需求越来越高，而这也进一步促进了体育运动的细分，比如，健身运动、竞技运动、休闲娱乐运动等。其中，休闲娱乐运动是当前最受人们欢迎的体育运动形式。休闲娱乐运动的主要功能在于休闲娱乐，通过休闲娱乐运动能够使学习和工作压力得到有效的缓解和消除，有助于学习和工作效率的进一步提升。除此之外，对于在校学生来说，休闲娱乐运动在增强他们的体育运动兴趣，树立终身体育锻炼的理念方面具有非常重要的意义。

休闲娱乐运动与其他运动形式不同，其主要是在自由、兴趣的基础上进行体育活动，这与学生的特点与需求是相符的，而且对学生了解和参与休闲娱乐运动起到了积极的推动作用。不过，当前关于休闲娱乐运动的专门教材相对较少，或者涉及的内容不够全面，在一定程度上限制了学生的选择与参与。鉴于此，特意编写了《休闲娱乐运动》这本教材，希望能够为学生了解并参与休闲娱乐活动提供科学的指导。

本教材共有9章，从理论与实践两个方面对休闲娱乐运动进行了全面的分析和介绍。前4章为理论部分，其中，第一章对休闲体育运动的基本知识进行了阐述，包括休闲体育运动的概念、内涵、内容、分类、特点、功能等；第二章对休闲娱乐运动在生理、心理、经济以及文化方面的价值进行了分析；第三章对休闲娱乐运动与现代社会的关系进行了阐述，具体涉及休闲娱乐运动与现代和谐社会、人的社会化、终身体育等方面的关系；第四章是对休闲娱乐运动损伤预防与处理的阐述。后5章为实践部分，分别对台球、棒球、门球、保龄球和高尔夫球等时尚新型休闲球类运动，风筝、毽球、跳绳、拔河、秋千和舞龙舞狮等传统休闲娱乐运动，轮滑、垂钓、飞镖、飞盘等户外休闲娱乐运动，登山、攀岩、漂流、滑雪和山地自行车等户外拓展训练运动以及围棋、中国象棋、五子棋和桥牌等心智休闲娱乐运动进行了介绍，以期为学生参与休闲娱乐运动提供积极的指导。

总体来说，第一，本教材对休闲娱乐的理论与实践均进行了阐述，同时，实践方面涉及的项目非常多，增强了学生在选择方面的灵活性；第二，本教材首先对休闲娱乐运动的基本知识与安全指导进行分析，让学生建立科学的概念，以此来为参与实践运动起到积极的指导作用，这个结构是非常系统、合理的；第三，本教材通过将休闲娱乐运动与现代社会有机结合起来，增强休闲娱乐运动的社会与发展属性。

本书由陇东学院彭文军、中华女子学院马良、陕西学前师范学院赵蓉编著完成，并由三人共同统稿。具体分工如下。

第二章、第六章、第九章：彭文军；

第四章、第七章、第八章：马良；

第一章、第三章、第五章：赵蓉。

本教材在编写过程中参考并借鉴了部分专家学者的研究成果和观点，在此表示最诚挚的感谢。另外，由于时间和精力的限制，书中难免存在不妥之处，敬请广大师生批评指正。

编者

2015 年 1 月

目 录

第一章 休闲体育运动概述 … 1
- 第一节 休闲体育运动的概念及内涵 … 1
- 第二节 休闲体育运动的内容及分类 … 3
- 第三节 休闲体育运动的特点及功能 … 6

第二章 休闲娱乐运动的价值 … 13
- 第一节 休闲娱乐运动的生理价值 … 13
- 第二节 休闲娱乐运动的心理价值 … 17
- 第三节 休闲娱乐运动的经济价值 … 24
- 第四节 休闲娱乐运动的文化价值 … 34

第三章 休闲娱乐运动与现代和谐社会 … 41
- 第一节 休闲娱乐运动与现代和谐社会的关系 … 41
- 第二节 休闲娱乐运动与人的社会化 … 47
- 第三节 休闲娱乐运动与终身体育的关系 … 51

第四章 休闲娱乐运动与损伤 … 55
- 第一节 运动损伤概述 … 55
- 第二节 休闲娱乐运动常见损伤的预防 … 62
- 第三节 休闲娱乐运动常见损伤的处理 … 65

第五章 时尚与新型休闲球类运动 … 79
- 第一节 台球运动 … 79
- 第二节 棒球运动 … 91
- 第三节 门球运动 … 95
- 第四节 保龄球运动 … 105
- 第五节 高尔夫球运动 … 114

第六章 传统休闲娱乐运动 … 123
- 第一节 风 筝 … 123
- 第二节 毽 球 … 127

> 第三节 跳　绳 ··· 132
> 第四节 拔　河 ··· 140
> 第五节 秋　千 ··· 142
> 第六节 舞龙舞狮 ··· 145

第七章　户外休闲娱乐运动 ··· 161

> 第一节 轮　滑 ··· 161
> 第二节 垂　钓 ··· 171
> 第三节 飞　镖 ··· 179
> 第四节 飞　盘 ··· 184

第八章　户外拓展训练运动 ··· 189

> 第一节 登　山 ··· 189
> 第二节 攀　岩 ··· 192
> 第三节 漂　流 ··· 204
> 第四节 滑　雪 ··· 209
> 第五节 山地自行车 ··· 213

第九章　心智休闲娱乐运动 ··· 225

> 第一节 围　棋 ··· 225
> 第二节 中国象棋 ··· 234
> 第三节 五子棋 ··· 241
> 第四节 桥　牌 ··· 251

参考文献 ··· 261

第一章 休闲体育运动概述

作为体育运动的重要组成部分,当前,休闲体育运动得到了较为迅速的发展,究其原因,主要表现在两个方面:一方面,休闲体育运动能够使人们对娱乐和健康的需求得到较好的满足;另一方面,休闲体育运动与"健康第一""全民健身"的指导思想相吻合,因此受到人们的广泛青睐。本章主要对休闲体育运动的概念及内涵、内容及分类、特点及功能等基本知识进行分析和说明,使学生对休闲体育运动有基本的了解和认识。

第一节 休闲体育运动的概念及内涵

一、休闲体育运动的概念

(一)休闲的概念

人们在非劳动及非工作时间内以各种"玩"和"游戏"的方式达到身体保健、体能恢复以及身心愉悦目的的一种业余生活,就是所谓的休闲。建立科学文明的休闲方式,可以对人体能量的储蓄和释放起到积极促进作用,使人的智能和体能素质得到有效提高,人的生理和心理机能也能有所改善。

最初,以生存需要为主要目标的生产劳动,只是一种谋生手段。在劳动密集型生产方式中,劳动者每天都以机械的动作重复着大量而繁重的劳动;而在现代化智能型生产方式中,劳动者的体力支出已经降低到最小限度,然而带来的却是高度精神紧张和心理压力。所有这些由强制性或者被迫"从业"劳动所带来的生理和心理上的负荷,都需要在可自由支配、随意的"业余"生活中,通过各种方式予以缓解和消除,于是休闲作为一种有效缓解身心的方式应运而生。

人们在生产劳动中创造出了大量的物质财富,为提高生活质量提供了条件和可能,而余暇时间的休闲,则使这些条件和可能成为现实。随着现代社会文明的发展,休闲已不仅仅是舒缓劳作、调节身心的一种手段,它以崇尚自然、追求舒适、满足个性身心发展为特征,体现出自己独特的价值和作用,成为丰富人们生活内容、提高生活质量的重要余暇生活方式。而人们的生活质量,正是通过劳动和休闲的相互影响与作用体现出来的。随着科学技术的发展以及生产力水平的不断提高,劳动者的余暇时间也越来越多,人们的休闲生活日益丰富起来,这使得生活质量得到了极大提高。

瑞典哲学家皮普尔总结休闲特点有3个方面:第一,休闲是一种心理倾向,一种精神状态;第二,休闲是一种包容的、沉思的心态,一种能使自己全身心投入到创造活动中的状态和能力;第三,休闲是一种坦然的心境。由此可见,休闲是与奋斗直接相对应的,它不承认工作具有最高级的社会功能。

美国休闲学者杰弗瑞·戈比教授则认为:"休闲是从文化环境和物质环境的外在压力下解脱出来的一种相对自由的生活,休闲能使个体以自己所热爱的,本能地感到有价值的方式在内心之爱的驱动下行动,并为信仰提供基础。"[1]

目前,社会上更倾向于以心境来定义休闲:第一,感受自由,反映出一个人内在的控制状况;第二,技能,参与休闲活动时常常需要的某种或某些技能;第三,内在动机,反映参与休闲运动的愿望;第四,情感体验,指在休闲时的体验。这也是大多数人对休闲的一种心理定义。

(二)休闲体育概念的界定

休闲活动具有多重属性,主要包括健身、竞技、游戏、娱乐等,同时,休闲活动也具有较为显著的作用,主要表现为改善与发展人的身心健康,提高人体机能水平,这些属性和作用正是休闲活动所需要的。因此,体育活动逐渐成为人们休闲生活的一种方式。随着体育进入人们的余暇生活,休闲体育已成为体育运动中一个相对独立的领域。

休闲体育运动的概念有广义和狭义之分。其中,从广义上来说,休闲体育运动就是用于娱乐、休闲的各种体育活动。它与体育运动的其他领域有着对立统一的关系。竞技体育的目标是最大限度地发展人的运动能力,不断向人类的运动极限挑战。然而,竞技体育的某些项目,如果能够用于休闲,也可以称之为休闲体育。体育教育是对受教育者施以运动技能和知识的教育,使其掌握一些体育锻炼方法,学会一些体育项目技术。这些技术与方法在学生将来的生活中,会成为休闲活动的习惯方式,使学生终身受益。大众体育是以健身、娱乐和社会交往为特征的群众性体育活动,与广义的休闲体育有相似之处,可以把休闲体育看成是其中的一部分。综上所述,休闲体育与体育运动的其他领域有着外延的联系,当某种体育活动用于竞技比赛时,可看作竞技体育;当某种体育活动用于娱乐休闲时,则可看作休闲体育。各种体育活动的类别属性,视其目标和作用而定。

然而,休闲体育作为一个相对独立的领域,与其他体育运动又有着不同之处。根据休闲体育的目的和作用,从狭义上对休闲体育运动这样解释:人们在余暇时间所进行的、以满足自身发展需要和愉悦身心为主要目的、具有一定文化品位的体育活动。

我国著名体育理论专家卢元镇教授对休闲体育运动这样解释:休闲体育是人们怀着轻松愉快的心情自愿参加各种体育活动的娱乐活动,既不受限于体育教学的种种严格规定,也不追求高水平的运动成绩,甚至有时也并不把体育的强身祛病作用放在首位,而是以休闲运动作为一种有意义的活动形式用来度过自己的余暇时间,使个人在精神和身体上得到

---

[1] 钱利安. 休闲体育理论与实践调查研究[M]. 杭州:浙江大学出版社,2008.

休息、放松和享受。

上海体育大学博士于涛对休闲体育运动的理解为:"休闲体育是在工业社会和后工业社会创造物质财富和精神财富基础上,人们抱着自我完善、自我充实的自觉态度,积极主动地追求和享受体育活动乐趣的一种体育生活方式。"

二、休闲体育运动的内涵

从休闲体育运动的概念中,可以总结出休闲体育运动的内涵。具体来说,其主要包括3个方面。

(一)休闲体育运动应当是个人在业余时间自主选择、自由支配的活动

这与竞技体育强制性的专业训练和体育教育规定性的活动课程是不相同的。休闲体育完全是个人根据自己的爱好、兴趣和需要,选择活动的方式与内容,确定活动的强度和负荷,是以个人为主体的活动。

(二)促进身心发展是休闲体育运动的主要目标

可以说,休闲体育的目标是通过多种多样的体育活动,达到健身、娱乐、欣赏、交往等目的,满足个人身心发展需要。其中,健身是休闲体育的基础,娱乐是休闲体育的核心。西方发达国家用于表述休闲体育的词语有"娱乐""休闲""休闲娱乐"等。可见"娱乐"应当是休闲体育的主要目标。另外,休闲体育不同于一般性体育健身活动,它具有鲜明的挑战性、刺激性、冒险性、新颖性、趣味性和艺术表现性。在休闲体育中,人们充分展示个人的能力与个性,获得身心的愉悦和满足。

(三)休闲体育运动是一项社会文化活动

具体来说,休闲体育是一种具有一定科学技术含量和文化品位的社会文化活动。所有新颖的休闲体育项目的产生,都是建立在科学基础之上,采用了新技术、新材料和新方法。因此,这些新项目通常被视为高雅、高尚、高品位的体育活动,极大丰富了体育文化活动的内容。

第二节 休闲体育运动的内容及分类

休闲体育的内涵和特点对休闲体育丰富的外延起着重要的决定性作用,休闲体育的分类形式较多,以运动形式为主要依据,可将休闲体育运动分为竞技运动项目和非竞技运动项目;以活动方法为主要依据,则可以将休闲体育运动分为有氧运动项目和无氧运动项目;如果以活动场所为主要依据,则能够将休闲体育运动分为室内活动项目和室外活动项目。

休闲体育是社会休闲方式中运动性休闲活动的统称。在社会休闲方式中,运用体育活动进行休闲是一种十分重要的方式。就内容而言,休闲体育就是利用各式各样的体育活动来度过休闲时光,这些用于休闲的体育活动称为体育休闲方式。

体育休闲方式是休闲体育构建的主体成分,对于休闲方式来讲,体育休闲方式是其中的一种十分重要的活动类型。

一、按身体状态划分的类型及主要内容

(一)观赏性活动及其内容

观赏各种体育竞赛和休闲体育的表演,就是所谓的观赏性活动。在观看比赛和表演的过程中,人们会表现出赞赏、激动、惊叹、沮丧、愤怒等各种情绪,心理压力得到充分释放。在观赏的过程中,还可以学习一些体育知识,欣赏到体育运动的艺术魅力,受到体育精神的熏陶。

(二)相对安静状态的活动及其内容

棋牌类休闲活动是主要的处于相对安静状态的活动。这类活动,参与者身体活动量较小,脑力支出大,是智慧与心理素质的竞争。棋牌类活动通常是多人参加的集体活动,默契与配合、经验与心理素质是这类活动的主要特征。垂钓也属于这类活动,但体力与脑力的支出都比较小,是一种很好的修心养性的休闲方式。

(三)互动性活动及其内容

互动性活动主要包括两个方面的内容,一个是利用自然运动,一个是互动式活动。每一类都包含着各自不同的内容。

1. 利用自然运动

这是利用大自然资源进行的互助休闲活动,这类活动需要专业指导或在医护人员的监督下进行,以保证活动安全,如空气浴、泥浴、沙浴、温泉浴、药浴、蒸汽浴等。

2. 互动式活动

这类活动是通过专业人员技术活动来减缓身心疲惫、消除烦躁情绪、减压、调节身心的一种方法。主要方法有:推拿按摩、针灸、足按足浴、理疗等。

二、按项目性质划分的类型及主要内容

这是休闲体育运动的主体。根据各种休闲活动的特性,运动性活动通常分为以下几种类型。

(一)健身舞类运动及其内容

这是通过各类民族传统歌舞形式和有音乐伴奏进行体育休闲的方式。其包括的内容主要有:各民族传统的舞蹈、秧歌、舞龙舞狮、形体舞、肚皮舞等。

(二)养生类运动及其内容

这类运动的共同点是节奏都比较和缓,经常参加此类活动可起到强身健体的作用。其包括的内容主要有:瑜伽、普拉提,以及将中华传统武术通过改编之后,在音乐的伴奏下进行的太极拳、木兰拳、木兰扇等运动。

(三)命中类运动及其内容

这类运动是运用自身的技巧和能力,借助特定的器械击中目标。其包括的内容主要有:打靶、射箭、投篮、保龄球、台球、高尔夫等。

(四)技巧类运动及其内容

此类运动是指人运用自身的能力,借助特定的轻器械表现出高度灵巧和高超技艺的活动。其包括的内容主要有:花样滑板、自行车越野障碍等。

(五)冒险类运动及其内容

这是一种具有人类对大自然的挑战性的休闲活动,须有严密的组织措施和安全保障。其包括的内容主要有:沙漠探险、漂流、游泳、横渡海峡、滑翔伞等。

(六)户外运动及其内容

这里的户外运动,并不是仅指在室外进行的体育活动,而是指人们回归自然的各种体育休闲方式。其包括的内容主要有:野营、远足、登山、攀岩等。

(七)游戏竞赛类运动及其内容

这是将竞技体育比赛项目的规则进行简化和游戏化改造之后,形成的休闲游戏比赛。其包括的内容主要有:沙滩排球、三人制篮球等。

(八)眩晕类运动及其内容

这类运动是借助特定的运动器械和设备,使人在运动中获得在日常生活中难以体验到的空间运动感觉,感受身体与心理极限的刺激。其包括的内容主要有:游乐场上各种产生滑动、旋转、升降、碰撞的游艺项目,如过山车、蹦极等。

(九)水上、冰雪类运动及其内容

水上项目有游泳、潜水、滑水、摩托艇、帆板、冲浪等。冰雪项目有滑雪、花样滑雪、雪橇、滑冰等。

休闲体育的内容是十分丰富的,上述分类方法仅是根据各休闲体育项目的特征进行归类,并不能完全反映各项目的归属。事实上,有些项目可以分列于多个类型之中。重要的是,通过分类,我们可以进一步地了解休闲体育的特征和内容,理解休闲体育的价值和内涵,为参加休闲体育活动积累、掌握一些必要的知识。

知识拓展

国际休闲运动合作组织（International Leisure Sports Cooperation Organization，简称ILSCO），是一个旨在促进和协调休闲运动成员机构之间联合联动、共赢共进的、独立的、联合性和普遍性的非政府组织。ILSCO 组织原则，即"四个共享"法则：资源共享、信息共享、人才共享、市场共享，以此实现 ILSCO 的凝聚作用，使成员共同受益、共同进步。

第三节 休闲体育运动的特点及功能

一、休闲体育运动的特点

从概念与内涵中可以看出，休闲体育运动具有较为显著的特点，具体来说，主要表现在以下几个方面。

（一）自然性特点

人的生命活动主要包括内部活动和外部活动两种。内部活动是指生理、生化活动，亦即物质与能量的不断消散过程。这一过程总是在人的有机体内发生和进行着。要维持生命结构的存在，一方面要不断地促使消散过程积极进行，另一方面则需要通过与外界进行物质交换以补偿已经消散的能量。而这两个方面的活动都必须借助于有机体的外部活动，它们构成了摄入与排泄以及身体运动这些基本需求的本源。

作为生命也必然会遵循生命运动的基本轨迹，保留了生命体本能的需求和活动方式，只是人的这些本能需求在个体的社会化进程中被特定的方式所制约，从而以社会人的特有方式来满足这些需求。

（二）参与性特点

休闲体育具有很强的社会实践性，需要人们亲自参与其中并在参与活动的过程中体验和获得某种感受。如果没有自身的参与，就无法得到自己所期望的那种感受，也不能完整地表达自己最真实的想法和感受。有人把观看体育竞赛和表演等也纳入休闲体育范畴，并把休闲体育分成参与型和观赏型两类。但是这种所谓的观赏型休闲体育和杂技、大型综合性演出等相比并没有多大的区别。因此，我们认为，观看或者观赏的方式属于文化性休闲的范畴，不能纳入休闲体育的范畴。从这个意义上来说，休闲体育是参与性的，是活动者亲身参与和实践的过程，它是通过非正式的、自发的活动，追求身体放松和心理愉悦的体育活动。

（三）自发性特点

休闲体育是人们在休闲时间内进行的一种自发性的主体活动。它完全是出于一种个体或某一群体真正的主体需求,在个人可以自由支配的时间里进行体育活动,没有任何强制、被动或非自愿成分。在活动中,由于是主体自觉自愿的需要而参与,因此,不仅直接满足身心发展的需要,而且这种良好的情绪体验会更加激励其持久参与的积极性,并比较好地形成"需要—满足—更大需要—更大满足"持续不断的良性循环。

在社会高度发展的当今时代,休闲已经不只是以前那种人们劳动之余的休息和放松。随着自由时间的增加,休闲已经成为每个人的生活权利,成为个人生活重要的组成部分。现代人有充分的自由意识,人们对自由时间的支配权就在休闲活动中体现出来。

(四)伦理性特点

休闲体育活动属于一种社会行为,必然要受到一定社会伦理道德及规范的制约,活动参与者必须要遵守这些道德原则才能被社会其他人所接受,否则其活动将会遭到禁止和抵制。随着社会的进步和人与人之间关系的愈加完善,这种伦理特性也就显得尤为突出和重要了。任何个人将自己的休闲娱乐欲望的需求建立在损害他人利益和伤害他人身体的基础上,都会受到社会谴责,实际上不仅是休闲体育活动具有伦理性,其他任何社会性行为或活动都受伦理道德的制约和规范。

(五)时代性特点

休闲体育的时代性,是指休闲体育总是在一定历史阶段、一定文化背景下产生和发展起来的,具有各个时代不同的特性。在不同的历史时期,伴随存在着不同的物质文明和精神文明,会产生不同的休闲活动方式,体育休闲活动也是应其时代的要求和进步而演变和发展起来的。

通过研究可以发现,无论在什么样的时代,体育活动总是可能现身于社会中的,成为民众乐于接受和参与的休闲活动方式。即使在欧洲的中世纪(5—15世纪)神权统治下,也很难泯灭和抑制民众追求身体游戏的需要,儿童少年则始终是游戏的先锋,他们把武士的打斗也变成自身娱乐的活动。当然,休闲体育活动毕竟是社会文明的表现形式,在许多情况下,与社会科学技术的发展水平密切相关。现代流行的休闲体育活动与20世纪相比发生了较大的变化,今天的休闲体育活动往往是与科学技术和材料革命的结合,而过去的休闲体育活动则更倾向于身体的自然活动。

(六)层次性与多样性特点

1. 层次性特点

休闲体育的层次性主要包括3个方面的内容:第一,活动人群的年龄层次;第二,动作内容的难易层次;第三,活动方式的经济消费水平层次。这几个层次的划分具有十分重要的社会意义。对人们选择休闲体育层次性产生影响的因素主要有两个方面,一个是需要和爱好,一个是休闲活动项目的技术含量。

(1)需要和爱好

一般来说,不同年龄阶段的人有着不同的需要和爱好,而这种需要和爱好直接影响着人们对体育休闲方式的选择。如儿童少年对滑板、轮滑、小轮自行车等一些新奇的活动感兴趣;青年人则爱好篮球、足球、攀岩等具有一定挑战性和对抗性的活动;中年人则倾向于活动的品位和档次;老年人则更喜欢交流互动性强的活动。这些都体现出鲜明的层次性特征。

(2)休闲活动项目的技术含量

活动的技术要求和难度,也是人们选择休闲体育活动时的重要依据之一。对这种选择起到决定性作用的主要是休闲体育活动参与者对自己运动能力的评价。个人运动能力较强者,一般会选择技术含量较高的项目;而个人运动能力相对较差者则更愿意选择那些技术要求和难度都比较低的项目。另外,还有一些人选择高消费的活动方式,这些参与者通常拥有相当大的财力,一般带有炫耀性消费的特征;而另一些体育休闲活动方式则可能对个人经济情况的要求相对不高,既能显示出个人身份,也能表现出个人的运动能力;还有一些人更愿意选择那些较低消费甚至不需要多少开销就能使自己获得身心愉悦的活动项目。

社会消费存在多种形式,许多形式的消费,在刚开始时属于奢侈消费,但随着社会不断发展,这些形式逐渐被大众所接受,从而发展成为其必要消费的一部分。对休闲体育来说也同样如此。许多项目在开始时总是少数人(一般是社会高层人物)参与的活动。在这种情况下,这些活动就完全成为个人身份的象征和标志。至少,在一段时期内,这些活动通常是一定社会阶层所特有的,带有炫耀性消费特征的休闲活动。如保龄球初入中国时几乎是白领消费者的运动,参与保龄球运动必须具备一定的经济实力。因此,在这段时期,保龄球成为一种社会阶层区分的活动。但是发展到现在,随着人们物质生活水平的改善和提高,国内保龄球馆不断增多,以及价格的大幅度下调使得这种活动开始大众化,其原先所具有的社会区分作用也就在大众化过程中逐渐丧失,进而演变为一般性的休闲体育活动。

2. 多样性特点

人的智慧力量是无穷的,善于创造新的技术和方法,发展到现在,人们所创造的休闲体育活动数不胜数,很难有人对此作出准确的统计。而随着现代社会的不断发展,许多带有先进科技性的休闲体育活动也在不断涌现出来,这就是休闲体育的多样化特性。

(七)规范性与符号化特点

1. 规范性特点

休闲体育的规范性,是指大多数休闲体育活动都对休闲参与者的行为确定了相应规范,在活动时间和方式、与他人的关系等诸多方面都作了一定的要求,这就是"活动规则"。尽管这种活动规则并不像其他社会行为那样有着严格的规定,但或多或少对休闲体育活动参加者的行为给予了一定程度的约束,这在多人同时参加的休闲体育活动中表现得更为突出和明显。这种规范性通常以社会文化体系的传递方式一代代继承下去,成为活动参与者普遍遵守的行为规范。在动物的游戏活动中也存在着某种规则,但这种规则并不是一种社会规范,而仅仅是一种行为信号。

2. 符号化特点

从文化角度来看,所有的人类语言和行为都属于一种符号,休闲体育也同样如此,这种符号的本质是表层结构、深层结构和意义结构3方面的统一。从文化社会学的角度来考察休闲体育,就是要考察休闲体育的社会意义结构。法国社会学家波德里亚认为:"休闲无法不成为符号消费的对象。"因此,可将休闲看作是大众文化符号消费的一种。在现今大众消费社会里,休闲体育运动也已经成为文化记号和被消费的对象。当人们习惯于将各式各样的体育运动作为一种休闲消费选择的时候,休闲也就成为符号消费的一种,成为符号消费的对象,即"被消费的休闲"。

随着现代社会的发展,人们的休闲体育行为表现出来的已不再单纯是对于符号的表层追求,而是迈向更高层次的、具有象征性的夸示性行为。其标志之一就是,近些年来出现了众多的健身俱乐部、高尔夫球俱乐部等高消费场所,通常在这里需要交纳一定的会员费,而会员费一年就可高达几万元,对于这些会员来说,他们并不注重一年需要交纳多少会费,而是特别注重自己的社会地位,将会员看作身份的一种象征,他们的主要目的并不是通过某种体育运动来强身健体,而是通过运动这种途径来接触和他具有同等身份和地位的人。

(八)流行性与时尚性特点

1. 流行性特点

流行性是指某种事物在社会上具有十分广泛的影响,并形成了一种时尚性的外在表现,流行往往是时尚的结果。在现代社会,由于人们的物质生活和精神生活得以前所未有的升华,因此,休闲活动已经成为生活活动的重要组成部分,而在众多的休闲活动中,体育休闲活动又因为其本身的特点成为人们对休闲方式选择中的首选。然而,在现代社会条件下,新的体育休闲活动项目不断地创造出来,由于传播媒体的作用,许多项目都会在较短的时间内迅速地向全世界传播,并逐渐成为国际性活动项目,奥林匹克运动会的项目设置的不断扩张,就是体育的这种流行性的典型表现。

休闲体育的流行性主要从其活动项目的迅速风行于世,而后又悄然消失中表现出来。一种体育活动经常会在很短时间里在一个地方流行起来,成为人们在休闲时间里十分热衷的活动。当然,如同其他具有流行性的事物一样,这种或者那种体育活动也可能风靡一时后,又很快地销声匿迹,取而代之的是另一个让人愉悦接受的新体育项目。

事实上,休闲体育的这种流行性特征完全是由人的自由时间和人性特点所决定的。当人们拥有了自由时间之后,如何支配和打发这些时间便成为人们面临的一个问题,体育活动既有利于身心,又有助于打发时间,自然会成为人们主要的选择。然而人们对活动的选择又是相互影响的,体育项目的流行机制之一就是这种相互影响作用。另一方面,人们求新求异的意识则是不断放弃旧活动,追求新活动的动因所在,这是一个体育项目很快地流行起来而后又逐渐消失的原因。当然,周而复始也是社会事物发展的一种具有规律性特征,休闲体育也是一样,可能过了一段时期后,一个曾经流行而后又消失的体育项目再次流行起来,并为另外的一代人广泛接受。

2. 时尚性特点

随着现代社会的快速发展,休闲体育成为一种时尚。休闲体育的时尚性表现在两个方面:

第一,人们参与体育休闲活动以表明自己与某个社会阶层之间平等的等级关系,第二,人们借休闲体育来表明自己与另外某个阶层之间的差异。因此,时尚性可以说是休闲体育的一种较为典型的特征。

参与休闲体育活动的人们同休闲体育本身完全具有现代时尚的特征。如休闲体育一方面并不在乎物质和实际的东西,但又始终离不开这些具体的东西。人们对待休闲体育的态度也包括了两个方面:一是积极参与;二是完全无所谓。人们总是想逃避担负的责任却在休闲体育中不得不承担责任等。

实际上,时尚性是社会事物、社会发展趋势和社会需求相协调统一的表现。人们对休闲体育的需求是随着社会物质文明的不断发展而逐渐形成的。休闲体育既可以使人们在运动时产生愉悦的情感,形成良好的交流和互动,又能宣泄自己的情感和发散剩余精力。因此,在现代社会,余暇时间里从事休闲体育活动成为青年人的时尚。

二、休闲体育运动的功能

休闲体育运动有着较为显著的功能,具体来说,主要表现在以下几个方面。

(一)能使身心得到娱乐

休闲是人们在余暇时间里自愿选择、自愿参加的活动,而娱乐则指的是有组织、有益于个人及社会的休闲活动。自我满足、即兴自发的游戏与有组织有目的的娱乐正好是相对的两种休闲形式。休闲体育项目具有内容丰富,形式自由,富有挑战性、刺激性、新颖性和艺术表现性等特性,使人们在参与休闲体育活动中,充分享受到体育的乐趣,在表现和施展自身才能的同时,获得身心的愉悦和满足,这是休闲体育最重要的功能之一。

(二)起到积极的健身功能

随着现代社会的发展,"职业病"和"文明病"越来越多,人们越来越意识到进行体育健身的必要性,"生命在于运动"的观念逐渐为人们所普遍接受。日常生活中,人们开始日益重视体育运动的功能和作用,在闲暇时间里参与各种休闲体育活动,以弥补或消除缺乏运动所带来的对身体健康的负面影响。通过参与这些内容丰富、形式多样的休闲体育活动,人们可以获得健康的身体和愉悦的身心,而作为一种保持与提高健康水平的体育运动,休闲体育是最积极、最有益和最愉快的方式之一。

休闲体育之所以越来越受到人们的重视,同自身特点是密切相关的。总体来看,我国的竞技体育、学校体育、群众体育的发展都带有一定的强制性,而实践则要求过去的封闭体育向开放体育过渡,计划体育向市场体育转轨。在这种情况下,"终身体育"和"健康第一"的观念逐渐被人们所认可和接受。"终身体育"理论和观念之所以能被人们广泛接受,是与人们的健康需求密不可分的,它作为一种理论基础,对人们的健身意识起到了积极推动作用。另外,通过人们的实践,休闲体育以其趣味性和娱乐性吸引着大众的目光,从而促使人们产生了强烈的休闲体育健身欲望。

休闲体育作为一种丰富人们精神文化生活的运动,具有重要的作用。它可以发散人们剩余的精力,消除疲劳;净化情感,缓解心理压力;回报社会,获得成功和满足感;提高人际交往和社会适应能力等。除此之外,休闲体育的内容繁多,形式多样,不需要高规格的场地和器械,对技术动作也没有严格要求,可自娱自乐,也可群体参与。在参与休闲体育运动时,既无身份、地位之分,也无职业、性别和年龄之别,每个人都可以从中获得休闲的乐趣,起到愉悦身心的作用。参与休闲体育运动可使人们摆脱以工作为中心的单调生活,真实感受到生命的意义和价值,享受到生活的乐趣,从而为终身体育的推广和普及构筑坚实的依托。

(三)进一步丰富文化生活

休闲时间也可以说是一种资源,一种财富。人们所从事的休闲体育活动,是人的创造性发展,是人的本质力量的证明和人的本质的充实。从经济学角度来看,只有提高生产力中最为重要的因素,也就是人的素质,才能从根本上促进生产效益的提高。

社会文化生活的内容是异常丰富多彩的,而休闲体育作为一种社会文化,更具有文化韵味。休闲体育不仅可以满足人们娱乐性、消遣性需求,满足对美的需求,还可以满足自我发展的需求。休闲体育为人们的精神文化消费提供了丰富多彩的内容和形式,成为社会生活中的重要组成部分。人们的休闲时间越多,就越需要理智,越需要正确的引导,否则,将会给社会带来不必要的负担。如社会上发生的因休闲导致的孤独、自杀和犯罪;因休闲而产生的失落感、愧疚感,进而导致心理失衡等,这些都是因为休闲生活的内容不充实、简单无聊而致。因此,休闲体育的普及和开展,对社会良好风气的形成具有重要的意义和作用。休闲体育十分强调内容的丰富性和趣味性,迎合大众口味,而其运动本身又是人类健康身体的自然需要,在活动过程中又可使氛围轻松和睦,充满和谐。因此,休闲体育不仅可以提高人的整体素质,还对精神文明建设具有重要的促进作用,在这里休闲体育表现出了重要的文化功能。

(四)对思想和行为产生积极的教化作用

教化是指对人的思想和行为具有的积极作用。休闲体育包含诸多内容,它不仅仅是一种单纯的娱乐性活动,还是一个自我学习、自我完善的教育过程。在这一过程中,人们可学习运动技术、发展体能、培养人际交往能力、增强自信心、培养协作精神和竞争意识等。在参与休闲体育的过程中,人们不仅可以汲取到相关学科的知识,还可以使身心得到充分自由的均衡发展,从而达到完善自我的目的,这就是休闲体育的教化功能。

随着我国体育事业的不断发展,我国普及休闲体育活动的条件已初步形成。目前的现实是,老龄人对掌握一门健身娱乐的运动方法以充实自己闲暇的需求越来越大,而中青年人则更迫切需要通过休闲体育这种方式来消除紧张和烦恼。休闲体育以其特有的身心复原作用和经济学价值在其中发挥着不可估量的作用。未来社会,休闲体育将以培养人类健康身体的方式来提供快乐和享受,休闲体育将是未来人们娴熟不羁地信手运转生命最愉快的途径。

第二章　休闲娱乐运动的价值

随着休闲娱乐运动逐步兴起,休闲体育产业在各国逐渐发展壮大,这是现代体育事业发展的重要趋势之一。休闲娱乐运动与社会经济、政治和文化密切相关,并且与人的各方面具有重要联系,这些共同构成了休闲娱乐运动的价值基础。随着经济社会的不断发展,休闲娱乐运动表现出了多方面的功能和价值,本章就休闲娱乐运动在生理、心理、经济和文化等方面的价值进行了多维度的分析和探讨。

第一节　休闲娱乐运动的生理价值

一、休闲娱乐运动的生理价值概述

(一)健康的概念

休闲娱乐运动的生理价值是指它在满足人的生理需要的过程中所承载和传递的对人体健康状态的作用。一般而言,休闲娱乐运动对人体的价值包括两方面作用,即为积极作用和消极作用。积极作用即为对人的生理健康的促进作用;消极作用则是其对人的不良作用。本节中,休闲娱乐运动的价值主要是其积极的价值和作用。

当一个人生理机能正常没有缺陷和疾病时,我们说这是一个健康的人。身体是事业的本钱,健康是人生重要的基础,保持人体各项机能的健康,才能够更好地投入到工作和学习中,工作和学习的效率才会更高。

《世界卫生组织宪章》对健康定义为:健康,乃是人生在躯体上、精神上和社会上的完满状态,而不仅仅是没有疾病和衰弱的状态。如果以全面的健康观科学地、整体地评估人体身心健康,健康的内容应包括生理健康、心理健康和社会健康。

(二)休闲娱乐运动的生理价值与人体健康的关系

(1)健康是休闲娱乐运动的生理价值的外在表现,是衡量休闲娱乐运动生理价值的重要尺度。

(2)休闲娱乐运动是构成健康因素中一个积极有效的因素,却又不是唯一和万能的因素。

其生理价值只有在各构成因素间相互融合、渗透和配合之中来实现。

（3）适宜、合理的休闲娱乐活动，能够促使人体的生理健康状况向积极的方向转化；反之，则将向非健康方向转化。

（三）人体生理状态的分类

现代人们将人体的生理状态分为健康、疾病和亚健康3种状态。无任何生理、心理疾病的称为第一状态，即健康状态；有明显疾病的称为第二状态，即疾病状态；而介于两者之间的状态称为第三状态，即亚健康状态。

对于亚健康状态在预防医学领域还是一个较新的概念。我国是从1996年5月开始进行研究的。亚健康不是一成不变或逐渐加重的，它具有"双向"转化的特点，既可向健康状态转化，也可向疾病状态转化。世界卫生组织指出，在影响个人健康长寿的诸多因素中，后天因素占60%，而遗传因素只占15%。因此，要想摆脱亚健康状态，使人体向健康状态转化，一方面离不开合适的医治，但更重要的是依靠自我健身和保健。

适宜的休闲娱乐运动是促使人体向健康状态转化的重要手段。运动医学证明，不锻炼的人，从30岁起身体机能就开始下降，到55岁身体机能只相当于他最健康时的1/3；而长期坚持锻炼的人，直到四五十岁身体机能还十分稳定，当他60岁时，心血管系统的功能大概相当于30岁左右不锻炼者的水平。

二、休闲娱乐运动生理价值的表现

在休闲娱乐运动中，由于人体自身的运动而对其内环境的稳定产生一定的影响，而人体是由各种细胞、组织和器官组成的，人体内环境的相对稳定是细胞生存的基本条件，否则，将直接危及生命。如果在休闲娱乐运动中肢体的运动对人体内环境产生强烈冲击，就会使人体内环境的平衡受到威胁。为此，必须通过机体相关系统的生理功能进行调节来维持内环境的相对稳定。人体不仅具有应激性，而且能对刺激产生反应和适应。机体的适应性表现为：如果对人体长期施加某种刺激，人体会通过自身形态、结构与机能的变化来适应这种刺激。机体活动造成人体内环境的失衡而使人体生理机能被反复充分调动，这种反复而充分的调动，既可使机体产生适应性的表现，也可使机体产生不适应性的表现。休闲娱乐运动对人体的生理价值既有积极一面，也有消极一面。其消极方面主要表现为各种冒险和刺激类休闲娱乐运动对人体具有极大的刺激，可能造成人体的相应器官、系统的损伤，甚至危及生命。其积极作用表现在，通过进行相应的休闲娱乐活动，能够使人体各方面的机能有所增强，对人体各项机能的发展具有促进作用。在运动之后的恢复期，进行运动所损伤的肌纤维不仅能够得到修复，而且修复后的肌纤维有所增粗，可以产生更大的收缩力量。休闲娱乐运动对人体表现出的积极方面的生理价值，可以从以下几方面来认识。

（一）减少疾病的发生

随着科学技术手段在生活中的运用，生产力和生产方式不断发展，人们开始从繁重的体力劳动中解放出来，脑力劳动逐渐增多。这就导致人们在日常生活中的运动严重不足，从而使人体产生了各种疾病，尤其是现代"文明病"严重威胁着人们的健康。研究表明，通过长期进行相应的休闲娱乐活动能够在一定程度上增加血液中高密度脂蛋白胆固醇(简称 HDL-胆固醇)的含量。HDL-胆固醇能把沉积在动脉壁上的胆固醇运送到肝脏进行代谢,从而减慢主动脉粥样硬化斑块的形成与发展,防止疾病发生,同时,还可以增强机体对各种复杂多变环境的适应能力和抵抗力,消除现代"文明病"对机体的侵蚀。

(二)延缓衰老

适宜的休闲娱乐运动是保持健康、延缓衰老的有效措施之一。我国传统养生理论重视运动的作用。研究表明,随着人们年龄的增长,人体会逐渐生长发育,当人体生长和发育成熟之后,随着年龄的增长,人体的各种机能和身体素质会呈现出老化现象。人到中老年之后,随着体质的下降,各种疾病极容易发生。有学者对长期参加休闲性跑步的 40 名中老年人研究发现,他们的发病率很低,心肺退行性变化推迟 10~20 年。由于坚持适宜的长跑,改善了心肺功能,增强肌肉组织力量,促进骨质钙化,加强了关节韧性,调节了精神。

(三)增强脑力的活化剂

长期参加适宜的休闲娱乐运动,可以对机体的相关系统和器官起到良好的刺激和按摩作用,有助于改善神经系统,促进血液循环,改善大脑的营养状况,促进脑细胞代谢,使大脑功能得以充分发挥。在进行长时间、大量的脑力劳动之后,会产生一定的缺氧现象,导致注意力不能集中,工作和学习的效率下降。通过相应的休闲娱乐活动能够使大脑得到充分的放松和休息,从而使工作和学习的效率更高。

(四)提高机体免疫功能

人体的免疫功能分为非特异性免疫和特异性免疫两大类。它在人体的生理系统中具有 3 大作用,分别是生理防御、自身稳定和免疫监视。

(1)生理防御:是指人体对外来的如病毒、细菌、真菌等生物致病因素及其他有害物质的识别、抵抗直到消灭的功能。

(2)自身稳定:是指维持机体内环境稳定和个体特异性。诸如对自身组织调解、衰老细胞清扫、对异体组织排斥等。

(3)免疫监视:是指消灭自身体内的突变细胞,如恶性肿瘤细胞,以免诱发癌变等恶性病变。

因此,免疫功能对人体质的强弱、抗病能力的大小、恶性肿瘤诱发的机会起着举足轻重的作用。长期适宜的休闲娱乐运动,不仅可以使人在活动中得到愉悦,而且可以增强机体的免疫功能。学者对从事慢跑、气功和太极拳的老年人观察研究显示,发现他们的免疫功能得到了改善和增强。

三、休闲娱乐运动的生理价值评价

休闲娱乐运动项目众多,既有激烈、冒险、对抗、刺激等向外张扬个性的项目,也有平和悠闲,修身养性以静为主、讲究自然和谐的休闲项目;它对人体健康的影响既有积极作用,也有消极作用。判断其生理价值的标准,就看是否对人体健康有利。

人是休闲娱乐运动参与的主体,人们可以根据自身的需要和意愿来进行相应的休闲娱乐活动。因此,休闲娱乐运动生理价值可以通过人的主观意志进行调控。对休闲娱乐运动生理价值的调控,可以通过运动方式的选择、运动量和运动强度的控制来实现。

(一)休闲娱乐运动方式的选择

休闲娱乐运动是促进人体健康的重要手段,但并不是唯一的手段。并且休闲娱乐运动对人体的作用包含积极和消极两方面。要使休闲娱乐运动对人体的生理价值向有利于健康的方向发展,那么,在选择休闲娱乐运动项目时应根据健康需要,同时应结合参与者的生理特点、休闲目的、场地设备以及个人兴趣爱好,加以综合考虑。适宜的休闲运动方式可以促进人体健康,反之将损害健康。但由于休闲娱乐运动是参与者完全处于自主积极的活动,激烈、惊险、刺激的休闲运动方式虽然对健康有影响作用,甚至是生命代价,但参与者却在心理上可获得满足。

(二)运动量与强度的控制

适宜的运动量和强度进行休闲娱乐运动对促进人体健康、延续或阻止大脑功能衰退有益,但运动量过大或剧烈运动,只能对人体健康造成消极的影响。大强度运动会损害人体器官,使得人体生理机能失调;另一方面,大强度运动会使得机体耗氧量增加,并产生大量的"活性氧",使人容易衰老。生理学家最新研究发现,过多或过量的运动会使体内各器官供血、供氧失去平衡,导致大脑早衰,扰乱内分泌系统,使免疫机制受损。因此,人们在进行相应的休闲娱乐运动时,为了更好地促进人体健康,应对休闲娱乐运动进行合理调控。

四、影响休闲娱乐运动生理价值的因素

(一)自然环境对休闲娱乐运动生理价值的影响

近年来,随着城市化进程的不断加快,人们在工作和生活之余,对大自然的向往与日俱增。大量的户外休闲娱乐运动逐渐出现,这些户外休闲娱乐运动不仅能够使人们的各项身体机能得到一定锻炼,还能够让人们充分享受大自然的美丽风光,这对调节心理具有重要的作用。阳光、空气既是组成自然环境的基本要素,也会对休闲娱乐运动生理价值产生重要影响。

在众多的休闲娱乐运动项目中,类似漂流、滑翔、登山、钓鱼、冲浪、热气球、攀岩等,均是在阳光充足的环境中进行。阳光中含有紫外线,人体在紫外线照射下可以使皮肤中的β-氢胆固醇转变成维生素D,而维生素D可促进肠道对钙和磷的吸收,有利于骨骼的钙化和生长。同时,有学者认为,不同颜色的光线对人的精神具有不同的刺激作用。红色具有兴奋作用,使呼吸和脉搏加快,肌肉活力加强;黄色和橙色具有镇静作用;而蓝色和紫色则具有抑制作用。阳光中还含有大量红外线,它除了使血流速度加快、皮肤温度升高、新陈代谢旺盛之外,还具有提高神经系统的兴奋作用。

阳光具有一定的杀菌效果,一些病菌在阳光直射下几十分钟内就会死亡。因此,在天气较好的时候晒被子能够有效去除被子上的病菌。人体在适量的紫外线照射下,会增强皮肤和内脏器官的血液循环,促进人体新陈代谢。而在空气格外新鲜的春天,特别是在郁郁葱葱的郊

外,由于空气中大量的负氧离子随着呼吸进入人体,可以改善神经系统功能,提高心血管和呼吸系统的工作能力,增强骨髓造血机能。如果一个人长期生活在空气污染的环境里,大脑细胞就会过早衰老,人体老化就会过早到来。

(二)社会环境对休闲娱乐运动生理价值的影响

社会环境对休闲娱乐运动生理价值的影响,主要表现在社会环境对人类健康的影响上。社会是人类物质生产和共同生活的大集体,而且经常进行物质和精神交流。社会环境是社会组织和社会意识结构的集合,社会组织主要指家庭、生产合作体、医疗保健以及其他社会集团。社会意识结构主要指思想意识、道德观念、传统习俗、法规制度。社会环境对健康的影响属于外部因素,这些因素产生作用都可能成为有益或者有害于健康的原因。

随着我国社会主义市场经济的不断发展和完善,各种社会保险和医疗制度广泛开展,对于保证人民的生活幸福,增进人民身心健康具有和重要的促进作用。国家积极开展群众性卫生保健和全民健身活动,增强人民体质,这些都说明社会主义制度对人民健康的重视和关怀。引导人民积极地参加休闲娱乐运动,使社会环境对休闲娱乐运动生理价值得以展示。

如今,随着生活水平的不断提高,人们逐渐形成了科学合理的健康观念和健康意识,但是,如今传统习惯中的消极因素仍然影响着人们的工作和生活,人们要做到休闲娱乐运动与工作和生活的良好结合尚需要经过长期的努力。近代科学的发展、高科技的不断涌现,使人类进入一个新的文明时代,新的科学技术,特别是信息科学不仅改变着人们的思想观念,也改变着人们的行为,如果缺乏先进的思想和意识,健康生活就无法保障。

知识拓展

世界休闲娱乐运动大会由世界休闲组织主办,旨在通过实际行动引导开展世界性休闲娱乐运动活动,促进世界休闲娱乐运动的发展。世界休闲娱乐运动大会每5年举办一届,首届世界休闲娱乐运动大会于2010年在韩国春川市举行。第2届将于2015年在青岛莱西市举行。2015世界休闲娱乐运动大会以"运动休闲畅享自然"(In Leisure In Nature)作为中英文主题口号。活动主要由大会、大赛、展览组成。青岛2015年世界休闲娱乐运动大会拟于2015年9月12日至21日举行,其比赛项目包括极限运动类、体育舞蹈、电子竞技、自行车、高尔夫、钓鱼等。

第二节 休闲娱乐运动的心理价值

休闲娱乐运动的心理价值是指其在满足人们身心需要过程中所承载和传递的对影响社会心理的作用。在现代生活中,人们面临着较大的社会压力,心理负担沉重,心理方面面临着严峻的挑战。

而休闲娱乐运动在提高人类对现代社会的心理适应能力方面具有积极作用,长期参加适宜的休闲娱乐运动,能够有效消除和缓解人们在社会生活中的压力和烦恼,使得人们能够以最

佳的状态投入到工作和生活中去。

一、休闲娱乐运动参与的动机分析

动机是推动一个人进行活动的心理动因或内部动力。它的基本含义是能引起并维持人的活动，将该活动导向一定的目标，以满足个体的念头、愿望或理想。动机是个体的内在过程，行为是这种内在过程的结果。

根据动机所引发结果的性质不同，可把动机分为缺乏性动机和丰富性动机两种类型。缺乏性动机是指以逃避威胁、避免危险以及排除缺乏和破坏等需要为特征的动机。它包括人们生存和安全的一般目的，随着张力的缩减，这种缺乏性动机也会随之减弱。

丰富性动机是指以经受享乐、获得满足、理解和发现、寻找惊奇、有所成就和创造等欲望为特征的动机。它包括满足和刺激的一般目的。与缺乏性动机相反，它往往趋向张力的增加而不是张力的缩减。丰富性动机受诱因激发而不是受驱力激发，力图把刺激保持在高水平上。

(一)休闲娱乐运动缺乏性动机的产生

现代社会快速发展变化，激烈的社会文化变迁深深地影响和改变着现代人的精神活动，对人们心理健康产生了重要的影响，促使人们对休闲娱乐运动缺乏性动机的产生，主要表现在以下几个方面。

1. 在专业分工方面

现代化的工业生产导致非常精细的专业分工，专业分工越来越细对生产者只要求具有非常单一的能力便可适应工作需要，并在该项能力方面有特别的发展。而生产者的思想、情感、创造性等都成为多余的累赘。社会生产者缺乏心理生活的丰富性和心理机能发展的全面性，造成人的心理机能的片面使用和发展。休闲娱乐运动具有弥补这些心理缺陷的功能，人们自然对其产生需求和参与的心理动机。

2. 在人际冲突方面

随着经济社会的发展，工业化的发展程度不断深化，城市化水平也在不断提高，城市人口也呈现出逐渐增多的趋势，城市人口密度逐渐增大。同时，由于社会竞争的加剧，从而造成了人际摩擦和冲突逐渐增多，人与人之间的矛盾加大，从而使得人们处于相应的应激压力之下。人们通过参与休闲娱乐运动，不仅能够得到相应的放松，而且在这种相对宽松愉悦的环境中，人与人之间的交流能够形成良好的关系，缓解应激压力，这便形成了对其积极参与的动机。

3. 在家庭作用方面

家庭对个人心理健康的支持减弱，现代家庭结构向小型化核心家庭发展。家庭破裂、重组的比例增加，家庭稳定性下降。而家庭生活对个人心理健康具有双重作用，一方面，支持、维护成员的正常心理健康；另一方面，由于家庭引起的冲突和压力，造成心理困难。由于生活和工作的压力，家庭成员在一起的时间相对较为有限，这使得现代社会中家庭所起到的支持和维护成员心理健康的作用在逐渐下降，相应地，其负面作用正在逐渐上升。人们面临的家庭压力逐渐增大,孤独感和无助感相应增强。很多休闲娱乐活动为家庭的共同参与提供了良好的平台,有效地增进了家庭成员之间的关系,有助于家庭和睦,消减相应的负面作用。

4. 在教育发展的困惑方面

在现代社会中由于教育日益多样化,忽视个性的和谐发展,教育发展上的困惑愈显突出。一方面是社会对教育的投入越来越大,个体受教育的时间越来越长;另一方面是教育日益变成了职业教育和谋生教育。其结果一是使学生在校学习期间产生大量的心理困难,二是让学生不健全的个性品质走向社会造成长远的适应困难。休闲娱乐运动具有完善个性品质的作用而成为人们参与的积极动机。

5. 在情感交流方面

现代社会中借助先进的通信手段使人的行为半径可延伸到很远的空间;但是,人生活的物理空间却缩小了,人与人的直接交流减少。由于交往方式越来越间接化,交流的内容也越来越非个人化,以直接交往为条件的情感交流变得越来越不可能。而休闲娱乐运动的特点之一,就是直接的身体体验与交流,进而使人们对其形成需求动机。

(二)休闲娱乐运动丰富性动机的产生

随着物质和文化生活的日益丰富,人们更崇尚对生活质量和身心健康的追求。成就感、创新和探索的欲望,以及对新颖、奇异、刺激的追求,是现代人对生活质量追求的一个方面,同时也是激发人们产生对休闲娱乐运动的丰富性动机。这种开创性的特点,促使人们在现实生活中不断地寻找自由、挑战自我、超越自我、丰富自我体验。

在人们的日常生活中,过于平静和平凡的生活会使得人们感到乏味,因此,需要加入一些鲜活的因素,人们开始追求相应的刺激和兴奋,希望在惊险、紧张和新奇的运动中获得相应的成就。而在刺激、兴奋的寻求中不是在缓和心理的紧张,而是在增强心理的紧张,获得特殊的强烈情感体验。

随着人们生活水平的提高,人们对休闲娱乐运动的认识也在不断提高,它所具备的趣味性、新奇性、刺激性吸引着人们,是当代人获得刺激、兴奋的理想选择。休闲娱乐运动的内容丰富、形式多样,其中有许多项目(如漂流、冲浪、滑翔、潜水等)都具有趣味性、新奇性、刺激性等特点。人们通过参与相应的项目,能够在一定程度上获得愉悦、兴奋、刺激等情感体验,得到相应的心理满足,从而触发人们对休闲娱乐运动丰富性动机的产生。

二、休闲娱乐运动的社会心理价值

休闲娱乐运动的价值是多方面的,在社会心理价值方面,其作用主要表现在以下几方面的内容。

(一)形成积极良好的社会态度

人们参与休闲娱乐活动不仅能够提高认知能力,还能够提高自身的情绪智力。人的各项认知活动都需要大脑的高级神经中枢的参与。通过参与相应的休闲娱乐运动,人们可以有效缓解大脑的疲劳和紧张状态,不仅可以使疲劳的神经细胞得到休息,而且还能促进神经系统的新陈代谢,提高神经系统的活动能力,使大脑更加健康和灵活。人的情绪智力主要包括认识自己情绪的能力、妥善管理自己情绪的能力、自我激励的能力、认识他人情绪的能力、人际关系管理能力5个方面。

在休闲娱乐运动的参与过程中,人们不仅可以丰富自己的情绪,获得情感的体验,而且能提高自己对情绪、情感的认识和控制能力,并使其能够充分认识他人的情绪、情感表现,建立和保持与他人的良好人际关系。使个体认知能力和情绪智力得到提高,有助于加快个体的"社会化"和自我意识的形成,有助于提高个体的社会认知能力,促进个体积极良好社会态度的形成。

(二)构建积极良好的人际交往

人们在参与相应的休闲娱乐运动过程中,会相应地扩大人与人之间交往的范围,从而能够促使人们形成人际交往能力。活动过程中相互间的某些相似特征、互补作用、能力体现、空间上的邻近与熟悉等,均可促进人与人之间的相互吸引。

在现实生活中,不管是生活、工作、娱乐还是学习,都需要人与人之间进行必要的信息传递和情感沟通。但是在现实生活中,却有很多因素造成了人们之间沟通的不畅通,常见的障碍有地位、组织结构、文化障碍等。而在休闲娱乐运动中,人们都是平等的参与者,地位、年龄、职业以及文化背景等差异性不明显,人们之间的沟通障碍被进一步消除,能够有利于人与人之间感情的联系。在休闲娱乐运动中人们得到了信息、感情、思想的交流和沟通,同时也得到他人的协作、支持和帮助,进而引起自己思想、情绪和行为的积极变化,促进人们产生协作思想、利他行为,也能抑制侵犯行为。

(三)增强团队意识,推动社会文明进步

群体是指成员间相互依赖彼此存在互动的集合体。在休闲娱乐运动中,人们因为共同的需要、兴趣、爱好而组合在一起,形成相互依赖、彼此互动的正式群体或非正式群体。在活动过程中会自然形成共同遵循的行为规范或准则,这种行为规范对成员有行为的约束力、能产生压力,促使成员的行为符合规范,产生良好的自律效果,从而提高个人和群体的道德水平、纪律观念,增强团队意识。

在现实生活中,人们会有一定的归属感,这促使人们希望成为某一群体的成员,并尽可能地避免被社会孤立。通过参与相应的休闲娱乐运动不仅能够满足人们的归属感需要,还能够促使人们遵守相应的群体道德和行为规范,从而引导和提高个人的道德品质。休闲活动中个体感受到的是民主公平,个体间能够产生信任、依存和关爱,形成良好的社会心理氛围,积极推动社会主义精神文明建设。

(四)发展和完善自我

人们在参与休闲娱乐运动过程中,不但满足了休闲和娱乐的需求,同时也在一定程度上实现了自我发展和完善。休闲娱乐运动需要人们亲身体验,在运动过程中需要人们动手解决问题,这在一定程度上能够促进能力的增长。随着现代社会的发展,人们的基本生存和适应能力

却呈现一定程度的退化趋势,而很多休闲娱乐运动对于人们这方面能力的增强具有重要的作用。例如,一些智力类休闲体育活动,中国象棋、围棋、五子棋等,能够充分的开发人类的智力,对于人的思维活动具有重要的促进作用;再如户外探险运动,能够在人融入自然的同时,还能够学习户外生存的相关知识。总之,休闲娱乐运动的自我完善功能表现在其对于人的运动技术、发展体能、培养人际交往的能力、增强自信心、培养协作精神和竞争意识等方面的增强。

三、娱乐与健康

随着人们生活水平的提高以及余暇时间的逐渐增多,越来越多的人通过休闲娱乐运动来促进和保持其身心的健康。新的历史时期下,体育运动逐渐向着休闲化方向发展,并且逐渐成为人们追求高品质生活的重要手段。健康成为体育的新价值趋向,也是人们用来衡量各种休闲娱乐活动价值的重要尺度。

(一)娱乐与健康的关系

休闲娱乐的宗旨是促进社会发展和提高人类的文明和健康水平。娱乐需要运动感觉和身体运动能力,没有健康的身体就没有完整的快乐。身心健康是快乐的基础,健康的身心是幸福生活的首要条件;健康的娱乐是生活质量的重要指标。健康的生活不能没有娱乐,就像理想的人生不能没有幸福一样。

按照传统的理解,体育不过是强健肌肉的手段,是为生产劳动和军事斗争服务的。新时期的体育正在从生产走向生活,小康社会的体育不仅促进身体和心理健康,还要有助于健全人格的形成,增进人的生物适应性,为社会发展和人类文明的健康服务。充分发挥体育娱乐性的关键,使体育介入到娱乐中去,把体育视为一种娱乐活动,促进休闲娱乐运动的发展。

现代社会生活中,人们的物质资料越来越丰富,大量科学技术的运用极大地方便了人们的生活,这在一定程度上使得人们的闲暇时间有所增多。但是,随着生活节奏和工作节奏的加快,人们心理和精神方面的压力却在逐渐增大。于是,人们用娱乐来充填精神生活。然而,在体验娱乐快感的同时,人们却发现并非所有的娱乐活动都可以带来身心健康;如果仅仅只是精神上的纵情欢乐,沉溺于痴迷,往往还会损害健康。精神性的娱乐过度,会因刺激强烈而增加心理压力。

人体的一切疾病或多或少都受心理和社会因素的影响。持续的心理紧张和情绪经常处于抑制状态,血压的调节机能就会失调,还会引起内分泌系统的紊乱。身心健康状况,与人的心理变化具有重要的影响。现代人生活在快节奏时代,神经常处于紧张状态,只有善于控制不良情绪并使之转化为良好情绪,才能有利于人体健康。而体现和平、善良、诚恳、对他人的关心与尊重,特别是通过身体娱乐把刺激部位转移到平常缺乏运动的生理方面,则是形成良好情绪的首要保证。

人们受到压力后有3方面受影响:情绪、行为与生理。最重大的变化是生理上的,因为那会导致危害生命的疾病及各种生理病痛。现代人在工作生活和学习的过程中,背负着相应的责任和义务,不能够就相应的压力进行逃避。而如果人们对相应的压力进行消极的抵抗会使得压力得以延续和积累,从而导致更加严重的问题。一般疾病问题都与压力相关,如下痢、便秘、头痛、过敏、胃病、高血压、动脉硬化、气喘、忧郁、关节炎、心脏疾病及心理疾病等。压力是现代社会致死疾病直接或间接的罪魁祸首,并可导致癌症、肺病、冠心病、意外伤害、肝硬化及自杀。

国外学者将人体对压力的反应分为3个阶段:警戒反应阶段、抵抗阶段和疲乏阶段。在充满压力的状况下,个体的脑下垂体及肾上腺会分泌荷尔蒙直到足够为止。到后来,身体的抵御能力逐渐降低;如果压力因素继续存在的话,其结果就是生病或死亡了。受压力危害影响最大的是免疫系统。

学者们还将压力分为两种不同形态:一是痛苦压力,与悲哀、痛苦、伤心及失败相关联;二是兴奋压力,与高兴、快乐及成就感相联系。兴奋压力可视为一股好的力量,而且最常与成功的休闲生活追求有关。痛苦压力则具有破坏力。显而易见,身心的娱乐主要带来的是兴奋压力。

当代社会,越来越多的人把健康娱乐与人生目的联系起来。娱乐的真正目的不是带来快感,提供短暂的欢愉,而是减轻压力,增进身心对环境的适应能力,提升个人成就感,领悟生活的乐趣。真正的娱乐是生命的再创造,并且不允许付出损害身心的代价。在这个意义上,身体娱乐是最有利于健康的。人们应从追求生活质量的层面理解参与体育的意义,体育的自发自主、自娱自乐的性质应得到加强。体育将真正成为现代社会人们提高生活质量的重要手段。

在过去,生产力不发达,人们主要通过相应的体力劳动来获得相应的生活和生产资料,人们在生产和生活过程中,需要在自然环境下进行大量的体力劳动,这时,休闲娱乐运动的独特价值并没有得到展现。随着生产力的发展,人们的生活方式发生了翻天覆地的变化,工作和生活多借助于相应的生产工具和先进的技术,这在一定程度上使得人与自然之间建立了相应的屏障,休闲娱乐运动的身心价值也逐渐显现出来。

(二)快乐地追求健康

娱乐专家为大众提供了各种对付压力的技巧。相对舒缓的,如瑜伽、太极拳及各种静坐的方法;相对激烈的,如登山、漂流、越野等"极限运动",已经成为流行趋势。大量使用体力之后,身体各循环系统便缓慢下来,使人感觉放松。压力的副产品如血糖及脂肪,可经由规律的运动减低。研究人员发现,慢跑时脑子里想着愉悦之事,远比只是慢跑(不特意想愉悦的事),或只是想着愉悦的事,或是什么都不做,更能减轻压力。

人们进行休闲娱乐的态度与身心健康具有重要的关系。很多人在进行相应的休闲娱乐运动时会遵循相应的时间表,这反而不利于身心的放松。也有一些休闲娱乐运动鼓励竞争和成绩,从而给予人们一定的压力,这也不利于休闲娱乐运动价值的发挥。还有一些人为了追求相应的刺激,而运动量过于频繁和剧烈,从而不利于人体的健康发展。众所周知,生命在于运动,然而,很少有人清楚地了解,生命在于适度的运动,而且,愉快地运动具有更高的健康效益。

国际上不断出现关于健康的新定义,说明人们的健康观念随着社会物质文化生活水平的不断提高而发展变化。体育作为以身体运动为手段来提高人类健康水平的积极过程,当然不会是一种凝固而停滞不前的社会实践。为了发挥其娱乐功能,体育中不断渗入艺术因素,如舞蹈进入体育比赛,一些古老的传统项目也日臻美化。为了满足人们日益增长的审美需要,竞技表演和比赛已创新了许多极富审美价值的运动项目,诸如艺术体操、团体操、冰上舞蹈、滑雪、冲浪、帆板、滑水、花样游泳和健美比赛等,为现代体育运动增添了更加迷人的魅力。种种变化表明,人类越来越渴望愉快地追寻健康。

体育活动中的竞技运动发展到极高的水平,参与者必然大幅减少,人类身体运动的不足与观赏时间的增加,是现实矛盾。运动场上极少数需要休息的选手在超强度运动,而大多数需要运动的人却坐在看台上或电视前,这样的状况是竞技运动的"亚健康"。竞技的高层面,似乎仅仅只是为了"争光"而离体育越来越远。其实,这恰好说明了对普通人参与的竞技活动娱乐性的长期忽视。解决的办法是在全民健身运动中大力发挥体育的娱乐功能,让竞技运动从"天上"回到"人间"。

体育变得不快乐,是有历史原因的。人类的体育意识刚刚萌芽时,竞技活动早已是蓬蓬勃勃。近代建构体育大厦,只能用大量的竞技运动项目和身体活动游戏来充当砖瓦。在传统社会,体育曾被压缩为兵操,成为提高军事力量的工具,也被视为强国强种的手段。今天,小康社会已经义无反顾地推动强制性体育向自娱性体育的过渡,辉煌的后工业社会、信息社会和知识经济,必然导致人类个性的差异化,使体育活动越来越丰富,以其自身的魅力来吸引人们快乐地追求健康。

未来的体育,是构成科学、文明、健康、美好新生活的重要组成部分。这里探讨体育所追求的健康娱乐,是为了充分发挥现代体育的功能,在体育中创造更多更新的快乐,让人类的体育事业向着日益完美的方向前进。人类的发展没有止境,社会生活的发展没有止境,娱乐需求没有止境,体育的健康娱乐,也就具有永恒的魅力。

(三)中华传统文化与现代休闲娱乐运动的结合

我国传统社会里,人们习惯于在劳作之余,利用相应的闲暇时间积极参加有益身心健康的娱乐活动,尽可能使自身的生活变得丰富多彩。在周而复始的农耕节令中诞生出来的忙碌和悠闲的观念,以及自然有节律的养生方式,升华了游乐的精神。

"游"是一种悠闲自得、轻松愉快的身体活动状态,是在有限生命里增加体验的重要方式。从某种意义上讲,这种从古代自然经济土壤里生长出的传统生活态度,亦不失为一种特殊的追寻生命意义的健康长寿之道。讲求"天人合一"的和谐,中华文化独特的仁爱之美,使东方文明中的健康游乐精神冉冉升起,成为体育休闲娱乐的未来航标。

中华民族的传统体育蕴含着健康游乐的精神。"健",泛指强有力;"康",寓含愉快平安之意。健康要求身体和情绪均保持良好状态,即"身心俱泰"。人们常用"健步"来赞叹步履轻快的善行之人,以"健儿"之美誉加于壮勇之士,冠"健将"之名于体育运动之能手。为人类社会创造健康的美是体育的最终目的。而"游乐""游学""游艺""仁者乐山,智者乐水"作为中国古代的传统理想,已经具备了在未来社会复兴的条件和土壤。

在漫长的农耕时代,体育意识和健康追求都是淡漠的。尽管社会各阶层均喜好角力、骑赛、球戏等娱乐竞技活动,却由于当时的生产方式有赖于形式多样的体力劳动,主要依靠人体肌肉提供动力,足以起到类似体育的功效。但是,比劳动更有趣的是游乐。在近代以来,体育成为一种完整的相对独立的文化教育形态。这时的体育运动注重竞技性的发展,追求"更高、更快、更强",传统的休闲娱乐精神得不到彰显。

当代社会由于提供了越来越多的闲暇,因而,娱乐需求日益成为健康生活方式构成的重要基础。从 20 世纪开始，社会劳动量正在继续下降，发达国家每年可以计算出来的工作量总和已经垂直下降了近 1/3，这是社会成员时间精力的一次大调整。人类进入一个追求休闲娱乐和健康生活的世纪，休闲娱乐项目层出不穷，闲暇时快乐地从事体育活动，也成为整个生活方式的有机构成。中国传统的健康游乐观念，代表了现代人在大众休闲的身体娱乐活动中和平共处、体验自然人生的愿望，我国的传统休闲娱乐精神也得到了充分的发展。

中国体育在 20 世纪 80 年代是作为"竞技的体育"、90 年代是作为"健身的体育"，而新世纪，将迎来"休闲娱乐的体育"。体育要站在全人类发展的高度，提供日益绚丽多彩的身体运动方式源源不断地为人们提供健康，使未来的体育成为增进人类健康水平的最积极、最有益和最愉快的途径。我国的传统体育项目是以游乐、养生为主要形式，这正顺应了即将到来的休闲时代的要求。中华民族代表东方文明的健身养生休闲游乐思想，是对西方主流体育所强调的竞争性的必要补充。即将到来的休闲时代，为中华文明提供了给世界体育文化作贡献的机遇。

知识拓展

2014 年，中国青少年研究中心发布的《7 至 35 岁残疾青少年发展状况与需求研究报告》指出，多数残疾青少年的休闲生活都处于足不出户的状态，休闲娱乐活动局限于家中。残疾青少年的休闲娱乐活动排在前 6 位的分别是：看电影电视（64.9%）、一个人发呆（38.9%）、上网（20.6%）、听广播（16.3%）、到公园玩（12.9%）、看书报杂志（10.8%）。约 4 成的残疾青少年把一个人发呆作为自己主要的休闲娱乐活动之一，这说明他们休闲娱乐的匮乏与单调。针对这一状况，政府和各界应促进残疾人休闲娱乐运动事业的发展，促进残疾人身心健康的发展。

第三节　休闲娱乐运动的经济价值

一、休闲体育在国民经济中的地位

随着经济社会的不断发展，体育休闲不断发生着变化。通过回顾体育的发展，可以总结出体育运动的如下几方面的变化。

一是参加体育活动的人数增加，特别是发达国家体育人口迅速增长，是近代体育史上任何时期都无法相比的。

二是过去许多与体育无关的东西，现在都和体育结下了不解之缘。

同时，一些新的认识和理论使传统体育理念受到冲击，并不断地更新和扩展。随着人们物质文化生活水平的不断提高，温饱型生活方式正逐渐被质量型生活方式取代。对体育功能的认识也由培养健壮的劳动者向提高劳动者生活质量转变。休闲娱乐运动也在这种认识转变进程中不断扩展其内涵并赋予新的内容。

"二战"以来，西方发达国家的经济得到迅速发展，高度的现代文明在给人类带来实惠的同时,也给人类带来许多困惑。工业化进程中对大自然的掠夺性开发,使自然生态遭到了严重破坏,同时,工业化社会的竞争使人们承受强烈的心理压力,现代化的生活方式让人们运动的机会越来越少,而能够受自己支配的余暇时间越来越多,一系列新社会问题逐渐显露,为休闲娱乐运动经济的发展提供了机会。

20世纪70年代以后,西方发达国家先后进入老龄化社会,我国也正在向老龄化社会迈进。"现代文明综合征"在西方社会越来越明显,各国的国民经济为此背上沉重的负担。人们在健康上的支出,已成为各国国民经济的严重负担。鉴于此,世界各国政府纷纷重视群众体育和全民健身。

近年来,我国高度重视人们的体质和健康问题,随着全民健身计划的实施,我国积极鼓励国民参加体育健身活动和各种体育休闲活动。随着健康意识的进步,人们逐渐意识到休闲娱乐运动是实现自我价值的手段,是提高生活质量、完善生命价值的重要内容,懂得了休闲娱乐运动消费并非纯娱乐、消遣消费行为,也是一种健康投资。积极参加休闲娱乐运动的人口不断增加,客观上带动了体育消费,促进了体育产业发展,休闲娱乐运动经济在国民经济中的地位越来越重要。如今,包括休闲体育经济在内的体育产业正逐渐成为经济发达国家的重要经济来源和主要产业部门。

体育产业服务性经济的特点典型地体现了新时代"体验经济"发展的状况。以前的研究认为,体育是第三产业,其实它作为服务性经济内容,至于运动参与者和运动观赏者,典型地体现了"体验经济"的特点。从"体验经济"这一新的经济和文化形态的角度来理解体育产业发展,不失为一种独特的思路。有学者认为,继农业经济、工业经济、服务经济之后,体验经济已逐渐成为第4个经济发展阶段,如今单纯的货品和服务已经远远不够了,各种体验将成为未来经济增长的基础。

所谓体验,就是以商品(产品)为媒介,激活消费者内在心理空间的积极主动性,引起胸臆间的热烈反响。这就要求经营者把整个企业运作过程当作一个大戏院,然后设置一个产品生成的"大舞台",吸引消费者去扮演人生剧作中的一个角色,并在整个情感体验过程中获得某种心理满足,从而心甘情愿地为此支付一定(或额外)的费用。看台上的观众和运动场中竞赛的运动员构成的"文化盛会"就是一种特殊的体验。

在体验经济时代,体育运动和娱乐体验不是免费的午餐,消费者将为这种文化体验而付费。随着新经济的发展,以健身运动与娱乐为特点的体育消费成为当代经济发展中的生长点。"消费革命"时代的一个重要特征就是体育休闲娱乐已成为满足社会需求的一种供给。为此,在新经济时代,要进一步做好城市体育休闲娱乐工作,充分发挥体育的经济作用,促进体育与经济协调发展,加快体育文化产业发展的步伐。

二、休闲娱乐运动市场的特点

休闲娱乐运动市场是为满足人们锻炼身体和娱乐而形成和发展起来的体育市场。对于大多数人来说,参与体育健身娱乐活动的动机和目的主要有3个,即社会交往需要、娱乐需要以及对美的追求。

人们出于社会交往的需要,会经常参加体育活动,并把参与诸如高尔夫球、网球、保龄球等体育活动当作实现某种社会交往的方式和手段,其参与休闲娱乐活动的主要目的并不在于体育运动本身,而是借助体育健身娱乐活动这种方式和所提供的场所进行某种体育之外的社会交往活动。

而出于娱乐需求参与体育休闲娱乐活动的人,往往会把参加体育活动当成同参加任何其他的文娱活动一样,其直接满足的并不是体育健身娱乐活动外在身体或生理上的某种需要,而是一种内在的或心理上的欢乐或愉悦。

出于对美的追求参与休闲娱乐活动的人,虽然从某种意义上说也十分注重某种身体锻炼,但是其基本目的仍然不在于锻炼身体,而是为了减肥、保持身材等审美需要或对美的追求。

休闲娱乐运动的产品既不同于实物形式的消费品,也有别于其他精神产品,其特点主要表现为以下方面。

(一)休闲体育产品特点

1. 产品分类

(1)健身型休闲娱乐运动产品

健身型的体育服务产品,主要是指健身房、健美中心、体育场、游泳池(馆)等向消费者提供的体育服务,包括通过技术指导、陪练等,以满足体育消费者的强身健体需求。

(2)娱乐型休闲娱乐运动产品

娱乐型的体育服务产品,主要是指高尔夫球场、台球房、保龄球馆以及体育旅游等向消费者提供娱乐性较强的体育服务,以满足体育消费者休闲娱乐的需求。

(3)培训型休闲娱乐运动产品

培训型的体育服务产品,主要是指篮球学校、足球学校、武术学校以及武术、篮球、足球、游泳、太极拳、健美操等各类培训班,提供教学、辅导、训练服务,帮助消费者掌握体育运动的知识、技术和技能等。

2. 产品特点分析

(1)产品以非实物形态存在

一般消费品都具有实物形态,体育服务产品是一种非实物形态的产品,即由教练员、运动员、体育场馆工作人员等向消费者提供的服务活动。

(2)产品不能脱离生产行为而存在

体育服务产品与生产过程不可分离,体育服务生产过程结束了,体育服务产品就不复存在,因而不能像实物产品那样储存和异地销售。

(3)产品所有权不发生转换

体育服务产品的所有权不会发生转移,它与实物产品和书刊、绘画等精神产品不同,实物产品和书刊、绘画等精神产品在市场买卖过程中会发生所有权的转移,从卖者转到买者手中。而在体育市场的买卖活动中,体育服务产品的所有权并不会发生变化。消费者购买门票参与体育健身娱乐活动,买到的并不是体育服务产品的所有权,其买到的实际上是对体育服务产品的消费权。消费者到体育健身娱乐场所参与体育健身娱乐活动,所享受的有关服务,便是拥有体育服务产品消费权的体现。

(4)档次具有差异性

由于设备、投资等方面的不同,不同体育运动项目在档次上也表现出一定的差异。如打高尔夫球在国内外都属于高消费。即使是同一体育项目,在不同场所其档次上也有很大差异。如豪华饭店、宾馆中的保龄球馆、游泳池等的消费价格高于设施一般的保龄球馆和游泳池。不同档次的保龄球馆也会因其设施、器材和服务的差异,在消费价格方面存在很大的不同。

(5)产品的适应性

体育健身娱乐对象既有少年儿童,又有老年和妇女,其产品包括健身、健美、娱乐、休闲、消遣、保健、医疗康复等各个方面,内容丰富多样。每个社会成员都可以找到适宜于自己的体育休闲娱乐活动。

(二)休闲体育消费者的特点

1. 消费者参与的主动性

在体育健身娱乐市场上,消费者直接参与体育健身娱乐活动过程,主动参与体育健身与娱乐活动,达到健身、健美以及娱乐休闲的目的,而不是被动接受来实现消费的。

2. 参与对象的异质性

参与对象的异质性,是指参与者的年龄范围广、生活环境不一、职业分布复杂、体能差异、参与对象动机的多样性、组织的分散性和活动时间的业余性。

3. 消费对象以个人、家庭、机关、团体为主体

随着我国体育社会化与市场经济的发展,体育健身娱乐市场的发展前景更加广阔。目前如各种群众性比赛活动,高水平竞技比赛,各种健身培训班、辅导班以及体育俱乐部等,发展的速度十分惊人,而且经济效益非常可观。

(三)休闲体育消费过程的特点

生产和消费具有时空统一性。体育服务产品的生产与消费是发生在同一时间、同一地点的,生产者直接出现在市场上。在一般商品市场上,只是劳动成果出现,而生产者是不出现的。在体育健身娱乐市场上,生产者则直接出现在消费者面前,如体育健身娱乐场所的工作人员,必须为活动场所的消费者提供各种服务。商业性体育健身娱乐活动,既是生产者生产体育服务产品的过程,同时也是消费者健身、娱乐的过程,是对生产者提供各项服务的消费过程。体育服务生产过程完成之时,也是体育服务产品消费过程结束之时。因此,生产者和消费者同时在场是体育服务产品生产过程和消费过程的必要条件。如果体育服务产品的消费者不在现场,那么体育服务的劳动过程就变得毫无意义。例如,健身房没有健身爱好者,那么,体育健身房中的教练员就无法对健身者进行健身辅导,因此没有现场的消费者也就无法进行生产。

(四)休闲体育市场特点

由于体育健身娱乐活动的消费对象十分广泛,包括全部公民,因此其市场广阔,潜力很大。

越来越多的人开始关注健康问题,体育消费也逐渐成为人们生活中一个重要的组成部分。随着社会经济的发展,健康投资已逐渐成为人们的一种基本需求。

三、休闲娱乐运动相关经济活动形成的条件

对于休闲娱乐运动经济活动形成的条件,我们可以从休闲娱乐运动及其消费者两方面来认识。

(一)消费者应具备的基本条件

消费者可自由支配收入和自由时间,是休闲娱乐运动经济活动形成的基本条件。

1. 消费者可自由支配的收入

通常人们可以自由支配收入的多少,受社会经济发展水平和物质水平的影响。在物价水平稳定的情况下,社会经济越发达,人们在满足了吃、穿、住等基本生活需要之后的可自由支配的收入就越多,才有经济实力投入到休闲娱乐运动经济活动中,增大休闲娱乐运动经济总量,推动休闲娱乐运动经济健康发展。

2. 消费者的自由时间

休闲娱乐运动的最大特点,就是消费者必须亲临活动现场进行实践体验。因此,休闲娱乐运动经济活动的形成,不仅需要消费者支付一定量的可自由支配收入,而且还需要自由支出一定量的时间,即参与休闲娱乐运动经济活动整个过程的时间耗费——自由时间。自由时间是休闲娱乐运动经济活动形成的必要条件,虽然它本身不是一个经济范畴,但它却是以整个社会经济发展水平为基础的。一个社会经济发展水平越高,社会劳动生产率才会越高,人们可自由支配的时间越多,越有可能去满足发展和享受方面的需求。从这个意义上说,自由时间是社会经济充分发展的结果。人们拥有的自由时间越多,才越有更多的机会参加休闲娱乐运动活动,休闲体育经济活动形成的条件才越充分。

(二)休闲娱乐运动本身应具备的条件

休闲娱乐运动是进行休闲体育经济活动中与消费者直接联系的要素,其互动价值关系与一般经济活动中商品与消费者的关系一样,是消费与被消费的关系。因此,休闲娱乐运动、设备、服务质量等直接影响整个休闲体育经济活动。

1. 休闲娱乐运动质量对消费者的吸引状况

休闲娱乐运动质量,不仅包括活动本身的精彩、激烈程度,而且包括休闲娱乐运动蕴藏的文化内涵。在市场经济条件下,质量的好坏就是消费者对商品的认可度。经济活动中,休闲娱乐运动质量标准简单地说就是它对消费者的吸引状况。

休闲娱乐运动对消费者的吸引状况是其能否顺利实现价值转化的杠杆,也是反映人们对休闲娱乐运动消费状况的决定因素,没有任何人愿意为自己不喜欢的事情花费时间和金钱。因此,休闲娱乐运动必须随着人们休闲娱乐运动意识和品位的不断提高,逐步提高活动本身的

质量,适应消费者的需求。

2. 休闲娱乐运动的设备状况

设备是保证参与休闲娱乐运动消费活动正常进行的物质条件,是市场消费的硬环境,没有一定的设备,休闲娱乐运动活动将无法进行,体育休闲经济活动自然也是一句空话。同时,必须承认这样一个事实,随着社会的发展,人们对享乐的追求也越来越高,在同等条件下舒适、愉快、爽心的环境将成为人们的首选。在经济条件许可的情况下,人们可能会更多地选择打高尔夫球而不是"滚铁环"。更应看到,由于人们对休闲娱乐运动的认识有差异,还有一部分群体处在休闲娱乐运动消费的十字路口,良好的休闲娱乐运动设备对这部分群体也有吸引带动作用,使他们加入休闲娱乐运动消费的行列,扩大消费市场,对休闲娱乐运动的发展起着积极作用。

3. 服务质量状况

服务质量状况主要是指对参与休闲娱乐运动经济活动的消费者提供的技术指导、咨询、后勤和环境等服务,是市场消费的软环境。服务质量的好坏,既可使休闲娱乐运动消费的人口不断扩大,也可使参与休闲娱乐运动消费的人口不断减少。因为人们参与休闲娱乐运动消费就是为了提高自身的生活质量,在休闲娱乐运动中享受愉悦与舒心,寻求快乐与安慰。服务质量差,将直接打击参与者的休闲娱乐运动消费欲望,抑制休闲娱乐运动消费,反之,将促进相应的经济体发展。

四、影响休闲娱乐运动的经济因素

(一)国民经济发展水平

需求是推动人类社会发展的动力,生存需要是人类的第一需要,只有当生存需要得到充分满足后,人们才会去谈及旨在对提高生活质量有关的话题。作为提高人们生活质量手段的休闲娱乐运动,直接依赖国民经济的发展,当人们还处于饥饿状态下,根本无从谈及生活质量的提高,当然就更谈不上休闲与娱乐。因此,在一定程度上,国民经济发展水平与休闲娱乐运动消费水平成正比关系。国民经济发展越好,人们的生活水平越高,个人可自由支配的收入和时间就越多,人们才有条件去参加休闲娱乐运动,休闲娱乐运动经济才能得到发展。改革开放30多年来,我国国民经济取得了巨大发展,人民生活水平得到了较大改善,休闲娱乐运动相关的经济由无到有,并逐渐发展,但同经济发达的国家相比,我国经济水平仍然较低。

(二)消费观念

观念是指人们对客观事物的思想意识。即人们对客观事物所形成的看法或认识。人们的各种认识,都是人们的思维意识对现实世界的反映。观念有正确和错误之分。正确观念对事物发展起积极推动作用,错误的观念则对事物发展产生消极负面的影响。

按照产业门类来分,由休闲娱乐运动所引发的相关经济活动属于第三产业。消费观念是人们对参与市场消费的看法和态度。而休闲娱乐运动消费观念则是指人们对休闲娱乐运动市场的认可和参与程度的反映。它直接支配人们进行休闲娱乐运动消费的行为,影响人们的休闲娱乐运动文化价值取向。发达国家由于社会经济的高度发展，人们可自由支配的收入较为富足，对休闲娱乐运动的认识早已提升到对生活质量提高的层面上，使休闲娱乐运动消费成为社会经济不可忽视的产业部门。

国民的消费观念既受经济发展水平的制约，也受传统消费意识的影响，我国虽然近30年来经济得到了快速发展，经济总量在世界的排名快速提升，但人均收入远远落后于发达国家，国人可供自由支配的收入有待进一步提高，整体消费水平远低于发达国家，造成对包括休闲娱乐运动在内的消费意识不足。

随着整个社会文明进程的加快，人们的消费观念也在发生变化，健康的消费理念不断增强，对休闲娱乐运动提高生活质量的意识从无到有，在休闲娱乐运动选择上沿着多途径方向发展。即收入不高的群体，常常选择一些不花钱，甚至是少花钱的休闲娱乐运动项目，以提高自身的生活质量。而收入较高的群体，可以在提高生活质量的前提下，任意选择各种消费档次的休闲娱乐运动项目，当然，更多的是选择花钱较多的高档次休闲娱乐运动项目。

五、休闲娱乐运动的经济价值

（一）刺激健康消费

现代社会发展倡导健康的生活方式，而休闲娱乐运动从诞生起便与丰富多彩而又健康有益的体育活动方式结合在一起，既满足了人们休闲的需求，又促进了身心健康。因此，休闲娱乐体育作为人们休闲方式的主要形式融入小康社会的方方面面。休闲体育产业的发展将为人们提供更多的健康生活方式，为人们消费提供更多的选择，并引导人们在休闲体育产业方面的健康消费。

我国社会已到了生产力高度发展的阶段，随着经济的稳定增长和人们收入水平的逐渐提高，经过积累，我国居民已有巨大的消费潜力。同时假期增多，人们闲暇时间不断延长，增加了人们的消费时间，扩大了消费空间。随着国内外交流的发展，人们的视野会越来越开阔，消费观念也会发生变化，随着人们生活方式发生转变，消费需求也发生转变。

（二）为经济建设积累资金

休闲体育业同其他第三产业一样，对一个国家来说，同样可以起到加速货币回笼速度、增加货币回笼数量的作用，进而达到防止通货膨胀、稳定市场、积累建设资金的目的。

市场经济的任何经济活动都必须借助于货币媒介来完成交换，在纸币流通的情况下，货币投放与回笼有一定比例。如果货币投放过多，或回笼过少，就意味着市场上流通的货币量的总面值超过了市场上商品的总价值。由此产生的直接结果就是货币贬值，也即通货膨胀。为此需要在发展生产的同时，采取积极措施扩大消费领域，拓宽货币回笼渠道，更好地满足货币流通规律的要求。

休闲娱乐运动经济活动回收货币主要通过两种途径：一方面是通过参与者直接参加休闲娱乐运动来进行消费，同时也通过提供的相关指导、咨询和服务而获取货币收入。另一方面，进行休闲娱乐运动需配套的相关设备，这些设备的出售或出租，在满足了消费者需要的同时也回收了货币。这不仅回笼了货币，而且从盈利中以交纳税收金的方式为国家积累了建设资金。

（三）创造更多的就业机会

从经济角度看，就业是在一定的社会经济条件下，劳动者得到了有报酬的从事生产经营活动或非经营性工作的机会，其实质是个人以特定的方式参与社会劳动，从而使自己的物质需求和精神需求获得满足的社会机会。就业问题是任何国家经济发展中面临的一个重要问题，它不仅关系到劳动者的生存发展，而且关系到社会安定。在解决就业问题上，从休闲娱乐运动所涉及的诸多因素看，休闲体育业是一种既具服务性，又具有生产性的综合性产业部门，休闲娱乐运动的发展必然推动休闲体育业的发展，并使得为其提供服务的各行各业也得到相应的发展，从而为社会提供大量的就业机会。例如，休闲体育旅游业能够促进食品、住宿等基础经济体的发展；而极限运动类的发展则能够推动相应的生产体育装备以及产品产业的发展，还能够促进相应的咨询行业发展。

（四）改善国民经济产业结构

第三产业的迅速崛起是生产力发展到一定阶段的必然，也是社会发展的标志。一个国家经济越发达，第三产业在国民经济中所占比重就越大。休闲娱乐运动业是典型的第三产业，它能促进其他相关第三产业的发展，在优化产业结构方面起着积极作用。

六、休闲娱乐运动的相关产业

（一）滨海休闲娱乐体育

1. 滨海休闲娱乐体育简述

滨海休闲娱乐运动产业是我国的朝阳产业，同时也是海洋文化产业的重要组成部分，随着社会经济的发展，融合滨海休闲和健身娱乐为一体的滨海休闲娱乐运动产业逐渐会成为一种独立的经济形态和产业类型。产业集群是现代经济发展中颇具特色的经济组织形式，产业集群的研究对经济布局的合理化、资源的优化配置、区域竞争优势的形成具有重要意义。我国很多省市的滨海休闲娱乐运动产业集群构建是一种区域经济发展模式和产业组织形式。在区域城市一体化建设中，跨区域实现国际化扩张是当前地方产业集群发展的必然趋势。

休闲，衡量社会文明的标尺，是人类物质文明与精神文明的结晶，是一种崭新的生活方式和生命状态，是与每个人生活质量息息相关的领域。休闲时代也是社会发展的必然规律，自中国改革开放30多年以来，人们拥有了越来越多的"自由时间"，休闲正在步入人们的生活并在社会经济中发挥着越来越重要的作用。休闲活动的兴盛标志着人们从繁重的体力劳动中解放出来，反映着人们从满足基本生活需要转向对精神生活的向往。

国外的学者们认为，在2015年前后，发达国家将进入"休闲时代"，一些先进的发展中国家将紧随其后，以旅游、娱乐、体育健身、文化传播等为主的"休闲经济"将掀起一个经济大潮。人口的老年化也会加快休闲时代的到来，中国是世界老年人口最多的国家，中国即将迈入休闲文化和休闲经济的时代。

休闲体育产业是一种健康、时尚的娱乐休闲方式，它应当成为所谓"休闲时代"中人们生活方式的重要组成部分。因此说休闲时代的到来为体育产业的发展提供了契机。近年来随着我国实现经济发展方式转变,经济结构战略性调整,消费结构不断升级,现代服务业、绿色经济快速发展的重大机遇期,国家推出了全民健身计划,体育日益成为人民群众的重要生活方式,成为国民经济和社会发展中不可或缺的有机组成部分,现代生活中人们普遍提高的健康健身意识和休闲时代的到来使体育产业最终必向休闲化迈进,同时休闲娱乐运动产业属于休闲产业的四大支柱(旅游业、文化传媒业、体育产业和会展业)之一,发展休闲娱乐运动产业符合国家发展绿色经济、促进经济转型政策的决策。"休闲时代"的到来给休闲娱乐运动产业提供了很好的发展机遇。

滨海,是靠近海边、沿海的意思。滨海地区通常为沿海城市的一部分,在城市的发展规划中具有一定的区位优势。滨海地区也常常因自然资源和旅游价值而引起关注,例如可以兴建滨海道、滨海休闲广场、滨海经济开发区等。休闲娱乐运动产业是社会高度发展的产物,是体育产业和休闲产业的重要组成部分,海洋经济的发展步入了世界经济发展的快车道,在众多沿海国家和地区,海洋经济成为社会发展新的增长点。

滨海休闲体育产业是开发具有滨海特色休闲娱乐运动服务价值功能,为滨海休闲娱乐运动活动提供生产要素,或以滨海休闲娱乐运动自身价值为载体向社会提供服务的经济活动企业集合或系统。

2. 滨海休闲娱乐体育的集群化发展

西方发达国家的滨海休闲娱乐运动产业的发展已有百年的历史,有比较成熟的学科体系和完善的理论框架,形成了以滨海休闲娱乐运动闻名的城市:如传统的滨海运动休闲之城——德国的基尔;以大型体育赛事闻名的滨海运动休闲之城——澳大利亚的墨尔本、西班牙的瓦伦西亚、美国的洛杉矶;以生活品质著称的滨海运动休闲之城——南非的开普敦、加拿大的温哥华等。而在我国随着人民收入水平的提高和滨海旅游的兴起,融滨海特色和休闲娱乐运动为一体的滨海休闲娱乐运动产业一定会成为一种独立的经济形态和产业类型。因此,我国有必要借鉴国外体育理论和休闲教育思想以及城市发展经验,确立符合国情的滨海休闲娱乐运动产业体系。

产业集群已经成为中国产业发展的主流模式,特别是区域产业集群模式,产业集群在我国许多地区进行了多元化实践。体育产业集群在我国还处于刚刚起步阶段,体育产业集群实质上就是产业集群现象在体育产业领域的延伸,使体育产业、体育相关产业和体育产业链形成一种价值链的整合,并且将体育产业集群区域经济发展提高至战略的高度。其中,建设体育产业基地是促进体育产业集群发展的一种重要实践模式,比如我国的一些国家级的体育产业规划建设,为体育产业集群研究提供了鲜活的样本。

我国体育产业发展起步晚、时间短,发展模式主要是政府主导型。区域体育产业集群发展主要有如下方法和途径:一是国家级和省级的体育产业及其相关训练基地;二是立足各地区,打造具有特色的体育产业聚集区和聚集带;三是相关的产业融合,形成独特的地方生产体系;四是用体育打造城市名片及建设都市体育圈等。国外体育产业集群的发展比较成熟和成功,如洛杉矶的冰球、棒球、篮球体育赛事集群;西欧国家如瑞士、瑞典的冰雪、登山等体育旅游业集群等。这些国家的体育产业集群的思路和成功做法值得参考和借鉴。

(二)休闲体育旅游

1. 休闲体育旅游简述

现代社会的激烈竞争,使白领们无论是在体力还是脑力上,都常处于超负荷的状态,而适当休闲就显得特别重要。虽然新型饭店度假中心性质的体育休闲娱乐设施也正蓬勃发展,但是人们仍然更愿意到从未到过的地方去增加新鲜体验。因此,旅游已成为中产阶级生活中一种不可缺少的休闲方式。

体育旅游可以定义为:有身体参与性活动的异地休闲才是体育旅游。有参与性身体活动的旅游活动是一种很好的体育锻炼,如徒步、登山、游水、划船,样样都是锻炼,而且有益身心、增长知识。因为全身都处于运动状态,这对于终日坐在办公室、坐着轿车上下班的人强身健体大有益处。旅游可以调节神经,加速全身血液循环,提高大脑反应能力,同时,还可以拓宽眼界,增长见识。走出户外,走出自己日常生活的小天地,到大自然中去畅游,这是一种惬意的生活方式。如果始终生活在一块狭小的空间,那么人对世界的印象也就只能是有限的一点,终究不能认识大千世界的多姿多彩。因此,通过万水千山的旅游,饱览丰富多彩的风光美景,才算得上是真正懂得了生活。

现代社会,人们的生活节奏越来越快,工作压力也越来越大,在不堪重负之余,人们逐渐把目光转向自然。走向野外,极限运动成为首选。极限运动是一种"人与自然融合,人对自身挑战"的独特运动,极限运动除了追求超越生理极限外,更强调参与和勇敢精神,体验在跨越生理障碍时所获得的愉悦感、成就感。它既体现了人类返璞归真、回归自然的心理追求,又强调绿色环保、生态平衡的美好愿望,因此,极限运动被誉为"未来体育运动",尤其为青少年所喜爱。

随着老龄化社会的到来,体育休闲娱乐具有"轻体育"的倾向。轻体育有益于健康长寿,它具有运动不拘形式、种类繁多、方式灵活、强度小、耗能低、轻松愉快的特点,既注重精神调节与心理调适,又能达到健体之功效,非常适合于老年、妇女以及时间紧迫的人士。旅游属于有氧运动中的"轻体育",对中老年人特别适合。但是,中国人的旅游方式多为组团,比自助旅游的健身效果差。今后,个性化的休闲旅游的发展空间很大。

2. 休闲体育旅游分类

休闲娱乐专业的就业机会大多数是在商业休闲娱乐行业中。其中需求数量最大的是休闲观光旅游与旅馆管理等专业的毕业生。很多大专院校的课程,都试图找出传统旅游与体育旅游业之间的关联。通过分析总结,可将与休闲旅游业相关的工作分为4大类。

(1)广告与市场营销

要想吸引游客,必须让游客知道景点有哪些好玩之处,因而要不断寻找新的方式来做广告以推销自己。这又关联到广告业或旅行社的工作,有关新闻业及市场营销学的课程会非常有用。

(2)交通运输

一个旅游景点必须有交通运输业的密切配合才能兴旺发展;创业的个人要有提供便利交通的资源,同时为旅客提供古迹、名胜或偏远地区的导游工作。旅行社有时也提供交通工具,或者和当地交通运输公司签约提供服务。

（3）观光景点

商业观光景点本身会提供大量的工作机会。大型的景点，如迪士尼乐园，就雇用了数千名员工；地方或地区性观光景点则可能雇用上百或数百名员工，有些员工是全职的，但多数只有在旅游旺季时才能找到工作机会。商业观光景点需要各种类型的人才，如财务管理、设施规划与执行、维持法规、具备各种娱乐技能（从扮小丑到玩乐器）等。

（4）食宿与娱乐

休闲旅游业中的第4类就业机会，属食宿与娱乐业，大约75%的利润来自食宿与娱乐业。观光旅客需要落脚之处，还需要餐饮和娱乐。餐馆和旅馆管理的课程可为求职的人作好准备。依赖多样技能员工的小型企业，可能特别需要有预备食物、旅馆管理、经营游泳池或是小型高尔夫球场等技能的休闲专业人员。有许多有志进军娱乐业的人，往往是同时兼职当侍者或夜间职员来维生，一个又能管理汽车旅馆或餐馆的网球教练，比只有单项技能的人容易找到工作。

知识拓展

第1届春川世界休闲娱乐运动大会2005年2月获得政府批准，同年8月春川被正式选定为活动举办城市，并于2010年举办。春川世界休闲娱乐运动大会首次举行休闲娱乐运动大赛和展览会，成为名副其实的休闲盛会。春川市计划，2010年大会结束后每两年举行1次大赛，使春川市发展成为具有休闲基础设施的休闲文化城市。"2014春川国际休闲运动会"吸引了来自50个国家的1.6万余名选手参加，堪称世界休闲运动领域的顶级赛会。依托其独特的自然资源，在政府的大力发展下，如今，春川市体育休闲事业得到了快速的发展，极大地推动了当地经济的发展。

第四节 休闲娱乐运动的文化价值

一、休闲娱乐运动与现代文化

随着社会经济的迅猛发展，知识经济进一步推动了人类的文明进程，社会的开放、交流、发展的步伐加快，各种价值观念相互冲撞。文化资源的多元化，文化商品的多样化，既适合多层次的接受主体和消费主体，也造就了多样化的接受主体、消费主体和制造主体。人们对文化的理解分为广义和狭义两种，广义的文化概念是指人类所从事的各种社会活动，以及在这种活动中所创造的全部成果，包括人类社会生活的各个方面，既包括物质生产和物质产品，也包括精神生产和精神产品，而且还包括各种社会现象、社会过程和社会事物。而狭义的文化概念则是相对于物质文化的一种精神文化，仅指人的精神生活领域，它包括3个方面：价值观、社会意识或思想、道德。

第二章 休闲娱乐运动的价值

从某种层面上说,文化也可以理解为社会总体和个体观念的总和。文化是无形的,也是客观存在的,人是文化活动的主体,文化的实在性就在于人所参与的文化活动过程及表现形式的可操作性。文化在休闲娱乐运动活动中存在的形式,不仅包括人在休闲娱乐运动中的意识,而且包括与休闲娱乐运动有直接联系的体育设备,以及构成休闲活动的体育技术动作等方面。

(一)休闲娱乐运动意识

人的休闲娱乐运动意识是文化在休闲娱乐运动活动中的存在形式之一,人之所以要参与休闲娱乐运动,就是为了提高自身的生活质量,这种提高生活质量的意识,直接促使人们参与休闲娱乐运动实践,这就形成了与动物本能的机体运动所不同的行为动机。这种动机不仅是个体的意识,而且显示整个人类社会体育思想的一次飞跃,是人类文明进步的成功展示,自然也是社会文化进步的体现,是文化在行为意识领域的存在方式。

文化存在于人的休闲娱乐运动意识的方式,受人们所处的社会物质文化生活条件的制约和影响。新中国成立后的相当长一段时间内,由于受极左思想的影响,人们普遍认为追求幸福、美好、多样化的生活方式是应受到批判的资产阶级作风,休闲娱乐运动活动不被重视,人们的休闲娱乐运动意识几乎为零,当然更无法谈及休闲娱乐运动文化。改革开放以来,社会经济迅猛发展,多元生活方式并存,人们认识到休闲娱乐运动是提高现代人生活质量的重要手段之一,从而逐渐为广大民众所接受,人们的休闲娱乐运动文化意识逐渐形成并得到加强。

(二)休闲娱乐运动设备

文化在休闲娱乐运动中的存在形式也表现在休闲娱乐运动设备上。休闲娱乐运动设备是体验休闲娱乐运动的基本条件,同时,也是表达和传递休闲娱乐运动文化的工具。随着社会经济的不断发展,人们对休闲娱乐运动设备的需求,不仅仅停留于对其实用价值的追求,对休闲娱乐运动设备的审美文化价值要求越来越高,人性化的休闲娱乐运动设备,既体现人文关怀,也是其实用价值美的展示。因此,休闲娱乐运动设备也能反映人们的审美文化水平。休闲娱乐运动设备成为人们审美文化的载体,其所蕴含的审美文化价值主要体现在外观造型和外观光色的文化价值。一套造型设计完善、制作精美的组合器械,与原始制作粗糙的杠铃、哑铃等器械相比,能够吸引更多的人驻足观看和参与,不仅在于其实用价值,而且还在于其设计制作本身融入了审美文化,能够使人在对器械的审美欣赏中,体验休闲娱乐运动活动带来的愉悦。

(三)休闲娱乐运动技术

从文化层面上看,休闲娱乐运动技术就是休闲娱乐运动文化的外在表现形式,休闲娱乐运动对参与者本身在体验休闲娱乐运动技术所承载的游戏、娱乐成分上表现得十分浓烈,其追求的目标更多地体现在参与者身心上获得的愉悦,并在精神上得到满足,因而休闲娱乐运动对规则的要求上就不是十分严格,休闲娱乐运动在其技术规格的随意度上表现得更为宽泛。技术规格更多地体现在参与者易于掌握,参与性、娱乐性较强,同时,也不乏对技术精彩、刺激的追求,以满足参与者身心的需求。

无论健身操、街舞、体育舞蹈等需要音乐伴奏的项目,还是滑板、旱冰、滑翔、登山等非音乐伴奏项目,在技术规格上表现得如何的宽泛,但它们均是通过参与者对该技术的风格、特征的领悟和理解,以肢体和神态的演绎,来表现这种技术的艺术文化价值。因此,任何休闲娱乐运动项目和动作都展示着一定的艺术文化,休闲娱乐运动技术自然是文化的载体和表现形式。

二、休闲娱乐运动文化价值的特征

(一)休闲娱乐运动文化价值的时代性

任何一项休闲娱乐运动都是在一定历史时代下产生的,一定时代的休闲娱乐运动项目与该时代社会经济发展水平和人们的精神文化要求密切相关。不同时代具有不同的社会物质生活条件,并形成与之相适应的精神文化和意识,对体育内涵的认识也随着时代的变化而不同,从仅在生理层面认识到对提高健康水平和提高生活质量的认识变化的路径,反映了不同时代人们的体育文化价值观不同,进而也反映不同时代人们的休闲娱乐运动文化价值观念的区别。不同时代,由于人们所处的社会政治、经济条件的不同,人们对休闲娱乐运动活动的需求也不同;随着人们物质文化生活水平的提高,人们对休闲娱乐运动的内容要求也越来越高,休闲娱乐运动的文化价值也不断丰富。谈起扳手腕、打陀螺、滚铁环等,人们自然会联想到经济水平发展不高的年代,当人们谈论打高尔夫球、玩保龄球、飙车等,自然会与现代社会联系起来。

(二)休闲娱乐运动文化价值的民族性

文化的多元性,构成世界文化的整体性,休闲娱乐运动文化也是构成世界文化的细胞,但任何休闲娱乐运动项目都属于一定的民族,都是依据一定民族所处的社会经济发展水平、人文地理环境、传统习俗、审美情趣,以及宗教信仰、工作、生活、思维方式和文化价值观念等条件下产生的。尽管经济的全球化正导致休闲娱乐运动的国际化,但所有休闲娱乐运动项目从产生及其发展过程所表现的民族性痕迹是无法抹掉的,综观中外休闲娱乐运动项目,没有一项休闲娱乐运动不具有民族性特征。

(三)休闲娱乐运动文化价值的广泛性

休闲娱乐运动文化价值的广泛性主要是指休闲娱乐运动的国际性。即许多休闲娱乐运动项目能在世界范围内被不同肤色、民族、语言和地域的人们所接受。在众多的休闲娱乐运动项目中,虽然最初都是依据一定的民族文化观念,在特定的文化背景下产生的,并反映该民族的社会政治、经济、文化水平。但随着社会经济的不断发展和国际交往的频繁,产生于不同国家、地区和民族的休闲娱乐运动也不断为世界人民所接受,成为世界上交流最为广泛的文化,休闲娱乐运动的文化价值也广泛地展示在世界各国的休闲娱乐运动活动中。冲浪、滑板、高尔夫、飙车、山地自行车等起源于西方发达国家的运动项目,随着我国社会经济的不断发展,人们生活水平的提高,特别是国际交往的增加,越来越为中国人接受。

(四)休闲娱乐运动文化价值的地域性

休闲娱乐运动文化的地域性与其民族性是紧密相关的,而民族文化的某种程度、角度,也反映出区域文化的特点和内容。文化的地域性较之民族性,有着更为宽泛的包容性和更为灵活的机动性。

主体和客体是构成休闲娱乐运动的基本要素,在休闲娱乐运动中,主体是人,而客体包括休闲娱乐运动的技术、场地、器材和装备,体育休闲活动必须借助一定的地域空间才能进行,因此,休闲娱乐运动文化价值具有地域性。人们不会怀疑登山运动不可能在平原地区进行,冲浪运动只能在有大海的地方开展,滑雪、滑冰、冰球等运动项目更适宜在气候寒冷、冰天雪地的地区开展。

三、影响休闲娱乐运动文化价值取向的因素

闲娱乐运动的文化价值取向,一方面受参与者所处的社会环境和文化的制约。另一方面也直接反映休闲娱乐运动的形成和发展。活动参与者所处社会的就业结构、生活方式以及传统文化,直接影响休闲娱乐运动文化价值取向的形成。

(一)就业结构

就业是在劳动年龄内具有劳动能力的人在正常情况下维持生存需要的最基本方式和手段,是推动社会健康有序发展的前提。就业与失业是一个相对的概念,一定量的失业人口又是工业经济和信息经济不可避免的现象。

就业结构是指不同就业人口之间及其在总就业人口之中的比例关系,它表明了劳动力资源的配置状况或变化特征。合理的经济结构是充分就业的保障,而社会经济结构的变化,将直接导致就业结构的变化,人们只有在充分就业的状况下,才能获得足够的可自由支配的金钱,进行相关的休闲娱乐运动活动。因此,就业结构的变化将直接影响休闲娱乐运动文化价值取向的形成。就业结构的变化反映了社会经济的发展,城市化进程是一个国家经济发展水平高低的标志。城市化水平越高,经济水平越高,人民的生活水平越高,人们拥有可自由支配的时间和金钱越多,对休闲娱乐运动文化价值的取向也必然发生变化。

由于就业结构的原因,20世纪80年代初,人们对休闲娱乐运动的认识十分肤浅,仅仅停留在生理层面。进入21世纪,同20世纪80年代相比,城市化进程加快,就业结构发生了一定变化。人们对休闲娱乐运动的认识不仅在生理方面,而且提升到对生活质量提高的层面上。这种文化价值取向,使人们提高了对参与休闲娱乐运动作用的认识,不仅可以使身心获得愉悦,同时也是对自身生活质量的完善,自觉地投入到休闲娱乐运动活动中成为一种时尚。

(二)生活方式

21世纪以来,生活方式与生活质量成为哲学、政治学、经济学、社会学、文化人类学、心理学和社会工作等学科研究的共同领域,是世界各国决策者与社会科学家高度关注的国际热点议题和前沿课题。生活方式强调广泛差异性和独特生活风格,生活方式是从主观回答"怎样生活",生活质量是客观描述"生活怎样"的问题。

不同的生活方式,必然产生与之适应的活动内容和形式,并形成相应的文化价值取向。生活方式对休闲娱乐运动文化价值取向起着导向作用;休闲娱乐运动作为现代人提高生活质量和生活方式的内容之一,其发展直接反映现代人的休闲娱乐运动文化价值取向。在新中国成

立后的相当长一段时间里,社会主义和集体主义的价值观念至高无上,政府运用计划方式组织生产和社会消费,基本取消市场在资源配置中的作用,中国人的生活方式既是集体主义取向,又是高度同质性和一致性的。大一统无差别的集体生活方式,制约个性生活方式的发展,无法谈及生活质量的提高,在这样的社会条件下,体育完全是一种公益性、福利性的事业。人们的休闲娱乐运动文化价值取向,只能在这种公益和福利事业下,强调其爱国主义、集体主义意识和强身健体的功能。改革开放以来,中国社会经济发生了巨大变化,建立与小康相适应的生活方式成为适应时代潮流不可逆转的全新价值理念,生活方式逐渐由依附型向自主型、封闭型向开放型、单一僵化向丰富多彩转变,个人主义与集体主义生活方式共存。正是由于新的生活方式的形成,人们对休闲娱乐运动文化价值的取向,逐渐向丰富人类精神文化生活和提高生活质量的层面上过渡,不仅强调休闲娱乐运动的强身健体功能,同时,更追求其休闲、娱乐、闲适、和谐美好的文化价值。因此,生活方式对休闲娱乐运动文化价值的取向起着导向作用。

(三)传统文化

在社会的文明进程中,休闲娱乐运动是人类普遍的生理、交流、娱乐需求,但由于传统文化的差异,使世界各国的休闲娱乐运动文化价值取向产生差异。

所谓传统文化,是指在长期的历史发展过程中形成和发展起来,保留在每一个民族中间具有稳定形态的文化。它负载着一个民族的生活方式,聚拢着一个民族自我认同的凝聚力。传统文化模式一旦形成,对人的价值心理和价值观念有很强的规定性,即使现代人也很难完全彻底地摆脱传统文化模式的影响。由于中西方传统文化的不同,从而使休闲娱乐运动文化价值取向沿着不同的路径发展,特别表现在休闲娱乐运动内容的性质上的差异,下面通过对中西方传统文化对休闲娱乐运动文化价值取向的分析,进一步认识传统文化对休闲娱乐运动文化价值的影响。

我国的休闲体育文化具有自身的民族特点,与西方休闲体育文化具有一定的区别。其具体的区别表现在以下几方面。

1. 本位观念的差异性

西方社会文化以人为作为社会的本位,主张以自我为中心。这种思想的进一步拓展,则发展为以人为中心的思想。在这一思想的影响下,公平、平等等思想观念也得到了一定的发展。我国传统文化主张伦理至上的原则,这是我国民族文化的特质,对于我国社会生活的各方面都产生了重要的影响。在东西方不同文化特质的影响下,休闲体育也表现出了不同的文化特征。随着全球化进程的加快,国家和地区之间的交流逐渐增多,各种民族文化之间相互借鉴、相互影响,这种文化观念上的差异性也在一定程度上有所消除。

2. 人与人之间关系的差异性

西方体育文化注重人与人之间的竞争,这也是现代竞技体育起源于西方的重要原因。这种竞争的理念在社会生活的各个方面都会或多或少的有所反映。休闲体育虽然具有休闲娱乐性,但是其竞争性也是其重要的方面。我国传统文化主张人与人之间关系的和谐发展,主张谦和礼让,因此,我国的各项社会活动都深深烙着传统道德和行为规范的印记。这种文化反映在休闲体育方面,则表现为我国更加注重运动参与过程中人与人之间的和谐相处。

3. 思维方式的差异性

东西方文化的差异性还表现在思维方式方面。我国传统文化更加注重感性思维,《道德经》有云:"道可道,非常道;名可名,非常名。"这正是我国注重感性思维方式的鲜明体现。而西方文化则较为注重理性思维的发展,注重对事物进行精确的研究和分析,现代自然科学起源于西方,这与其理性思维方式具有重要的联系。我国在传统的思维方式影响下,在参与相应的休闲体育时表现出一定的"随性而为",并且注重整体,这在一定程度上也忽视了个体;西方则对体育研究较为精确,对于动作技术方面的发展较多。

4. 人与自然的关系的差异性

西方在处理人与自然的关系时,将人与自然在客观上形成了一定的对立关系,体育运动发展人体的各项生理机能也是为了更好地认识和征服自然,因此,攀岩、越野、漂流等运动形式起源于西方。我国传统文化注重人与自然的和谐统一,强调人与自然之间的协调。

四、休闲娱乐运动文化价值分析

(一)促进观念改变

休闲娱乐体育产业具有文化功能。休闲娱乐体育产业能够充分展示休闲娱乐体育本身所具有的休闲、娱乐、健身等价值,帮助人们认识休闲娱乐体育在提高人们生活质量中的地位,促进人们文化观念的改变,引导和改变人们传统的体育意识,进而引导人们积极参与休闲娱乐体育消费,客观上推动了体育经济的发展。通过产业展现出的休闲娱乐体育的文化价值,即健身、娱乐、休闲、教育的价值,以及休闲娱乐体育设备本身的艺术价值,更多的民众被吸引到体育休闲娱乐活动中来。通过休闲娱乐体育文化价值的吸引和诱导,不仅具有相同或相近休闲娱乐体育文化价值观的人们对某些具体的休闲娱乐体育项目产生认同并形成共识,而且对休闲娱乐体育文化认识不足或肤浅的意识也可以得到改变,形成共同的休闲娱乐体育消费倾向,扩大了休闲娱乐体育及其相关产品的市场份额,促进规模经济的形成,同时也扩大了体育产业市场,推动了社会经济的发展。

(二)丰富生活

人类在创造物质文明的同时,也在不断地创造着精神文明。社会文化的发展,使得人们在享受物质生活的同时,也享受着精神文化生活。文化生活的内容是丰富多彩的,体育是一种社会文化,休闲娱乐体育则更具有文化韵味。休闲娱乐体育可以满足人们对娱乐性、消遣性精神生活的需求,可以满足对美的需求,可以满足自我发展的需求。休闲娱乐体育产业提供了丰富的活动内容和方式,成为社会文化生活中的重要组成部分,日益增多的余暇时间使人们可以有更多、更自由的安排休闲生活的选择。在我国,人们在大力建设社会主义物质文明的同时,也在大力提倡社会主义精神文明建设。休闲娱乐体育可以提高人的精神素养,增长文化知识,增强审美意识,全面提高人的整体素质。在休闲时间参加体育活动,不但可以丰富业余文化生活,对社会主义精神文明建设也有积极的促进作用。

(三)提高素质

休闲娱乐体育产业中提供的休闲娱乐体育项目极为丰富,具有挑战性、刺激性、冒险性、新颖性、趣味性和艺术表现性等特性,使人们在直接或间接地参加体育休闲活动时,充分享受体育运动的乐趣,在表现自身的能力、施展个人才能的同时,获得身心的满足和愉悦。休闲娱乐体育不仅仅是单纯的娱乐活动,还是一种自我学习、自我完善的教育过程。参与休闲娱乐体育活动就是一个运动技术、发展体能的学习,人际交往能力、协作精神的培养,增强自信心和竞争意识等的过程。在参与的过程中,可以汲取相关学科的知识,使身心得到充分自由的均衡发展,进一步完善自我。在参与活动的过程中,休闲娱乐体育产业完善自我的教育功能,大大提高了人们的综合素质。

(四)促进社会文明进步

休闲娱乐体育产业集合着多元文化,包含着一定时代,一定文化背景下的具体实践活动,是对一定的民族文化价值观和世界各族文化交融的反映,能够积极推动世界文化之间的交流。在休闲娱乐体育产业中,不同文化背景的人们可以进行多文化的对话,也可以不断地修正各自过时的文化,提高参与者的文化水平,做到与时俱进,客观上推动了社会的文明进程。在休闲娱乐体育产业中,参与者进行获得实践体验价值为目的的体育休闲娱乐活动时,可以尽情地发泄感情,交流和表达思想。体育休闲娱乐活动中人们多姿多彩的表现,就是不同思想文化的碰撞和展示,因此,在一定意义上讲,通过休闲娱乐体育产业,参与者的修养内涵及其程度得到反映。同时,在共同的体育休闲娱乐活动中,参与者的思想文化修养可以相互影响,学习和借鉴他人之长处,提高自身思想文化修养的水平,促进社会的文明进步。

第三章　休闲娱乐运动与现代和谐社会

现今我国社会休闲娱乐运动的发达，正是得益于现代和谐社会的功劳。因此，本章将对两者之间的关系进行深入研究，并进一步研究休闲娱乐运动与人的社会化以及与终身体育之间的关系。

第一节　休闲娱乐运动与现代和谐社会的关系

一、和谐社会提供休闲娱乐运动发展的条件

休闲娱乐运动是人们在可任意支配的休闲时间中主动选择并自愿参与的，以缓解压力、恢复体力、娱乐身心、调节情绪和强身养生为目的的一种身体力行的锻炼手段。

从上述定义中可以看出，休闲娱乐运动的产生与发展需要多种条件的共同出现才能达成，而不是一种偶然的行为。随着社会的不断发展和进步，以往从未出现过的条件都成为能够催生休闲娱乐运动产生和发展的有利因素，其中最为主要的两个基础是物质基础和时间基础。这也是休闲娱乐运动与社会关系的体现之一。

（一）和谐社会经济发展提供给休闲娱乐运动坚实的物质基础

现代社会的发展主要体现在经济和精神两个方面，即所谓的物质文明与精神文明两手抓，两手都要硬。显然，现代社会的发展带来了超越以往任何时期的物质体验，那么这种物质就应该更好地发挥其作用，如运用在休闲娱乐运动的发展中，休闲娱乐运动的发展和更多的人们参与到休闲娱乐运动中来是一种精神文明发展的表现。如此即可以称得上是"两手抓"，而不忽视其中某一项。因此可以说，正是由于和谐社会经济发展的突飞猛进，才使休闲娱乐运动获得了发展的物质基础，进而也就证明了它是经济和社会发展的一种必然产物。

社会的发展离不开科技的进步。更多的科学技术运用到社会生产中必然大幅度提高了工作效率，从而在单位时间内可以获得更多的产品和服务。由此就可以使人们的工作时间大大缩减，获得了更多的工作之余的时间，如此一来既节约了人力成本，又提高了生产效率。除了新兴科学技术，一些现代化的科学管理手段也不断出现，随着科学技术以及经济的发展，人们的生活设施也不断建设完善，有了足够的消费能力，也有了富裕的休闲时间，还有了从事休闲

生活的设施条件。况且，人类文明自形成伊始，劳动生产外的休闲时间就一直是生活的重要组成部分，这个休闲时间或多或少，但一定不会完全没有。由此可以想象一个完全没有休闲时间的人非常容易在生理或者心理方面出现问题。

现代社会已经变革为一种大量依靠知识创造和信息化为基础的经济社会，社会的生产方式和人们的生活方式将发生重大的变化，休闲娱乐运动将会得到前所未有的发展。马斯洛曾经提出著名的需要层次理论也是休闲娱乐运动成为必然发展趋势很好的理论基础。需要层次理论中讲到，人的需求依据不同的条件有高低之分，人只有在低层次的需求满足之后，才会产生对高层次需求的追求和向往。这种需求的层次一定是逐层的，而一般不会发生"越层"追求。该理论中讲到人的基本生活需求（包括吃、穿、住等问题）是人的最低层次需求，而最高层次的需求则为精神方面需求。按照马斯洛的理论，当人的吃、穿、住问题得到解决之后，就会寻求精神方面的需要。根据这一理论再将视线回归到我国的现状，随着我国经济的发展，我国大部分地区在 21 世纪的今天，基本的温饱问题已得到大体解决，即低层次的需求已得到满足，在这种情况下，我国人民具有了高层次的精神需求，尤其是东部沿海经济发达地区，更具备雄厚的物质基础，而休闲娱乐运动适合了人们多种生理和精神需求，因此，休闲娱乐运动逐渐成为我国城市居民的一种时尚。可以看出，休闲娱乐运动的发展离不开社会经济发展提供的物质条件。

(二)逐渐增加的空闲时间为休闲娱乐运动提供了发展土壤

在现代社会中，人们已经越发注意关于身心健康的问题了，这也是人们注重提高生活质量的内容之一。久而久之，休闲娱乐运动就成为人们日常生活中的一种需求。那么，为了满足这种需求，首先就需要有足够的参加休闲娱乐运动活动的可支配时间作保证。

休闲时间是指不受其他条件限制，完全可以根据自己的意愿去利用、享受或消磨的时间，即"可自由支配的时间"。休闲时间的增多是休闲娱乐运动发展的重要条件，这也是社会和休闲娱乐运动关系的重要体现。

前文中也提到了关于生产力、生产水平的提高使人们获得了更多的休闲时间。具体来讲，随着社会的发展，休闲时间是不断增多的，这就成为促进休闲娱乐运动发展的有利因素。在远古，甚至是我国 21 世纪 60、70 年代，生产力都表现出较为低下的状态，生产劳动条件差，人们为了生存，生产劳动占去了绝大部分的时间，那时的人们整天忙于生存，几乎没有休闲时间，过度透支的体力和脑力使得年均寿命增长受到阻碍；后来工匠、手工业者出现，人们的休闲时间得到增加；蒸汽机的发明可以说是人类社会发展的重要事件，从此，人们的生产劳动可以运用机器，这推动了生产力的巨大发展，也极大地提高了生产效率，人类逐渐从生产劳动中解放出来，休闲时间又得到增加，到了 20 世纪末 21 世纪初，科学技术以前所未有的速度发展，各种各样的新技术得到应用，人们无论从事生产还是生活劳动，所需的时间都大大减少，这意味着人们从事休闲活动的时间逐渐增多。

人们运用休闲时间进行以追求娱乐休闲为目的的活动，必将促进休闲娱乐运动的快速发展。社会的发展已经为人们从事休闲娱乐运动提供了时间上的保障，如我国在 20 世纪 90 年代中期改革了劳动制度，将原先的每周工作 6 天改为 5 天，每天工作 8 小时。这种工作制度一直延续到今天。除正常的工作时间和周末休息外，越来越多的法定节假日也成为休闲娱乐运动利用的好时机。例如，在节假日休息期间，约上三五好友，摒弃传统的请客吃饭，而改为"请人吃饭不如请人流汗",大家一起骑行、旅游、打球,社交方式也呈现出了更多新意。

综上所述,全民从事休闲娱乐运动已经具备了必要的时间条件,随着休闲时间的增多,休闲娱乐运动也在不断发展。可见休闲时间增多为休闲娱乐运动提供了发展的平台。

现代社会休闲时间的来源

休闲时间是休闲娱乐活动发展的必要条件。亚里士多德认为,希腊公民每天最好只工作4个小时,莫尔的设想则是每人每天只需要工作6小时,这些设想在现代社会中,随着发展逐渐成为现实。随着人类社会生产节奏的不断加快,人们的空余时间也在随之增加。"二战"后,每周40小时工作制在欧美发达国家得到了普及。据统计,20世纪美国社会的工作时间减少了1/3之多,而欧美发达国家的年劳动时间总量较19世纪减少了1/2,仅有1 500多个小时。我国自1995年以来,城市开始实行5天工作制,工作时间从48小时减少到40小时,也逐渐向发达国家靠拢。

二、休闲娱乐运动对和谐社会发展的作用

(一)促进社会和谐氛围的构建

休闲教育是实现全面发展的教育,培养人的鉴赏力、兴趣、技能及创造休闲机会的能力,使人能以一种有益的方式安排自己的休闲时间,从而实现"成为人的过程"是其主要目的,人的素养和个性的提高是其着眼点,而知识的内化和人的潜能发展是其强调的重点。休闲教育有着广泛的内容,智力、审美、心理、健身娱乐活动等都包括在内。休闲娱乐运动与休闲教育有着密切的关系,休闲娱乐运动也是休闲教育的重要内容,因为体育运动既是一种重要的休闲技能,也是一种重要的休闲方式,休闲娱乐运动本身的功能与价值和人们参与休闲娱乐运动的环境、条件都与休闲教育十分符合。

休闲娱乐运动的功能非常多,包括社会方面、文化方面、经济方面的功能。首先来看社会方面的功能。通过休闲娱乐运动,人性可以得到回归,"现代文明病"也可以得到预防和治疗,人们的身心得到抚慰,人际交往得到促进,从而使社会风气得到引导,使人们树立起正确的休闲生活态度,选择科学的休闲生活方式,促进人的社会化。通过休闲娱乐运动,人的身心和谐,人与人之间和谐,人与社会、自然环境也得到和谐,同时休闲娱乐运动培养全面发展的人,也为构建和谐社会打下了坚实的基础。休闲娱乐运动在文化方面也有着巨大的功能。休闲娱乐运动具有娱乐身心的价值,更有着文化价值,休闲娱乐运动本身就是一种文化现象,通过参加体育娱乐活动,有助于人们形成科学的价值观念、思维方式、经营理念和生存智慧,从而形成良好的社会风气,为社会秩序的建立和维护发挥文化整合作用。除此之外,在文化传播、文化创造上,休闲娱乐运动还为其提供了环境,有利于构建健康向上、协同进步的文化体系,营造和谐的文化氛围。休闲娱乐运动还具有巨大的经济功能。人们生活水平不断提高、闲暇时间不断增

多、消费观念不断变化,体育意识得到增强,休闲娱乐运动已成为人们的需要并且人们已具有了享受休闲娱乐运动消费和服务的能力。在这种情况下,休闲娱乐运动产业及其关联产业得到开发,包括健身服务、观赏服务、休闲场地、服装器材服务等,休闲娱乐运动产品与服务体现出多层次、全方位的特点,使人们花钱买健康、花钱买休闲的需求得到满足,同时消费扩大,就业增加,休闲娱乐运动已成为新的经济增长点。另外,通过休闲娱乐运动,劳动者的体质得到增强,也在一定程度上会提高劳动生产率,从而会促进经济的发展。构建社会主义和谐社会,需要经济发展为其奠定雄厚的物质基础。而在经济社会生活中,体育的作用日益显现,发挥体育的经济功能是建设小康社会、构建社会主义和谐社会的重要措施。

休闲娱乐运动需要良好的环境,从人们参与休闲娱乐运动的环境来看,我国已营造了良好的休闲娱乐运动健身环境,这离不开国家政府的大力支持。"三边工程"指抓身边的组织、建身边的场地、搞身边的活动,国家通过加强"三边工程"的建设,使人们参与体育活动的软、硬条件得到了改善。国家对群众体育非常重视,大幅增加群众体育的基础设施建设;并积极探索依托自然资源(公园、绿地、山地、江河湖海等)兴建体育设施的新模式,建设全民健身活动基地。为了促进休闲娱乐运动的发展,一系列的组织得以建立,一系列的活动得以举行,建立的组织有全国各地群众体育组织、单项体育协会、各种体育俱乐部、健身中心、健身指导站、晨晚练站点等,举办的群众体育活动业具有日趋丰富的内容和形式。当前,人们已经有能力、有条件、有意识地参与休闲娱乐运动活动。在构建和谐社会的过程中,为使更多的人参与到休闲娱乐运动中来,各级政府应更加关注休闲娱乐运动的发展。

(二)使社会发展步入新阶段

现代休闲娱乐运动不是凭空而生的,它是现代社会发展的必然产物。社会的生产技术不断发展,人们的生活方式也在不断发展变迁,人类社会物质和精神文明也在不断发展,这种发展到达一定程度,休闲娱乐运动便自然产生了。休闲娱乐运动的发展是伴随着竞技体育高度发展而产生的,竞技体育在发达资本主义国家发展,同时,国民体育也逐渐成为一种热潮,娱乐运动在人们生活中已不可缺少。休闲娱乐运动是在经济高度发展、生产自动化程度提高和大众传播媒介直接影响下产生的,它的日益普及影响着人们的生活和工作。

经济、政治、文化、科学技术高度发展是现代社会的重要特征,现代社会的一个重要标志就是体育的繁荣与发展。休闲娱乐运动是现代社会的产物,随着现代社会娱乐运动的信息增加,人们的体育观念也发生了改变。社会在发展,信息量急剧增加,人们获得信息的手段也多种多样,如急剧增加发行各种体育书刊,日益普及的电视机、电脑,接入千家万户的互联网,在人们的生活中,体育得到了迅速的传播,从而产生了越来越大的影响,体育已经逐渐成为人们生活的一部分。这些为休闲娱乐运动的发展打下了基础。

现代社会国民经济高速发展,大大提高了人们的物质生活水平,推进了第三产业的发展,从而为休闲娱乐运动的发展提供了社会物质条件。在有了一定的经济基础之后,休闲娱乐运动的设施得到开发,从而使休闲娱乐运动有了开展的空间和场所。现如今,市场经济蓬勃发展,为人们闲暇时间服务的第三产业表现出了巨大的市场空间和发展潜力,因此吸引了大量的资金和劳动力,一些新的休闲娱乐项目不断出现,反过来,休闲娱乐运动的发展也在一定程度上刺激着人们的消费,随着休闲娱乐运动的进一步发展,将会有越来越多的人参与到休闲娱乐运动的消费中来,人们在休闲娱乐运动方面的投资将会与日俱增。

产业可以分为3大产业,分别为第一产业、第二产业和第三产业,从事第一产业、第二产业的主要是体力劳动者,包括从事农业、工业物质生产的劳动力,而从事第三产业的主要是脑力劳动者,主要包括进入贸易、工商、银行、财会、计算机、网络等机构的高级专业人员。随着社会的发展,第一、第二产业所占比重将会不断减小,第三产业比重将不断上升,这意味着从事第三产业的劳动者将会不断增多。对于这些从业者来说,他们与体力劳动者不同,主要是从事紧张的脑力劳动,因此缺少娱乐运动活动,长期如此,便会导致健康出问题。在这种情况下,一些为这些人服务的健身场所逐渐出现,这些从业者为了自身健康,积极参与休闲娱乐运动,将会成为休闲娱乐运动消费的主力军。

体育运动是现代社会中的重要内容,尤其是奥运会等体育盛会更是在社会上有着重要的影响力,随着现代社会大众传播媒介的发展,电视体育节目不断丰富,这些都成为奥林匹克精神弘扬的有力工具。体育媒介具有强大的感染力、感召力和诱惑力,人们受到传播媒介的影响,使自身的参与体育活动的强烈愿望得到唤醒和激发。由于竞技体育对人体素质的要求较高,而休闲娱乐运动则适宜人们参与,从而成为人们释放激情的重要手段。

在现代社会,民主化进程不断加快,社会各方面日趋完善,体育民主化也是社会民主化的重要内容,推动体育民主化观念也已深入人心。不分行业、阶层,不分民族、性别、年龄、贫富的差别,使娱乐运动成为每个人生活领域中的休闲内容,使休闲娱乐运动成为向全体社会成员开放的参与性活动,这是真正的民主主义思想在现代生活中的具体体现,也是体育民主化的主要作用。

休闲娱乐运动是人们日常生活的重要组成部分,因在人们闲暇时间进行而得名。它对增进人民健康有着重要作用,能够提高国民的整体素质,对促进全民健身计划发展,国家繁荣昌盛,民族兴旺发达以及社会物质文明、精神文明建设都有着重要的意义。

人类社会逐渐进入后工业化时代,随着科学技术的发展,人们从事各种体力劳动的机会和时间大大减少,加之社会竞争和环境变化给人所造成压力的增大,体育运动越来越成为人们增进健康、缓解压力、度过余暇的手段。休闲娱乐运动将会是未来人们休闲生活的重要内容,将会是未来体育的发展趋势之一。

(三)实现人的现代化

现代社会的快速发展一方面是物质发展,另一方面也需要有随之发展的精神和意识来匹配。很显然,现代社会的发展非常依仗人的作用,正因如此,才使得"以人为本"的发展理念盛行。物质资本和劳动资本的增加对经济增长有着重要作用,传统的经济理论观点认为它们是经济增长的主要依赖,从现代社会的实际出发,这种观点已不符合现实。在现代,与物质资本和劳动力数量的增加对经济增长的贡献相比,人的知识、能力和健康等人力资本的提高更大。教育和保健是对人力资本投资的两个主要方面。从这个意义上讲,休闲娱乐运动可以被看作是对人力资源的一种投资行为。这种投资所获得的效果就是将人的身体转化为健康的身体以便更好地投入到生产当中的资本存量。描述这种效果的标志包括人体的健康程度、有无疾病的状态以及寿命延长等。良好的健康状态本身就创造了价值,成为重要的人力资本要素。由此便可以看出,休闲娱乐运动可以提升人力资本,对实现人的现代化具有重要的作用。

(四)促进社会精神文明建设

精神文明建设是社会主义现代化建设的重要组成部分之一。休闲娱乐运动,就是促进社会主义精神文明建设的有力手段。

现代物质文明的不断发展使普通大众都可以选择更多种类的休闲方式。而且,休闲生活已经成为现代人不能缺少的生活组成部分。鉴于休闲方式的多样性,其对社会发展所带来的作用也是多方面的,这其中就既有积极的影响,也有消极的影响。

具体来说,休闲的方式多种多样,因此在这些方式中就有可能存在一些有违健康原则的休闲方式,如赌博、吸毒等。这些行为肯定不是健康的休闲方式,但是它却能给人带来良好的休闲效果,尽管如此,这种休闲方式也必须划入到被禁止的行列中,它不利于社会精神文明的建设和社会的进步,甚至是一种犯罪行为。而休闲娱乐运动是一种健康的生活方式,具体如登山、垂钓、野营、骑行和拓展训练等活动,通过对这些运动项目的参与,可以使人们的身体得到有益的锻炼,从而极大地促进运动参加者的身体健康水平保持在较高状态下。身体的锻炼也会促进心理的积极反应。

通过参与休闲娱乐运动,人们休闲可以得到正确的引导,向有利于社会进步的方向发展,同时,社会的精神文明建设也会得到不断推进。

(五)使人摆脱亚健康状态

在早先的健康理论中认为,人只是会处在健康与疾病的两种状态之中。而最新的研究结果表明,除了健康与疾病的两种身体状态外,人体还存在一种介于两者之间的状态,即"亚健康状态"。当人处在"亚健康"状态中时,会有一种说不出的不适感,较多时候表现出一种疲乏、嗜睡、无精打采、注意力不集中以及健忘等状况,但是通过医学检查又查不出有何种疾病。

世界卫生组织曾经在全球作过一项调查,结果显示在全世界仅有约5%的人属于完全健康状态,20%的人被诊断为患有疾病,其余75%的人则均处于亚健康状态。在我国,人体健康状况的3项百分比大体也是如此,具体为处于健康状态的为占15%,处于不健康状态的同样占15%,而剩余的70%都处于亚健康的状态。在"亚健康"状态的人群当中,知识分子和广大白领职工和蓝领工人是"亚健康"的主体,约占70%。可见,亚健康已成为一种普遍现象,它影响着人们的生存和发展,对人们的生活质量有着负面的影响。

体育运动对人体的健康具有极大的促进作用,这是毋庸置疑的,并且已经得到了人们的赞同。在现代社会,人们的健康观念有了一定的转变,以往的单纯生物角度的健康已经无法适应现代社会的需要,身体、心理和社会适应能力的三维健康观成为人们的共识,因此,人们对体育也就有了促进身体、心理和社会适应能力的要求,这也是加速全面建设小康社会进程的要求。在休闲娱乐运动中,人们恢复了体力与精力,身心也得到了愉悦,同时也促进了社会交往,提高了社会适应能力,可以说,休闲娱乐运动满足了人们在现代社会对体育的要求,经常参与休闲娱乐运动,将其作为一种新的娱乐生活方式,将会缓解亚健康状态,促进全体人类的健康。

(六)缓解老龄化给社会带来的压力

根据普遍的标准来看,一般将年龄超过60岁的人认定为老年人。如果一个国家60岁以上年龄的人占国家总人口的10%,或65岁以上者占国家总人口的7%的话,就可以认定这个国家已经进入老龄化社会,其中较为典型的国家就是日本,其卖老人纸尿裤数量多于婴儿纸尿裤的情况就是老龄化社会的最好证明。

现代社会先进的科学技术大量运用在医学领域,使得医疗条件得到突飞猛进的发展,在以前难以攻克的疑难病症于今天早已不再是要命的难题。在这种高水准的医疗条件下,人们可以获得更高的寿命。与此同时,年龄的提高就使得老年人口数量不断增加,由此便带来了一系列的社会问题,而这个人口老龄化的问题在当今世界已经成为每个国家都普遍关注的话题,同时这也是社科类研究者基于研究和亟待解决的问题。由于历史和政策原因,在今天,我国的老龄化问题也已经大量凸显。所以人口老龄化的问题也值得我们格外关注和认真研究。

对于一个国家来说,老年人口的增加是一个社会问题,并且非常沉重。老龄人口的庞大意味着医疗负担的加重和社会福利的增大,这无疑是对社会的一种压力。而休闲娱乐运动的发展可以缓解这种社会压力。具体来说,老龄化人口具有充足的休闲时间,他们已经成为休闲娱乐运动的参与主体之一。通过休闲娱乐运动,老年人可以大大缓解身体机能下滑的速度,以及对一些小病具有足够的免疫力予以抵抗,这既是对医药治疗方面的负担的一种降低,也是对社会福利的减轻和对社会压力的缓解。世界上一些发达国家已经在大力发展休闲娱乐运动,并将其作为缓解人口老龄化社会的重大举措,如美国、日本和新加坡就非常注重加强休闲娱乐运动健身,并且取得了相当不错的成效。

广场舞是舞蹈艺术中的一种,是人民群众创造的舞蹈,因为民族的不同,地域的不同,群体的不同所以广场舞的舞蹈形式也是不相同的。

广场舞是融自娱性与表演性为一体,以特殊的表演形式、热情欢快的表演内容、以集体舞为主体的,在公共场所多人参与的,以娱乐身心和身体为艺术表演活动。

当代广场舞融入现代舞蹈意识、行为和形式,从而形成具有现代广场舞蹈的风格。21世纪的广场舞已经被越来越多的不同年龄层次的人肯定,由于大家都开始关注自己的健康,因此年轻人和老年人的互动也为广场舞增加了许多的乐趣。广场舞作为在现代城市广场发展的产物,不仅是一种文化现象,更成为一种值得关注的社会现象。它一方面反映着城市社区的完善程度,一方面体现着社会主义制度下的生活满意度,是精神文明建设的一个重要指标和象征。

第二节 休闲娱乐运动与人的社会化

工业革命将社会的发展形式带入到了一个新阶段,于是,工业革命也就成为社会现代化的重要标志之一。作为社会变革的重要转折点,它使社会财富在短期内获得急剧增长,与之相伴的便是人们生活水平的提高。但是随这些有益之处共同而来的还有人类逐渐被带入一个仿

"机器人"的阶段,而且逐渐在被物化的过程中认识到"本我"及"超我"的需求与重要性。为此,人们作出了许多努力妄图回归本性,并经过长期实践认识到,休闲娱乐运动是伴随一生的,充满理想和找寻本我的最佳活动领域,在某种程度上可以说休闲娱乐运动是社会的缩影,而且在休闲娱乐运动里人们处于自愿、互动,非强制、压迫、抑制的情境中。

通过休闲娱乐运动进行人的社会化过程是教育人们健康、全面发展的良好领域。因此,本节就主要以互动论为基础指导,结合结构功能主义论、冲突理论和认知理论等社会学理论,来侧重分析人类、休闲娱乐运动、社会化三者之间的关系,以及人们对休闲娱乐运动参与、维持、深化、退出休闲娱乐运动领域等社会性问题。

一、休闲娱乐运动社会化概述

(一)社会化的概念

目前对社会化的解释纷繁复杂,从不同层面、不同角度进行分析,可以得出不同的阐释,但是围绕的主体都是人,关注的是人的社会化问题。美国社会学学家戴维·波普诺认为:"社会化是人们获得人格、学习社会和群体方式的社会互动过程,它从出生开始,并持续一个人的整整一生。人类相对较长的生活依赖期使得社会化成为可能,而在本能方面的缺陷使得延长社会学习的实践至关重要。"从中我们可以看出,人在社会化进程中需要不断的调试自我,使其从有机体的生物人发展成为社会人,终身接受社会文化、行为模式、群体要求,是一个不断更正、完善与发展的过程。

(二)休闲娱乐运动社会化

休闲娱乐运动社会化研究,最早是由美国学者凯尼恩及麦克弗森等开始的。他们将休闲娱乐运动社会化的研究划分为"进入休闲娱乐运动的社会化"和"通过休闲娱乐运动进行的社会化"两个方面。"休闲娱乐运动社会化的落脚点应在人的社会化,应从休闲娱乐运动所具有的促进个体社会化功能的角度,去研究休闲娱乐运动对人的社会化作用。"我们通过参考社会化的解释结合上述表述,可以得出通过休闲娱乐运动进行的社会化就是通过休闲娱乐运动促使人们适应社会、环境、他人,从物质的人发展成为社会的人,从个体的人发展成为群体社会的人,并在休闲娱乐运动过程中不仅对休闲娱乐运动、对身体的正确认识,而且建立正确的符合社会发展的认知、态度、价值观,培养人们遵纪守法,相互尊重协作,善良的性格,是人类的自主性与规范性,竞争性与适度性,自然性与社会性辩证统一发展的过程。

二、休闲娱乐运动社会化的特征

(一)社会化过程的持续性

现代社会中的人一般都是家庭为单位的。虽然家庭成为人的活动核心领域或主导领域,但是人们仍旧在扩展自身活动的领域,希望获得一些领域的外延,以求得自我系统的平衡。因此,在这个过程中,休闲娱乐运动自然成为其中可以被拓展利用的部分。

在休闲娱乐运动活动中人们的角色会不断地调整、适应或更改,这是一个动态的过程,而且受到人们所处社会环境、文化的影响,休闲娱乐运动社会化过程具有持续性。不但使人们体验休闲娱乐运动的真实性,而且会对休闲娱乐运动、对社会、对自身有不同的认识。

(二)社会化过程的互动性

这里强调的是休闲娱乐运动、人、社会三者之间的互动关系,并不是休闲娱乐运动为人们提供逃避现实的避风港,而是在休闲娱乐运动中找到自我,重新定位去适应社会。同时休闲娱乐运动也在人们对世界、对社会的认识中不断变化。在主导文化的影响下,休闲娱乐运动世界里休闲娱乐运动本质不会改变,休闲娱乐运动的崇高精神不会质疑,休闲娱乐运动的本体信仰不会偏离,保证休闲娱乐运动对人社会化的积极影响。休闲娱乐运动社会化最终是通过伴随着参与休闲娱乐运动的社会关系而发生的,而不是通过参与本身这一纯粹的事实,也就是说,与休闲娱乐运动相联系而产生的关系,要比参加休闲娱乐运动更重要。

(三)休闲娱乐运动文化与所处社会规范的统一性

休闲娱乐运动是人类实践的产物,虽然它的功能、属性是客观存在的,但是人类赋予它活的动力。休闲娱乐运动中更高、更快、更强的竞争精神;信奉民主、平等、和平、协作、参与、友谊的道德准则;发展体能,掌握生活技能,展示自我的要求。还有休闲娱乐运动中权利与义务的关系等,都与社会要求的道德、规范、模式相互一致。休闲娱乐运动帮助人们完成社会化过程中的每一次适应,是人类自我创造的一个自愿、愉快、自由的社会化领域。

三、休闲娱乐运动中人的社会化过程阶段分析

对于人类在休闲娱乐运动中的社会化过程问题,主要可以从进入、平衡与发展、退出或改变了个阶段对此进行分析,并充分应用结构功能主义理论、互动理论、冲突理论和社会认知理论来认识人们在休闲娱乐运动中的社会化问题。

(一)进入阶段

作出选择参加休闲娱乐运动的人或不参加休闲娱乐运动的人,即使是作出同样选择的人,他们的起始状态是不同的。结构功能主义理论认为这是由人们所处的环境不同而造成的,其中关键是:他人重要的影响,休闲娱乐运动的功能与人的能力,参与休闲娱乐运动的机会。其实是对人们为什么选择休闲娱乐运动,人们如何进入休闲娱乐运动领域等一系列问题的认识。

(1)人们在交往中拓展自己的空间,他人的言行举止直接影响着人们的行为。人们把参与休闲娱乐运动与生活中其他事情联系起来进行分析,如是否可以通过休闲娱乐运动提高他人的认可或尊重;是否可以通过休闲娱乐运动延伸对生活的驾驭能力。

(2)不能忽视休闲娱乐运动的本质功能。为此,可以将其分为以下两个部分。

一是休闲娱乐运动的主体功能即显性功能(如锻炼身体、动作技能学习、养生等)。

二是休闲娱乐运动的派生功能即隐性功能(文化功能、政治功能、经济功能等)。

在个人生命历程中各个阶段参与的休闲娱乐运动决定,都与感知到的休闲娱乐运动文化、功能、个人目标有着莫大关联。结构功能主义理论认为,人们通过休闲娱乐运动可以使个人与社会价值趋于统一,塑造社会规范中的个体并减少冲突,因此宣传休闲娱乐运动,吸引人们的关注,如休闲娱乐运动是衡量个体生活质量高低的标准。

(二)平衡与发展阶段

首先,当人们进行休闲娱乐运动时,他们所要考虑的是自己扮演的角色及所处位置。而角色义务、角色权利和角色行为规范是角色构成的基本要素,也是角色学习的主要内容。戈夫曼在"拟剧论"中提出,个体要在群体中进行形象管理,使他人对自己的解释按照自己的愿望来进行,可这缺少不了人们之间的互动。通常在组织中人们通过交换、合作来平衡境况,不断地考虑自己与他人、自己与组织的角色关系,其目的是融入组织中,被接纳为组织成员,受到组织的尊重与注视。在平衡休闲娱乐运动领域的活动中人们必须按共同的规则来活动,一旦选择进入,必然要接受休闲娱乐运动世界的要求。这其实也是一个互动联系的过程,自由与规则始终是并存的,对规则的把握程度决定着在该领域活动的自由度,就像游戏一样,人们不遵守共同的游戏规则,游戏便无法进行。

其次,继续参加休闲娱乐运动取决于人们如何把休闲娱乐运动融入现实生活中。人们在平衡组织的互动过程中,必须与社会相联系,这就要解决个体与组织、个体与社会、组织与社会的关系。如果在休闲娱乐运动领域中人们很舒畅,但与现实相距甚远,毕竟休闲娱乐运动不是全部生活,那么一旦人们离开休闲娱乐运动领域,失望、失落、失败感便油然而至。只有不断地调试,采用互动的方式,积极思考,才能寻求平衡甚至发展的状态。

最后,当人们在休闲娱乐运动中的社会认同、个人认同(不同的人以不同的方式定义他们的休闲娱乐运动,即使他们是在同一项目里或在同一团队里也是如此,人们对于自己的行为有其独特的理解方式)与角色认同统一发展的时候,当得到他人的重视和尊重时,人们便更加投入休闲娱乐运动中,更加完善自己的角色。

(三)退出或改变阶段

人们退出休闲娱乐运动领域分为完全型与半闭合型。完全型指人们一旦退出休闲娱乐运动活动领域,便不再接触休闲娱乐运动,也不关心休闲娱乐运动新闻、报道、明星等一切与休闲娱乐运动有关的事(不包括特殊重大事件)。半闭合型是指虽然人们退出了休闲娱乐运动领域,但是仍然关注休闲娱乐运动,而且在可能的情况下会再次加入休闲娱乐运动领域。显然第一种是不可能的,那么休闲娱乐运动的终身化过程便无可非议。

(1)在人们选择退出的休闲娱乐运动领域中,冲突理论的解释似乎再恰当不过了,"认同和接受不是一次完成的,它是一个持续的过程"。当人们无法再找到合适的位置,做该做的事时,为他人所接受的程度就削弱了,人们的身份就难以维持,对人们参与的总体支持就变弱了,这里存在着冲突、强制性,因此迫使人们退出休闲娱乐运动领域,寻求其他更适合自身的环境与场所。

(2)人们退出休闲娱乐运动活动,还取决于生活中的变化(职业、住所、家人、朋友),对自己以及与世界联系的认知方式的变化,以及社会文化的影响。也就是说,这一过程不是简单的

"社会化的进入休闲娱乐运动",也不是简单的"社会化的退出休闲娱乐运动",其中包含着个体与其他部分的变化和转变,参与的变化是一个与参加休闲娱乐运动的个体生活、生命历程和其所处社会相联系的决策过程。

(3)当人们退出特定休闲娱乐运动运动时,他们既不是永远退出整个休闲娱乐运动领域,也不是切断与休闲娱乐运动的所有联系,而实际上,许多人通过媒体间接地参与休闲娱乐运动;改变活动方式,直接参加到不同的、竞争性较小的休闲娱乐运动中;或者改变其休闲娱乐运动参与角色,如教练员、陪练员、组织人员、管理人员、休闲娱乐运动经纪人或商人等。

第三节　休闲娱乐运动与终身体育的关系

一、终身体育的定义和理念产生

(一)终身体育的定义

人们对终身体育的看法是多种多样的。关于终身体育的定义目前主要有两种说法,具体如下。

(1)终身体育,是指一个人终身都要接受体育教育和从事体育锻炼,使身体健康,身心愉悦,终身受益。

(2)终身体育,是指一个人终身进行体育锻炼和接受体育教育,即要在人一生中实施教育等。

尽管上面两种定义的表述并不完全一致,但在我国,"终身体育是指人们在一生中所进行的身体锻炼和所受到的各种体育教育的总和"是较为赞同的观点。简单地说就是一个人从生命开始,到生命结束,不管是为了适应环境,还是为了满足个人需要,都要进行身体锻炼,以取得生存、生活、学习与工作的物质基础或条件。

(二)终身体育理念的产生

在人们的传统意识中,一般把人生分成两半,"前半生用于受教育,后半生用于劳动",这是很长一段时期社会形态所要求的必然模式。保罗·朗格朗改变了这种想法,他认为"教育应该是每个人从生到死的继续过程"。保罗·朗格朗是20世纪60年代的法国著名教育家,前文提到的观点也就是他所提出的终身教育思想。终身教育思想在国际上具有很大的影响力。正是在终身教育思想的影响下,终身体育的思想逐渐形成。终身教育思想的影响是形成终身体育思想一个重要的原因,体育功能、社会经济发展和人们生活随社会发展变化及人们行为方式也是其中的重要原因,社会发展是终身教育和终身体育的前提,从个人发展的角度来说,起点都是个人如何适应社会发展的需要,而最终,培养全面发展人的问题是包括终身体育在内的人类的各种教育发展围绕的重点。终身教育与终身体育两者对比见表3-1。

表 3-1　终身教育与终身体育的对比

终身教育	终身体育
是指对于一个人从生到死的整个一生所进行的教育	是指一个人终身进行身体锻炼和接受体育教育
目的是维持和改善个人社会生活的质量	目的是保持健康,增强体质,提高生活质量和体育教育水平
从事一定的活动——学习活动	从事一定的活动——身体锻炼等
接受一定的教育——一般是以职业教育或专业知识教育为主,也有寻求掌握个人爱好方面的知识技能	接受体育教育——一般以体育锻炼原理、体育技能、休闲、娱乐活动的知识、技能等为主
形式灵活,内容多样	形式灵活,内容多样
不断增长和积累知识	丰富体育知识,顺应身体发展的规律,坚持身体锻炼

二、休闲娱乐运动与终身体育的关系

终身体育是让人在生命的各个不同阶段都能坚持参加体育活动,以此达到强健身心、愉悦精神的最佳目标,这也是参加包括休闲娱乐运动在内的多种体育运动的目的。而休闲娱乐运动作为一种健康、科学、文明的生活方式,它正以独特的休闲性、自主性、自由性及积极的亲身体验性吸引着现代人,释放着当代社会快节奏给现代人带来的种种压力和负担,休闲娱乐运动是终身体育的具体内容,而坚持终身体育思想,并坚持终身参与体育锻炼正是休闲娱乐运动的最终目的,也是人类改造自我、发展自我的最佳手段与方法。

人类要身体健康,就需要运动,人们对运动的需求越来越迫切。在远古漫长时期,人们对体育的需求几乎是不存在的,因为人们需要整日忙于维持生存的生产劳动,这些生产劳动在一定程度上代替了运动,在劳动过程中,人们的身体得到了锻炼,但是到了现代社会,体力劳动逐渐减少,脑力劳动逐渐走向主导地位,这就意味着人们无法从劳动中获得运动的功效,因此人们对于体育运动的需求越来越强烈,在通过体育运动获得锻炼身体效果的同时,人们的身心也得到放松,情感得到愉悦。在校园中同样如此,早期的校园休闲运动往往会被课余的部分劳动代替,但目前应运而生的校园休闲运动无疑将对高校体育的育人效益,包括近期效益和终身体育的远期效益有着重要作用。

在校园中,学生接受体育教育,可以为终身教育奠定基础,但毕业后学生体育行为的中断或继续,则对终身体育有着重要影响。社会上有着"终身教育人口"的概念,它是指那些自接受学校体育教育以来,坚持至今,并能持续到老龄的体育人口。学生毕业后体育行为的中断或继续,与校园体育教育有着重要关系,在校园体育教育中兴趣高者,终身体育意识强,易于坚持锻炼,反之则不然。由此可知,对校园体育兴趣浓厚的学生极易成为终身体育的最佳入口。休闲运动的兴起对校园体育教育有着重要影响,理解休闲运动与终身体育的关系首先需从理论上弄清何谓终身体育,明确高校体育在终身体育中的任务以及休闲运动对大学生终身体育作用等。因此,在研究休闲娱乐运动与终身体育的关系问题时,就以最具代表性的大学终身体育教育为例开展。

(一)大学体育是学生终身体育的依托

终身体育与我国高校体育之间有着紧密的联系,高校体育影响着终身体育的形成。大学阶段上承儿童、少年时代,下启青、中、老年时期。在这一"环节"中,对终身体育操作的合理与否,直接关系到大学生的后半生健身行为。在校园体育中要脚踏实地地进行终身体育教育,这样才有利于发挥高校体育的育人作用,也才能促进终身体育的发展。体育是一种社会实践,它是以身体运动为手段来提高人类健康水平的积极过程,它需要以其趣味性、创新性来提高吸引力,满足大学生的娱乐、享受需求。时代在不断发展,社会在不断发展,这就要求封闭体育要向开放体育过渡,强制性体育要向自娱性体育过渡。现在是信息社会,人类体现出了鲜明的个性差异化,体育活动要想吸引人也必须越来越丰富和具有自身魅力。大学对学生来说非常重要,它是人生的一大转折,大学之后,学生面临的就是社会实践,因此学生未来体育生活化、体育终身化的实现受到了高校体育的影响。解决体育学习的问题是高校体育阶段的任务,解决当前和今后运用的问题也是其重要任务。休闲运动在校园中流行,适应了高校体育教育的需要,有利于培养学生终身体育的能力和意识,有利于终身体育的发展。

(二)休闲运动是奠定大学生终身体育的坚实基础

高校体育在终身体育实现中起着重要作用,因为高校是学生接受体育教育的最后阶段,对培养终生身心健美的合格人才有着重要影响。通过学校体育教育和休闲娱乐运动的开展,高校学生的体育意识得到了增强,终身体育思想也得到增强。高校中休闲娱乐运动开展顺利,备受学生喜爱,这是有一定原因的。在休闲娱乐运动中,学生具有集体荣誉感和团体凝聚力是其热衷于呐喊助威、服务的一大动力,更为重要的是,休闲娱乐运动满足了学生"玩"乐的兴趣。推动的力量没有比兴趣更好的了,这是休闲运动的起始。兴趣发生于运动的过程中,快乐发生于运动所得到的结果。心中有着无限的快乐且有快乐的结果,人们就会终生去从事它。可以说,休闲运动是奠定终身体育的坚实基础。当代大学生学习紧张,因此对较高层次的精神文化生活有着迫切的需要,对追求余暇生活的丰富多彩,尤其对既能使身心健康发展、直接健美形体,又能陶冶情操、使人获得精神和物质满足的体育娱乐活动有较大的兴趣和参与热情。他们一边要获得知识,同时还要提高体育素质,因此体育在人们的学习生活中不可缺少,由此,人们参加体育锻炼会更为自觉、积极和主动,从而为步入社会后坚持自我锻炼奠定了良好基础。

休闲娱乐运动是一种文明、健康、科学的余暇生活方式,能够为人类建造美丽的精神家园。在高校中,休闲运动主要来自大学生自主、自愿的健身娱乐需求,以此达到满足着他们身心、健康、愉悦的需要,因此休闲运动潮日趋高涨。通过休闲运动的开展,学生的体育意识和终身体育意识将会不断增强,同时也会养成体育运动的习惯,从而为终身体育的形成起到重要的作用。

第四章　休闲娱乐运动与损伤

休闲娱乐运动可以促使人们获得生理上和心理上的双重良好体验,正因如此,才使得这类运动成为现代人在业余时间享受运动的主要内容。不过,伴随着参与休闲娱乐运动而来的还包括运动损伤。为此,本章就主要运动损伤产生的由来以及对运动损伤的防治方法。

第一节　运动损伤概述

一、运动损伤的概念

运动损伤,是指在体育运动过程中出现的各种损伤的统称。

运动损伤中的许多损伤类型在日常生活中也会偶有出现,它并不是只在体育运动中才会出现。但运动损伤与人们日常生活中所发生的一般损伤也有所不同,运动损伤的发生与运动项目、运动环境、运动者的身体素质等有着极为密切的关系。运动损伤出现后需要及时治疗或紧急处理,否则会给人的身心健康带来一定伤害。

二、运动损伤的分类

按照划分标准的不同,运动损伤有着不同的分类,主要包括以下几种。

(一)按损伤病程划分

按损伤病程划分可分为急性损伤和慢性损伤。急性损伤多发生在一些球类运动中,是由于人体在一瞬间遭受直接暴力或间接暴力而发生的损伤;慢性损伤又可以分为劳损和陈旧性损伤。劳损是因人体局部负荷过重或多次微细损伤积累而成,陈旧性损伤常因急性损伤处理不当转变而成。

(二)按损伤组织的种类划分

按损伤组织的种类划分主要有肌肉肌腱损伤、滑囊损伤、关节囊和韧带损伤、骨折、关节脱位、内脏损伤、脑震荡、神经损伤等。

(三)按损伤组织创口界面划分

按损伤组织创口界面划分可分为开放性损伤和闭合性损伤。开放性损伤是指损伤组织有裂口与外界空气相通,如擦伤、刺伤、切伤等都属于开放性损伤;闭合性损伤是指损伤组织无裂口与外界空气相通,如挫伤、肌肉韧带损伤与闭合性骨折等。

(四)按运动能力丧失的程度划分

按运动能力丧失的程度划分可分为在发生运动损伤后仍能够进行运动锻炼的为轻伤;发生运动损伤后不能进行运动锻炼,需要减少或停止患部活动的为中等伤;运动损伤后完全不能进行运动锻炼的为重伤。

三、运动损伤发生的原因

万事皆有因有果,对于运动损伤来说也是如此。损伤的出现一定是人在运动过程中达到某种不利条件,这些不利条件促使形成了运动损伤发生的原因。通过分析来看,这个原因是多方面的,其中较为常见有以下几个方面。

(一)缺乏充分的准备活动和整理活动

运动员在比赛和练习前做好准备活动,是预防外伤和内伤的一个重要环节。

(二)肌肉收缩力下降

肌肉收缩力引发的损伤在年轻运动员的伤病中较为常见,受伤过程往往是运动员技术动作僵硬不合理、主动肌群和被动肌群收缩不协调,或身体大、小肌群力量不匹配而造成。受伤较多为撕裂(拉)伤,累及部位多为肌腹、肌肉与肌腱过渡部位,以及肌腱附着处。

(三)运动员生物学机能状态不佳

由于过度练习、生物周期性低潮期、疾病、女运动员经期等因素使运动员的生理机能处于不良状态,运动员在练习时往往注意力分散,动作协调性下降,肌肉、关节的本体感受性降低,竞技状态低下,此时极易受伤。此外,在大强度、大运动量的练习中也容易造成心血管、呼吸等系统的"内伤"。

(四)场地、器材条件的制约

体育活动中,场地滑或粗糙、灯光不适宜是造成运动员摔伤和扭、拉伤的重要影响因素。此外,运动员服装与运动鞋袜不合适,也会导致意外伤害事故,必须高度重视。

(五)科学练习水平不高

因练习科学化水平低,直接造成运动员练习程度不高而受伤的病案在年轻运动员中最为突出。主要表现在许多年轻运动员完成技术动作时存在不规范、不合理,主动肌与对抗肌收缩不协调,以及自我保护能力较差等因素。

(六)慢性劳损

慢性劳损是运动员身体局部过度活动、长期负重,或某部位受到持续、反复的外力作用而造成的慢性积累性损伤,它在老队员的伤病因素中最为明显。慢性劳损致病多发于人体活动枢纽的腰部和反复受到牵拉、应力作用的髌骨,具有病因较难祛除、伤病不易治愈和队员又不能停训的特点。慢性劳损还与不科学的运动练习、新伤的不彻底治疗以及重复受伤有关。

四、运动损伤发生的机制

如果人的身体在进化过程中能有效地利用身体所具备的技术之力,那么其中25%的效率便会得到很好的发挥。人的上体占总体重的50%,是用有限的骨骼来支撑的。骨骼不能直接抵抗外来的撞击,必须同关节组成一体,起到吸收及减缓冲击力的作用。如此的构造特征遍及全身并发挥作用。在没有多少肌肉覆盖的腰部、头骨等部位抵御冲击的能力则是非常弱的。这些同人类直立行走的姿势是分不开的。例如,同四只脚行走的动物相比,两只脚行走的人腰椎弯曲部由于腹部内脏的重量,相对承受着很大的压力。还有直立行走时是靠两足来支撑身体,所以两足也需要承受很大的压力。头大概有7公斤左右,在重叠的7小块颈椎上方。过度弯曲和牵拉,非常容易造成损伤。骨骼肌运动损伤产生的原因有遗传、先天的,也有因后天缺陷而形成的。先天构造、身体特定部位发育缺陷等原因都会使运动员在进行体育活动时容易受到损伤。

(一)关节

关节是能够自由活动的可动关节,它由两块以上骨骼所组成。活动范围是由固有的构造和形状、韧带的强弱、关节面压力、关下软骨(椎间盘)的存在及肌肉活功的程度来决定的。

1. 脊柱

脊柱连接着肋骨、肌肉、骨盆及头部,在进行大范围活动时,还起着支撑作用。脊柱在外力的冲击下并将其分散,在身体移动时也起着不可缺少的作用。防止脊柱发生损伤最为重要的是注意骨盆的活动,在田径运动中,通常把力(负荷)传向骨盆、腹肌及胸椎,其中30%作为压力加之于腰椎,而50%则加于脊椎下部。

2. 腕关节

腕关节进行着各种各样的活动,是身体最为容易活动的关节。腕关节损伤经常可以看到,腕关节在过度伸展,受到一定的压力时容易发生损伤。

3. 肘关节

肘是复合性关节。复合关节也像其他关节一样只能在有限范围内进行伸屈。强制性伸展、强制性过度伸展及冲击力是造成损伤最根本的原因。如果将肘固定在伸直的状态下,跌倒时如果用腕和肘作为支撑就会发生损伤。

4. 膝关节

膝关节是田径运动中极易发生运动损伤的部位。从膝关节的构造机制上来看,韧带发生损伤的时候非常多。膝关节做伸展动作时不论从外侧或者内侧都容易受到外来的压力。膝关节侧方的韧带称为胫侧副韧带,特别是内侧胫侧副韧带最容易发生扭伤及完全性断裂。膝关节损伤完全是由外力所引起的。

5. 髋关节

髋关节在田径运动中发生损伤的情况是非常稀少的。髋关节只有在超过可动区域进行活动时才会产生损伤。大多数的髋关节损伤是由于运动员突然变换方向致使股骨颈部连续做角度非常大的扭转时所引起的。

6. 踝关节

这一部位发生最多的损伤主要是扭伤。肌肉与韧带在支撑不充分时,踝关节容易发生较为严重的损伤。

(二)软组织

软组织是指骨头以外的肌、腰、韧带、关节囊、神经等组织。如果对软组织施加过多的压力,损伤就会发生。施加在软组织上的力分为压力、张力、剪力3种形式。压力过大时会对软组织产生破坏。软组织对这种压力虽然进行抵抗并尽可能地接受,但是如果超过一定的限度而不能接受时,挫伤及跌伤就会产生。软组织被破坏并产生血肿,肌纤维因被撕裂而产生肌痉挛。张力主要是指牵拉及伸长组织的一种力量,而剪力是指从旁边反平行地切断连接组织的纤维。虽然腱和韧带对张力能够很好地进行抵抗,但是对剪力、压力等就不能进行充分抵抗。强烈的压力可以使挫伤产生,强大的张力及剪力等可引起各种程度的扭伤和肌肉拉伤等损伤。

(三)损伤复发与显微外伤

1. 损伤复发

损伤复发是从事体育运动的一个重大问题。严重的损伤虽然不会多次发生,但复发、程度加深及频度加快却是常见的。这主要是出于在功能恢复期间对损伤进行了不恰当的治疗及不重视所引起的。

另外,从受伤到恢复前,如果带伤坚持练习,不仅损伤得不到彻底根治,还必然引致复发。忍受疼痛这种不屈不挠的斗志是很值得夸奖的,但认为这才是勇士行为则是非常错误的观点。这样的想法不仅对运动员、甚至对教练员来说也是有害的。对于忍耐疼痛,不能只论个人对疼痛的反应大小来确定损伤程度。对疼痛忍受力很强的运动员来说,即使在受伤期间也可以参加练习和比赛。但是这么做,只会加重损伤程度。

2. 显微外伤

由于异常外力多次反复而造成的显微外伤也可以引发损伤,进一步发展便成为能够确认的损伤。显微外伤是指只能在显微镜下才能被确认的微小损伤。这种由于外力作用而产生的损伤体现了体育运动行为的有限性。骨头、关节、软组织接受恒定不变的压力,迫使可动区域扩大,在长时间激烈的运动中则会发生损伤。这样的损伤大多数与跑、跳、投等动作有直接关系。这种类型损伤虽然有一部分看起来是比较轻,但完全动弹不得的时候也是有的。

五、运动损伤的病理生理学基础

运动损伤危及运动参加者的身心健康,但体育运动本身的确存在一定的风险性,而这些风险性的存在恰恰又是体育运动的魅力所在。因此,为了能够使人们在获得最佳运动体验的同时将风险降至最低,对于运动损伤的预防与治疗就显得格外重要。为此,对多种运动损伤的病理生理学基础知识进行学习将会为日后了解运动损伤的防治方法打好坚实的基础。

(一)闭合性软组织损伤的病理生理学基础

软组织损伤的恢复缓慢,若处理不当,常可留下不同程度的功能障碍。为了做到处理正确,对其病理变化和修复过程应有一定了解。闭合性软组织损伤的出现并不会在身体表面有太多变化,伤处也不与外界接触。对于这种软组织损伤,其病理变化过程,可分为急性和慢性两大类。

1. 急性损伤

常因一次较大暴力作用的结果,发病较急,病程较短,病理变化和临床症状及体征都较明显。当人体某部受到一次较大暴力作用后,局部组织细胞遭到破坏,发生组织撕裂或断裂,组织内的小血管也因此破裂、出血,出现组织内血肿;出血停止后,即出现反应性炎症。此时,坏死组织被蛋白溶解酶所分解,其分解产物使局部小血管扩张、充血、血管壁的通透性增高。因此,血液中的液体、蛋白质和白血细胞等,透过血管壁形成渗出液。同时,伤后淋巴管发生损伤性阻塞,淋巴循环发生障碍,渗出液不能由淋巴管及时运走。因此,局部除了血肿外,还形成水肿。这种肿胀产生了压迫和牵扯性刺激,使局部疼痛进一步加剧。由于组织损害、疼痛及因之而发生的肌肉保护性痉挛等,局部出现功能障碍。上述病理变化反应在外表上,则出现损伤早期的局部红、肿、热、痛及功能障碍等一系列急性炎症症状。

伤后4~6小时,血肿和渗出液开始凝结,形成凝块。伤后24小时左右,创口周围开始形成主要由新生的毛细血管和成纤维细胞所组成的肉芽组织,逐渐伸入到凝块中并开始将其吸收。同时,渗出的白血细胞逐渐将坏死组织清除。邻近的健康细胞发生分裂产生新的细胞和组织,以代替那些缺损的细胞和组织,使受到破坏的组织得以逐渐修复。

肉芽组织形成后,经伤口收缩、再生上皮覆盖或瘢痕形成,完成伤口暂时愈合。经组织重建,肉芽组织转变为正常结缔组织,成纤维细胞转变为纤维细胞而实现最终愈合。

损伤组织的愈合是通过组织再生来实现的。再生组织在结构和功能上都与原来的组织完全相同,称为"完全再生";若缺损的组织不能完全由结构和功能相同的组织来修补,而由肉芽组织代替,则称"不完全再生"或称"瘢痕修复"。

损伤组织能否完全再生,首先取决于组织本身再生能力强弱和损伤严重程度。人体内各种组织的再生能力差异较大,如结缔组织、小血管及骨再生能力较强,软骨的再生能力最差。此外,组织再生能力的强弱,还与伤员的全身或局部状况有关,若年龄小、营养良好、健康和功能状况及局部血液供应都较好,即组织再生能力就较强;反之,则再生能力就较差。

治疗过程中采用各种合理的治疗措施,以改善伤员的全身和局部状况,提高损伤组织的再生能力,有利于组织的完全再生,减少粘连与瘢痕的形成。如果伤后处理不当,血肿和渗出液不能迅速吸收,则可能发生粘连或瘢痕形成过多,不仅丧失原组织的功能,而且可产生瘢痕收缩,引起不同程度的功能障碍,轻者出现酸胀麻痛或无力等后遗症状,重者则出现关节僵直,运动功能明显受限。

2. 慢性损伤

慢性损伤的出现主要与在发生急性损伤后处理不当有关,进而损伤从急性转为慢性,或因局部长期负荷过度引起组织劳损,即由微细的小损伤逐渐积累而成。

劳损发病缓慢,其病理变化过程大体可分为3个阶段。

(1)早期

由于局部长期负荷过度,引起神经调节功能障碍,组织内部合成与分解失去平衡,组织中糖、类脂和蛋白质的化学结构发生改变,但在组织形态上尚无明显变化。此期的伤者多无不良感觉,或仅有局部酸胀感,因而常被忽视,若能及时改进教学练习方法或改善局部状况,损伤可以很快康复。

(2)中期

组织中糖、类脂和蛋白质的化学结构长时间遭到破坏,组织细胞营养失调,发生变性和增生。此期伤者虽有局部酸胀、疼痛,但准备活动后症状常可消失,运动结束后症状又出现。外表检查时,可发现伤部组织弹性较差,有硬结或发硬、变厚等。

(3)晚期

局部小血管发生类脂样变,管腔变窄,影响血液循环,造成局部缺血。若血管损害较重,或产生血栓,血流被阻断,可引起局部组织坏死。此期伤员疼痛加重,局部温度下降,有发凉感。

(二)骨折修复的病理生理学基础

骨折的修复过程,一般可分为血肿机化期、原始骨痂期和骨痂改造期3个阶段,但此3期不能截然分开,而是依次交织演进的。

1. 血肿机化期

骨折后,因骨和周围软组织的血管破裂出血,在断端之间及其周围形成血肿,血肿于伤后6～8小时即开始凝结成含有网状纤维素的血凝块,局部出现炎症反应。随着红细胞的破坏、纤维蛋白的渗出,毛细血管的增生,成纤维细胞、吞噬细胞、巨噬细胞等的侵入,血肿逐渐机化,肉芽组织再演变成纤维结缔组织,使骨折断端初步连接起来,这叫纤维性骨痂。此期约在骨折后2～3周内完成。

2. 原始骨痂期

骨折1～2天后,在血肿分解产物的刺激下,骨折断端处的外骨膜开始增生、肥厚,外骨膜内层成骨细胞增生,产生骨化组织,形成新骨,称"膜内化骨"。新骨不断增多,紧贴于骨皮质的表面,填充在骨断端之间,称"外骨痂"。同时,骨折断端髓腔内的骨膜也以同样的方式产生新骨,填充在骨折端的髓腔内,称"内骨痂"。在骨折两断端之间还有中间骨痂,它是通过软骨内化骨产生新骨的。

因此,骨性骨痂主要是通过膜内化骨形成的(外骨痂为多,内骨痂次之),其次是软骨内化骨。它们的主要成分是成骨细胞和成软骨细胞,它们来自于外骨膜的内层和内骨膜。内、外骨痂沿着骨皮质的髓腔侧和骨膜侧向骨折线生长,彼此会合,此期约需4～8周。

3. 骨痂改造期

根据功能的需要,梭形膨大的骨性骨痂可进一步改造,多余的骨痂逐渐被吸收,不足部分长出的骨痂,骨小梁的排列方向逐渐恢复正常,骨髓腔重新开放。经过一定时间后,可以完全恢复骨的正常结构与功能。

骨折治疗过程中,正确的复位与固定是十分重要的,另外还要重视全身和患部肌肉、关节的适当活动,以便更好地促进骨折的愈合和功能恢复。

(三)关节软骨损伤的病理生理学基础

正常的关节软骨由软骨细胞和基质构成。软骨细胞分泌基质,基质中的胶原纤维由软骨下骨板向斜上方延伸至软骨表面,不同方向的胶原纤维组成无数个网状拱形结构,并于软骨表面形成一切线纤维膜。当关节受压后,通过弹性变形使压力减弱,并通过网状拱形结构将压力传至"四面八方"。同时,软骨的受压变形与减压复形又是维持关节软骨营养的主要方式。

关节软骨损伤可因一次暴力急性损伤和逐渐劳损所致。一次急性暴力致伤时,可引起软骨剥脱、软骨骨折。挤压暴力可引起软骨的胶原纤维损伤,软骨细胞坏死,继而发生一系列病变。而过劳损伤是软骨经常受到微细损伤积累的病理变化。

关节软骨损伤的范围和程度不一。可由软骨失泽、变黄、不透明到软骨软化、龟裂、剥离、翘起、囊腔、缺损、溃疡、软骨纤维变等。镜下可见软骨细胞排列紊乱,细胞减少、簇聚、核缩、核融、坏死。基质退行性变,出现裂隙空泡等一系列改变。

关节软骨损伤后,胶原纤维破坏,伤部软骨正常弹性降低,所受的压力不能再传递分散,进而伤及软骨下骨,发生骨髓纤维化并可长入软骨层,髓腔开放,骨增生,骨小梁变粗等多种病理变化。软骨弹性的改变又影响软骨的营养,加重了软骨的退行性变。

关节软骨损伤的病理改变是关节软骨、软骨下骨、关节周围滑膜组织及腱止装置等一系列综合病变,这些不同组织的病变相互影响,互为因果,使病变进一步加重。关节软骨损伤后能否修复仍有争议,缺损化生的新软骨一直被认为是纤维软骨,也有人认为,它最终可转变成透明软骨。有实验表明,关节软骨缺损深达骨髓时,应早期活动,否则不会长出新的透明软骨关节面。

(四)末端病的病理生理学基础

末端病,是指腱或韧带止点部因劳损而引起的组织变性改变,如跳跃膝、网球肘等,多属运动技术伤。

腱和韧带止点的正常结构包括波浪式的腱纤维、纤维软骨层(此时腱纤维呈交叉行走,将软骨细胞裹在其中)、潮线、钙化软骨层和骨5种不同的组织(图4-1)。腱止点根据其附属结构不同可分为滑车型(如跟腱止点)、牵拉屈曲型(如髌腱止点)和牵拉型(如跖腱膜在跟骨的止点)。

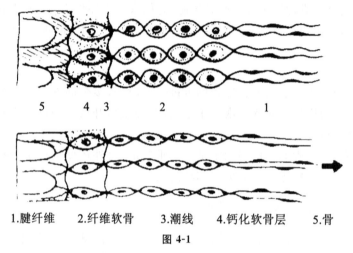

1.腱纤维　2.纤维软骨　3.潮线　4.钙化软骨层　5.骨

图4-1

腱与韧带止点的主要功能是将肌肉收缩产生的应力,通过止点传递到骨骼而产生运动。它类似于一个缓冲器,使牵拉力的速度逐渐减弱,拉力合理地分散到各组纤维的着力点上。腱止点部的固有结构和附属结构都有应力缓冲作用。但因它是肌力作用时承受应力的集中点,因而易发生损伤。

末端病的病理改变较复杂,以髌腱腱围炎髌尖末端病为例,伤部的腱与腱围组织变黄失泽,有血管侵入。正常的波浪状纤维排列消失,较重者出现玻璃样变、纤维变及截断变,可有血管与脂肪组织侵入腱内,甚至出现软骨岛、骨岛。血管周围可有小圆细胞浸润。腱围组织中血管怒张或毛细血管动脉化等,腱围组织水肿并与腱紧密粘连。此外,纤维软骨带有血管侵入,可出现软骨团;潮线增厚不规则,可有撕脱骨折以及骨髓腔纤维变、髓腔开放等多种病理变化。

实验研究证明,局部血循障碍、牵拉和关节外伤等都是末端病的病因。腱内出现软骨岛、骨岛等,可能与外伤引起局部细胞因子和生长因子的出现有关。腱内注入丹参、可的松及透明质酸酶等都易发生腱病。

第二节　休闲娱乐运动常见损伤的预防

休闲娱乐运动中包含的项目众多,涉及走、跑、跳、投等多种运动方式,其中还不乏许多带有一定危险性、刺激性的极限运动项目。因此,这就给运动损伤的发生带来了较高几率。为了

第四章 休闲娱乐运动与损伤

保证休闲娱乐运动参加者的身心健康,对于运动损伤就要严加防范,尽量将可能发生危险的几率降至最低。因此,运动损伤的预防就显得非常重要。要想得到良好的预防效果,首先必须在一定的原则下开展一系列的预防工作,其次就是要将预防措施落实到位。这两点就是本节要阐述的内容。

一、运动损伤的预防原则

(一)做好准备活动

在休闲娱乐运动前,应充分做好准备活动。准备活动的目的是提高中枢神经系统的兴奋性,特别是克服自主神经的惰性。通过全身各关节、肌肉的活动加速血液循环,使肌肉组织得到充分的血液供应,从而增强肌肉的力量和弹性,并恢复技术动作的条件反射联系,为正式活动做好充分准备。

(二)加强思想教育

平时要注意加强防伤观念的教育,在教学、练习和比赛中,认真贯彻"预防为主"的方针。加强对练习者进行组织性、纪律性教育,培养他们良好的体育道德风尚。

(三)运动负荷要合理

运动负荷安排不足,不能达到促进人体运动能力提高的目的。运动负荷安排过大,超出了人体所能承受的负荷,不仅使运动系统的局部负荷安排过重,还会导致中枢神经系统疲劳,致使全身机能下降,协调能力降低,注意力、警觉反应都减弱,从而容易发生损伤。运动系统的劳损,大多由于长期局部负荷过大所致。为了减少这些损伤,休闲娱乐运动指导者、教练员应严格遵守运动练习原则,年龄、性别、健康状况、练习水平和各项运动项目的特点,个别对待,循序渐进,合理安排运动负荷。

少年运动员和女运动员的运动负荷更应注意合理安排。少年儿童不宜过早地进行专项练习,不宜参加过多比赛和过早追求出成绩。合理地安排运动负荷,预防运动损伤,对提高运动成绩有着重要的意义。

(四)自我监督

对休闲娱乐运动参与者均应定期进行体格检查。参加重大比赛前后,要进行身体补充检查或复查,以便及时了解体育锻炼、比赛前后的身体机能变化。对体检不合格者,则不允许参加比赛,伤病初愈的人参加体育或练习时,应取得医生的同意,并做好自我监督。自我监督的主要内容如下。

1. 一般观察

每天记录晨脉、自我感觉,每周测一次体重。若晨脉逐日增加,自我感觉不良,运动成绩下降,机能试验时脉搏恢复时间延长,说明身体机能不良,应及时到医院查明原因。

2. 特殊观察

根据不同项目特点和运动创伤的发生规律,应注意以下几个问题。

(1)要特别注意观察运动系统的局部反应,如局部有无肿胀、发热、肌肉有无酸痛、关节有无肿痛等。如有不良反应应及时请医生诊治,此时不宜加大运动负荷,更不宜练习高难度动作。

(2)要经常认真地对运动场地、器械、设备以及个人运动服装、鞋、袜、防护用具等进行安全检查。

(3)做好保护与自我保护。尤其是在体操项目中,儿童少年由于肌肉力量不足,判断与控制身体能力较差,容易发生技术动作上的错误而失手跌下。因此,在进行器械练习时都应给予保护,尤其在学习新技术动作时更应注意保护。休闲娱乐运动指导者应将正确的保护与自我保护方法传授给练习者。例如,摔倒时,要立即低头、团身、屈肘,以肩背着地,就势滚翻,不可直臂撑地。又如,从高处跳下时,应双膝并拢,以前脚掌着地,以增加人体的缓冲作用。

(五)加强一些易伤部位的练习

加强对易伤部位、相对薄弱部位的练习,提高其机能,是预防运动损伤的积极措施。例如,为了预防膝部损伤,就要加强股四头肌力量练习,以稳定膝关节。为了预防腰部损伤,除应加强腰部肌肉的练习外,同时,还应加强腹肌的练习,因为腰部肌肉受伤,从某种意义上讲与其拮抗的腹肌有关,腹肌力量不足,易使脊柱过度后伸而致腰部受伤。为了预防大腿后侧肌群拉伤,在发展其肌肉力量的同时,还应注意加强股后肌群的伸展性练习。

(六)教学、练习和比赛的安排要合理

休闲娱乐运动指导者要认真钻研,充分备课,应对教学、练习中的重点、难点以及容易发生损伤的动作做到心中有数,事先要采取相应的预防措施,对练习者做好预防损伤的教育。

注意练习者全面身体练习,特别是对那些少年儿童来讲,他们的身体结构和机能都尚未定型,通过全面身体练习,可以促进其身体的生长发育,并有利于身体素质得到全面发展。

加强基本技术的教学练习,休闲娱乐运动指导者在教学中要对新技术动作进行认真讲解、正确示范,使每个练习者对技术动作都有一个完整概念,便于他们学习掌握。

教学、练习中要遵循循序渐进和个别对待的原则。学习技术动作应从易到难,由简单到复杂,自分解动作到整体动作来进行。一次课中,难度高、费力大的动作教学应安排在课的前面或当中进行。在教学练习中,应结合练习者的年龄、性别、健康状况、练习水平等特点个别对待。

二、运动损伤的预防措施

运动损伤不仅使人不能进行正常的练习和比赛,影响运动能力的提高,严重时还可使人残废,甚至死亡。目前,世界各国都把防治运动损伤作为一个重要的课题进行研究。关于运动损伤的预防主要有以下措施。

(一)全面发展身体素质

发展身体素质,特别要注意发展踝关节、膝关节及大腿、小腿肌群的力量和柔韧性。对易伤部位要进行专门练习。例如,加强股四头肌力量练习,对预防髌骨软骨病会起到重要作用,亦能增强膝关节的稳定性。同时注意自我保护动作的练习。加强技术练习,正确掌握各种技术并能熟练运用,此外还要注意合理安排运动负荷,防止过度疲劳产生和局部负荷过重。

(二)加强练习保护

比赛及练习中严格执行保护运动员身体健康的有关规定,同时注意场地及器材要符合比赛和练习的要求。

(三)学习和掌握急救措施

运动损伤的初步急救非常关键,处理得当可以大大减少以后的并发症,加快损伤的好转和愈合,使运动员较快地恢复健康。若急救处理不当,轻者会加重伤情,发生感染,延长治愈时间;重者则可能造成残废。所以,教练员、运动员掌握一些运动损伤的初步急救方法非常必要。

第三节　休闲娱乐运动常见损伤的处理

一、身体各部位的损伤

(一)足部损伤

足部的构造分为3个部分:足后部,包括跟骨和距骨;足中部,包括足舟骨、骰骨及3块楔状骨;足前部,包括跖骨和趾骨。足部主要由26块骨头(7块足跟骨、5块跖骨、14块趾骨)和重叠着的筋膜、肌肉、腱及韧带所构成。足部的构造虽然同手的很相似,但却具有支撑体重、起缓冲作用、推进和平衡身体等机能。足部容易发生的损伤如下。

1. 腱鞘炎

经常用足尖走路会压迫脚前部,使小腿肌肉变得僵硬,特别是在跑步及步行时给足趾的伸肌腱造成很大的压力。这种压力日积月累就会形成腱鞘炎。为了防止足趾腱鞘炎,不能穿足尖部非常狭窄的鞋进行练习。为防止起水泡、磨破,不要过多使用衬垫,而应穿质地较柔软的鞋子进行练习和活动。不能穿跟很高的鞋及拖鞋跑步,而且在跑步前要充分活动足趾。

2. 足底筋膜炎

足底筋膜炎发生在足底的筋膜上,负担体重的拇趾、小趾、足跟形成支撑面的重要筋膜,呈扇状分布在足底,支撑着足弓,在一定的外力作用下可伸屈。足底筋膜炎发生在支撑体重的拇趾、小趾、足跟的末梢处及足弓内侧中央部位。引起足底筋膜炎的最大原因是前脚掌着地跑。

前脚掌着地跑是着地时足跟并不着地,而只是直接用前脚掌着地的跑步方法。长期形成习惯后,因足底筋缩短而变得不能伸展。正确的跑步姿势是以脚掌完全着地并过渡到前脚掌,向前传递体重重量的肌肉快速伸缩蹬伸。如果只有前脚掌完全着地,这就形成了足跟部在悬空下的蹬伸,因此在足底筋得不到伸展而缩短的状态下发力,再进行足底筋膜屈伸运动时就会引起运动损伤。

知识拓展

篮球鞋的种类与作用

众所周知,篮球运动在我国已有很长历史,深受我国人民喜欢。20世纪60、70年代,连农民也经常举办篮球比赛,先是大队之间的比赛,再是公社之间比赛,那时球员们脚上穿的都是解放胶鞋,更有经济条件差的球员干脆赤着脚在球场上跑得不亦乐乎!篮球运动在我国受欢迎程度可见一斑。

众所周知,篮球运动是一项运动量很大的项目,球员经常会造成运动损伤,大家非常熟悉的"小巨人"姚明,他的身上有运动损伤的地方多达10余处。脚在篮球运动中的"消耗"是非常大的,这就要求篮球鞋不但要耐穿,还要能起到保护作用。

篮球鞋可分为高帮(保护性良好能有效保护球员脚踝)、中帮(鞋帮刚好到脚踝)、低帮(较轻)。因为高帮球鞋保护性能最好,我们就讲讲怎么选购高帮篮球鞋,篮球鞋也是运动鞋的一种,主要针对篮球运动而设计,挑一双好的篮球鞋主要看鞋面、鞋帮和鞋底。

篮球鞋鞋底要求耐磨,又能减震,还要能止滑,以适应球员的跳跃、急停、急转身等动作,另外还要看它的贴地性,以防投篮落地时崴脚。

(二)踝部损伤

踝关节,又被称为"距上关节",基本是蝶状关节。主要由胫骨、腓骨和距骨所组成。3者主要依靠纤维关节囊、韧带及肌腱等构造来支撑。主要由距腓前韧带、距腓后韧带、跟腓韧带、内侧三角韧带所组成。从骨构造来说,骨的外侧仍比内侧要稳定,但是三角韧带则比前3种韧带结实。

踝关节属于内翻的构造,因此,大部分的踝关节挫伤都会引起内翻的损伤。踝关节的功能主要有外翻、内翻、脚背伸和跖屈。踝关节的活动范围是由骨的构造、关节构造、筋膜、韧带、肌肉及筋腱的支撑力来决定的。踝关节容易发生的损伤如下。

1. 踝关节扭伤

踝关节扭伤是体育运动中较易发生的损伤,扭伤是支撑关节的韧带自身的损伤,所以其损害程度必须由韧带的情况来决定。踝关节的扭伤根据韧带损伤程度分为3个阶段:一是关节受到外力的冲击而伸展时,韧带也随之而伸展,这时韧带如果完全断裂称为严重扭伤;二是韧带一小部分的断裂称为稍重扭伤;三是韧带没发生断裂的则称为轻度扭伤。其中最难治愈的是轻度扭伤。因为如果完全断裂,可以进行缝合或者切除一部分再作修补。但是轻度扭伤却只是韧带过度牵拉而并未发生断裂的松弛状态。经常扭伤而且在同一部位多次发生扭伤后,韧带则总是处于一种松弛而失去收缩紧张的状态,不能充分起到支撑关节的作用。因为韧带松弛后,关节则会摇晃不定。作为预后效果,发生断裂的一方则更能保证关节的稳定性。这就是为什么虽称为轻度扭伤,要达到完全恢复却需要很长时间的原因。

2. 踝关节周围肌腱的损伤

踝关节在发生扭伤的同时,其周围的肌腱也会因此而发生肌腱炎症,由于踝关节周围分布的胫骨前肌、胫骨后肌、腓骨长肌、腓骨短肌等肌肉分别延伸到足背和足底,而小腿的肌肉受外力作用变硬后,会变得活动困难,因此,踝关节周围的肌腱多会发生疼痛。特别是习惯于足外侧着地的"〇"型腿运动员,像腓骨长肌、腓骨短肌这样的小肠外侧肌肉会发生僵硬,外踝周围的肌腱则会出现疼痛和肿胀,正常的3点支撑被破坏,这也是小腿部肌肉失去平衡的主要原因。

(三)膝部损伤

膝关节在小腿的上端,是人体中最重要的部位。主要由股骨、胫骨和髌骨3部分所组成。从构造上来看,髌骨的排列非常脆弱,主要依靠韧带及肌肉的辅助承受着外力,起着支撑身体的作用。从机能上来看,膝的缺点是每一部分都由两个关节所控制。例如,膝关节伸展的同时,作用于膝关节绷伸的肠肌膜就是其中之一,作用于膝的伸展和髋关节屈伸的股直肌也在其中。这两大肌群同时进行强烈活动时就能发生问题,最终成为由肌腱紧张而引发损伤的原因。膝关节较易发生的损伤如下。

1. 膝关节挫伤

膝关节在承受外力时,支撑髋关节的韧带发生异常活动而产生挫伤。异常活动是指面对股骨的胫骨有向外侧或者内侧移动的倾向,发生向内旋或者外旋、前方或者后方的错位,过度伸展和组合的活动。相反,股骨面向胫骨活动时也会发生挫伤现象。膝关节挫伤主要是由于过度牵拉所造成的,损伤程度各有不同。主要表现为在没有丧失膝机能的前提下韧带的纤维稍微发生断裂、机能全部丧失的韧带完全发生断裂等情况。

2. 半月板损伤

半月板同膝关节的屈伸一起发生移动,外侧半月板要比内侧半月板作稍大的移动。因为外侧半月板的后缘连接在膝横韧带上使膝关节发生弯曲、胫骨内旋,所以屈膝时外侧半月板会被膝横韧带拉到后面,对比内侧半月板更大的移动。相反,内侧半月板没有同能使它移动的肌肉连接在一起,因其外缘的一部分连接在股侧副韧带上,所以移动的幅度反而受到了限制。另外,又由于内侧与外侧半月板移动的范围不同,内侧半月板与内侧副韧带连接在一起,所以内侧半月板比外侧半月板更容易受到损伤。

3. 髌韧带炎

在长跑运动中,运动员跑步着地时所需的力量为体重的2~3倍,承受其外力的是同股四头肌—髌骨—髌韧带相连接的膝关节伸展机构。如果反复对膝关节伸展机构施加外力,在髌骨下端的韧带移行部就会发生断裂和炎症。这主要是由于股四头肌的过度练习及连接在髌骨的髌韧带过分被牵拉而造成的。

4. 滑膜囊损伤

滑膜囊极其柔软,稍微施加刺激就会坚硬,挟在髌骨和股骨之间而引起疼痛。疼痛的位置在髌骨的内下方。疼痛会逐渐加强,最后则不能进行跑步。滑膜囊损伤发生时,应及时到医院用关节镜进行检查。其诊断相对来说比较容易,同时也可在关节镜视下作切除手术,遵医嘱可以尽早地得到恢复。

5. 髌骨软骨软化症

髌骨中的玻璃软骨同股骨的外上踝相互摩擦时在关节面上发生的损伤称髌骨软骨软化症。髌骨软骨软化症的表现除有慢性的疼痛外,还有乏力、伴随髌骨疼痛的松弛等。膝关节进行屈伸时,髌骨的下面还会发出声音,还有轻度肿胀及压迫性疼痛。

6. 鹅足炎

在膝的下方内侧韧带之上,与缝匠肌、股薄肌、半腱肌的腱共同连接的部位被称为鹅足。在这个部位如果一触即痛或膝关节用力屈伸时有痛感则应怀疑是否患有鹅足炎。膝关节弯曲时构成腘肌腱内侧部的缝匠肌、股薄肌、半腱肌的末端同鸟的形状一样连接在胫骨上部内踝上。跑步中膝关节激烈屈伸动作会引发炎症。鹅足集中了腘肌腱等肌腱,主要负责膝关节的弯曲。鹅足炎产生的预兆为这些肌腱在膝关节屈伸时越过内踝骨所发出的声音。特别是受到冲击的膝关节反复进行向前屈伸时会造成过度疲劳,膝关节的内侧下方会出现疼痛。这种炎症加重就成为鹅足炎。

(四)腿部损伤

1. 大腿部的损伤

大腿部位于髋关节和膝之间,只有单一的股骨。大腿部前面有构成股四头肌的股直肌、股内肌、股外肌、股间肌和缝匠肌、阔筋膜张肌、臀部的腱膜及髂胫韧带。股四头肌作为方块肌为人们所知,由于各部分位置的不同名称各异。股直肌位于股骨的最上层,股外肌在大腿部的外侧,股内肌则在大腿部的内侧,股间肌位于大腿肌与股直肌的中间,缝匠肌交叉在股骨上。

在大腿部的深层有短收肌、长收肌、大收肌、股薄肌、耻骨肌等5块肌肉。腹股沟主要指大腿部前上方和腹部下方的部分。作为医学用语称为大腿部内侧肌肉群的内收肌,同其他肌肉一样也是从身体的构成及机能方面所起的名称。大腿部内侧肌肉的主要功能有内收、屈曲及股骨的内旋。在此基础上同髋关节的韧带一同限制其外展。大腿部较易发生的损伤如下。

(1)肌肉拉伤

大腿部肌肉拉伤是由于过多地使用肌肉及给予了肌肉超负荷的压力所造成的损伤。肌肉拉伤按其受伤程度不同分为连接在肌肉上的多数肌纤维由于过度伸展被拉伤（轻度）、一部分发生断裂（中度）、完全断裂和筋断裂（重度）。

另外，肌肉拉伤还有慢性和急性之分。慢性肌肉拉伤是由于肌肉过度使用所引起的肌肉疲劳所出现的肌肉痉挛、筋膜炎及瘀血等现象。而急性肌肉拉伤是由于突然间给予肌肉所承受不了的压力而造成的。

肌肉拉伤大多也只是局限在筋腱组合的部分。也可能发生在这一部分与肌肉的起始部、终止部、筋腱移行部、肌肉或者是筋膜自身及同组合的任何一个部位上。不管在哪个部位发生都可视为同一症状。

(2) 骨化性肌炎

骨化性肌炎会持续引起肌肉的炎症，致使钙沉着而发生石灰化现象，在肌肉组织中形成骨头。这很容易发生在大腿部的前面，受到重创后经常可以看到。受伤后，必须让肌肉得到一定的休息后再进行治疗，这样不仅血肿可以得到吸收，而且也不至于形成骨化性肌炎。

2. 小腿部的损伤

膝关节至踝关节之间的部分为小腿。它的结构同上肢的前臂部很相像，是由胫骨与腓骨这两块骨头所组成的。由骨间肌将两块骨头连接在一起，其周围还有很多的肌肉。小腿肌肉在腿的后下方，它是由表面的腓肠肌、比目鱼肌、足跟肌和深层的腘肌、拇长屈肌、趾长屈肌、胫骨后肌所组成。表面肌的主要功能为踝关节的屈伸和膝的屈仰。深层肌的主要功能为足趾屈伸和足内翻。小腿部损伤较易发生的损伤如下。

(1) 疲劳性骨折

腓骨是仅次于耻骨，容易引发疲劳性骨折的部位。这种损伤多发生在练习开始的季节，在腓骨的颈部周围多有疼痛发生。通常情况下，在这一部位基本上没有受外伤的记录，初期进行光透视也会呈阴性，但是3~5周过后再进行检查呈阳性反应的情况也是时有发生的。引起胫骨疲劳性骨折的原因大致同小腿前部疼痛的原因是一样的。

(2) 跟腱炎

跟腱在小腿的后面，是由腓肠肌和比目鱼肌并在一起的粗壮筋腱，附着在跟骨上。小腿的肌肉不仅仅起到行走、站立的作用，也是进行跑跳不可缺少的，是进行体育活动非常重要的肌肉之一。因此，跟腱的作用就是以足跟为支点发挥最大的力。能够承受外力的相反一面是会在预料不到之时发生断裂。

在跑步时为了保持身体向上需要相当大的力量。小腿肌肉要承受自己体重数倍的力量，身体向上给跟腱施加了很大的外力，跃起落地的一瞬间会产生几倍的力量。因此，在硬质场地进行运动练习时跟腱容易产生疼痛，进而引发跟腱炎。

(3) 跟腱周围炎

跟腱由于承受过度的外力和扭转会引起其边缘的薄膜发生炎症，这被称为跟腱周围炎。其症状表现为轻度肿胀、压迫疼痛、运动疼痛等。作为引起跟腱周围炎产生的原因，连接着跟腱的跟骨倾斜也是其中之一。跟腱是较宽的带状组织，所以跟骨如有倾斜，无论从外侧还是内侧都有被拉伤的危险。跟腱周围炎多数是由于跟骨倾斜这一原因所造成的，为此一旦产生炎症就不容易治愈。

(4) 小腿部疼痛

小腿部疼痛一般是指集中在胫骨后部内侧的疼痛。其中,胫骨的后侧面与后胫骨肌肉的连接部因受刺激而引起骨膜炎;而后胫骨肌肉连接部也会发生肌肉拉伤;除此之外,小腿的骨间膜因各种刺激也会引起小腿前部的疼痛。小腿疼痛是由于过度练习造成的,此外还有因跑步姿势不对、足尖外翻或内翻,造成小腿骨扭曲的原因,在这种状态下进行练习必然会引起小腿前部的疼痛。

(5) 肌肉间隙症候群

肌肉间隙被划在小腿部。肌肉间隙症候群是指在其间隙内部产生内出血,致使间隙部位血压上升压迫血管及神经而引起的。这一般都发生在没有经过充分练习的小腿肌肉在反复接受突然外力之后,会突然发生肿胀而且变得僵硬。损伤发生后,小腿伴有激烈的疼痛,不久会出现肌肉机能的损伤,足尖也抬不起来,而且牵拉肌肉时会使疼痛加剧,踝关节因此也就失去了承受力。

肌肉间隙症候群主要是由于过度练习而造成的,习惯用脚前掌着地的运动员也非常容易受到损伤。经常用脚前掌直接着地就如同踩刹车时的状态,小腿的前部要反复承受多次的外力,这就是间隙在小腿内部产生炎症及血压升高的原因。

(五) 颈部损伤

颈部骨骼是由7个椎骨构成的。构成颈部的椎骨在构造上非常有特点,寰椎支撑着头,使其成为轴体状,相反地,轴椎则形成像桩子一样的轴体,是一块突出的骨头,当颈转向两侧时,桩子状轴体周围的寰椎进行回转。因此,这一关节可以使头向各种方向回转,也就使头可以进行范围很广的活动。

颈椎在所有椎骨中活动自由度是最大的,它可以做屈伸、伸展、侧屈和回旋等动作,其活动的方向和范围是由椎体的形状和椎间关节外形(轮廓及方向)决定的。同韧带、筋膜、关节囊及其活动是相关的。它们的弹性达到极限时就会产生紧张,其活动随即会停止。颈部较易发生的损伤如下。

1. 颈部骨折

颈部的可动区域比较宽,因此体育运动中颈部的骨折发生率可以说是非常低的。一般情况下,骨折发生之前颈骨会出现脱位及准脱位。在颈部过度伸展(颈部向后极度弯曲的状态)、阻挡、冲撞等情况下头顶受到压迫、颈部被扭曲等现象发生时容易发生损伤。

2. 扭伤

在运动中最常见的颈部损伤是扭伤和肌肉拉伤,它们同脱位和骨折的产生机制是一样的。对颈部加力的强度会引起肌肉拉伤和扭伤。这种损伤恢复一般需要2天至一周时间。

3. 颈部脱位

颈部脱位在运动中也不是很常见。但是,同骨折相比发生率还是比较高的。颈部脱位多发生在足球和橄榄球中,使用头顶来阻挡和冲撞时容易发生脱位。颈骨因为可动区域较大,同胸、腰部的骨头相比是容易发生脱位的部位。脱位最容易发生的部位是第四颈椎。

4. 压迫神经

压迫神经是指肩关节中神经被压迫的状态。这种损伤是运动员用头或者肩进行阻挡和冲撞时颈部向横侧扭曲时所发生的。其主要症状有:手臂不能向横侧抬起;手臂向下的部位失去感觉;被灼烧的疼痛感等。这种损伤在相同的产生机制中可能会发生压迫神经也可能会发生神经拉伤。

(六)腰腹部损伤

1. 腰部损伤

人体脊柱是由各种椎骨重叠而形成的,脊柱有 33 个椎骨,中间由很多的椎间盘软骨和韧带所组成。脊柱具有很多不同的机能,其中最重要的机能是保护脊髓、躯干以及支撑肢体,因此它是保持身体直立姿势的支撑杆。脊柱因为是内脏系统的支点,从负载面考虑具备了力学上的有利点。脊柱也是肌肉的连接部,固定胸腔带(肋骨带)的同时,还能起到缓冲作用。它也有一点点的可动性,兼备肌肉力量和柔韧性两项任务的同时提供最大的稳定性及保护作用。腰部较易发生的损伤如下。

(1)腰部扭伤

脊椎中的腰部在对抗性体育活动中是经常容易受到扭伤的。这种扭伤几乎都发生在肌肉上,可以说没有特别严重的损伤。但是,一个小小的扭伤,力量如果没有被周围的肌肉所吸收,直接影响到棘突及棘上韧带,这时会发生肌肉组织及棘突的扭伤和骨折。腰部扭伤发生时会有局部的疼痛和压迫感,活动腰部时也有中等程度的疼痛感。

(2)腰部挫伤

腰部挫伤同拉伤的发生机制很相像。但是,挫伤后周围的肌肉会发生二次反射性肌肉痉挛,所以将腰部挫伤和拉伤区别开来是非常重要的。

容易发生腰部挫伤的韧带是沿着棘突前端的棘上韧带,这一韧带的挫伤被认定在韧带的上方及韧带的连接部位棘突的上方有疼痛感。腰部主动和被动伸展运动对韧带都能够起到放松作用而不会引起疼痛,屈曲时韧带由于紧张也会引起疼痛。

(3)腰部肌肉拉伤

肌肉拉伤主要是指肌和腱组合的某部位的损伤。脊柱为了维持直立姿势的肌肉进行着多数复杂的活动,因而会特别容易受到拉伤;在腰部活动中,多数的肌肉最容易发生拉伤、最具有代表性的是背长肌、腰方肌及腰肌等。

(4)脊椎滑脱

脊椎滑脱是指椎骨下滑到下一个椎骨的部位或者面向第五腰椎向前方滑出的状态。一般来说,在脊椎滑脱的同时,也发生脊椎分离症。脊椎滑脱同脊椎分离的情况大体相同,但是脊椎滑脱在臀部和大腿部会有放射状的疼痛,还会有坐骨神经痛和下肢运动知觉神经麻痹症状等发生,并且还会出现腰椎前屈的增强。

(5)脊椎分离

脊椎分离症就是说椎骨后部的椎弓上下关节突起之间的部分发生骨缺损,使其连续性发生中断。特别是构造上有弱点的第5腰椎周围居多。其发生的原因是由于反复多次地对这一部位施加外力所引起的疲劳骨折而发生的。

(6)椎间盘突出

椎间盘突出是指给予了椎间盘多余的力、反复的压力及不良纤维环的存在所形成的胶质状的骨髓核从周围的纤维环中向四面突出而形成对神经的刺激所造成的损伤。椎间盘有颈椎和胸椎,椎间盘突出多发生在腰椎部分,主要表现为有很明显的腰痛和坐骨神经痛。

2. 腹部损伤

腹部是指被横膈膜、骨盆、下部肋骨、腰椎及腹肌所围住的部分,这一部分中间有胃、肠、肝脏、肾脏、泌尿器、胰脏及脾脏等。腹部较易发生的损伤如下。

(1)腹肌及腹腔神经丛的撞击

肾脏的撞击:肾脏总是充满着血液,容易受到损害,来自身后的撞击使其受到损伤。损伤的程度根据肾脏的肿胀状态、反撞击的强度和角度而有所不同。其主要症状有:休克、恶心呕吐、尿血、背肌变硬等。

腹腔神经丛的撞击:对这一部分的撞击会发生横膈膜暂时麻痹,所带来的结果是呼吸困难及呼吸停止。其解决方法是:解开运动员的皮带及衣服,长呼短吸使运动员放松。

(2)内脏破裂

脾脏破裂:脾脏受到撞击后就会发生内出血,其主要症状有:休克、恶心呕吐、腹部变硬等。

膀胱及尿道破裂:对下腹部的撞击及骨盆受到打击时膀胱都会发生破裂,其主要症状有:腹部变硬、恶心呕吐、尿血、有尿意,但又不能排出、下腹部有疼痛不舒服的感觉等。

二、休闲娱乐运动常见损伤及处理

(一)擦伤

1. 擦伤的概念及征象

擦伤是指皮肤受外力摩擦所致的皮肤出血或组织液渗出的损伤。按损伤面积的大小,擦伤可分为小面积擦伤和较大面积擦伤。擦伤的主要征象为表皮剥脱,擦伤后皮肤出血或组织液渗出。

2. 擦伤的处理方法

(1)小面积擦伤:表皮小面积擦伤,可用碘酒或碘伏局部涂擦,不需包扎。如果是关节及其附近的擦伤,则在局部消毒后,再涂以消炎软膏,以免局部干裂而影响运动。另外,要注意运动卫生,以免感染。

(2)较大面积擦伤:先应以生理盐水或0.05%的新洁尔灭溶液清洗创面,然后进行局部消毒。最后盖以消毒凡士林纱布和敷料,并包扎。如有需要,可加服抗生素预防感染。

(二)拉伤

1. 拉伤的概念及征象

拉伤是肌肉受到强烈牵拉所造成的肌肉微细损伤、部分撕裂或完全断裂的损伤,通常在外力直接或间接作用下,使肌肉过度主动收缩或被动拉长时引起肌肉拉伤。个体在发生拉伤后,伤处会出现肿胀、压痛、肌肉痉挛等症状,诊断时可摸到硬块,肌肉断裂是比较严重的拉伤,应及时治疗和处理。

2. 拉伤的处理方法

(1)拉伤轻者:立即冷敷,局部加压包扎,抬高患肢。采用氯乙烷镇痛喷雾剂等进行局部冷敷,加压包扎,并把患肢放在使受伤肌肉松弛的位置,以减轻疼痛。24小时后可实施按摩或理疗。

(2)肌纤维轻度拉伤及肌肉痉挛者:用针刺疗法会取得显著疗效。

(3)肌肉、肌腱部分或完全断裂者:在局部加压包扎,固定患肢后,立即送医院诊治,必要时还要接受手术治疗。

(三)挫伤

1. 挫伤的概念及征象

挫伤是指在钝器直接作用下导致的人体皮肤或皮肤下组织损伤。挫伤以四肢多见,多为相互冲撞、踢打所致。发生挫伤后,局部出现青紫,皮下瘀血肿胀、疼痛的现象,可伴有功能障碍。严重者可发生肌肉断裂、骨折、失血、内脏损伤、脑震荡和休克等。

2. 挫伤的处理方法

(1)单纯性挫伤者:可在局部冷敷后外敷新伤药,加压包扎、抬高患肢。

(2)挫伤伴有肌肉、肌腱断裂者:应将肢体包扎固定后,送医院治疗。

(3)头部、躯干挫伤导致休克者:先进行抗休克处理方法,保温、止痛、止血、矫正休克后,立即送医院治疗。

(四)刺伤

1. 刺伤的概念及征象

刺伤是指用锋利的东西刺或戳而导致的损伤。刺伤多为锐性尖物所引起,伤口较小但较深,可能伤及深部组织器官,或将异物带入伤口深处,容易引起感染。

2. 刺伤的处理方法

(1)刺伤较轻者:先用碘酒、酒精消毒,然后在伤口上撒上消炎粉,用纱布覆盖包扎。

(2)被不洁物刺伤者:注射破伤风抗毒素,预防破伤风。

(五)切伤

1. 切伤的概念及征象

切伤是指被刃面较大的锐器切破皮肤及组织的损伤。切伤伤口边缘整齐,出血较多,但周围组织创伤较轻。深的切伤可能切断大血管、神经、肌腱等组织。

2. 切伤的处理方法

(1)切伤较轻者:先用碘酒或酒精消毒。然后在伤口上撒上消炎粉,用消毒纱布覆盖。较重者,应彻底止血,缝合伤口。
(2)被不洁物切伤或伤情和污染较重者:注射破伤风抗毒素、抗菌药,预防感染。

(六)皮肤撕裂伤

1. 皮肤撕裂伤的概念及征象

皮肤撕裂伤是指皮肤受外力严重摩擦或碰撞所致,皮肤和皮下组织出现规则或不规则裂口的损伤。撕裂伤大多有不同程度的皮肤撕裂、出血和污染。

2. 皮肤撕裂伤的处理方法

(1)损伤较轻者,在进行消毒后,以胶布粘合或用创可贴敷盖即可。
(2)撕裂面积较大者需止血缝合和包扎。如有必要可注射破伤风抗毒素,以免感染。

(七)关节扭伤

1. 关节扭伤的概念及征象

关节扭伤关节发生异常扭转,关节囊、关节周围韧带和关节附近的其他组织结构遭到破坏的损伤。它属于关节韧带损伤,关节扭伤时,伤者伤处疼痛、肿胀,韧带损伤处有明显压痛,皮下有瘀血。

2. 关节扭伤的处理方法

(1)踝关节扭伤:应立即用拇指压迫痛点(即韧带损伤处止血,同时进行踝关节强迫内翻和前抽屉试验检查,以了解韧带是否断裂。较轻的或少部分断裂的韧带损伤可用粘带支持固定,并以弹力绷带包扎。韧带断裂者最好用海绵垫或较大的棉花垫作压迫包扎,包扎时,应与受伤时位置相反,踝内翻损伤者则应在外翻位置包扎固定,送医院作进一步诊治。
(2)膝关节扭伤:应仔细检查受伤程度,立即以氯乙烷镇痛喷雾剂等进行冷敷。为保护受伤部位不进一步加重损伤,一般采用棉垫或橡皮海绵加弹力绷带压迫包扎,抬高患肢。24小时后可打开包扎,若出血已停止,可采用中药外敷、理疗、按摩等。凡韧带发生断裂或半月板严重损伤时应尽快送医院进行手术治疗。

(3)肩关节扭伤:可采用冷敷、加压包扎。24小时后可采用理疗、按摩和针灸治疗。出现韧带断裂时,应立即送医院缝合和固定处理。当肩关节肿胀和疼痛减轻后,可适当施行功能性锻炼,但不宜过早活动,以防止转为慢性。

(八)关节脱位

1. 关节脱位的概念及征象

关节脱位又称脱臼,是受外力作用,使关节失去正常连接关系的一种损伤。发生关节脱位时,伤者会感到剧烈疼痛,关节周围出现显著肿胀,关节功能丧失。有时还发生肌肉痉挛,严重时会出现休克。

2. 关节脱位的处理方法

发生关节脱位后,切不可随意做复位动作,以免加重伤情。可用长度和宽度相称的夹板固定伤肢。如果没有夹板,可将伤肢固定在自己的躯干或健肢上,防止震动,随后及时送医院治疗。固定伤肢时应结合损伤部位分别作以下处理。

(1)肩关节脱位:取三角巾两条,分别折成宽带,一条悬挂前臂,另一条绕过伤肢上臂,于肩侧腋下缚结。

(2)肘关节脱位:用铁丝夹板,弯成合适的角度,置于肘后,用绷带缠稳,再用小悬臂带挂起前臂,也可直接用大悬臂带包扎固定。

(九)腰部扭伤

1. 腰部扭伤的概念及征象

腰部扭伤亦称"闪腰",是腰部软组织的损伤。轻度扭伤伤后疼痛显著,脊柱不能伸直;因肌痉挛而引起脊柱生理曲线改变者为较重的扭伤;棘上韧带与棘间韧带扭伤时,受伤当时感到局部突然撕裂样疼痛,过度前弯腰时疼痛加重,腰伸展时疼痛较轻,棘突上或棘突之间有局限而表浅的明显压痛点;筋膜破裂时,伤处有明显的压痛点,弯腰和腰扭转时疼痛较重,腰伸展时疼痛较轻;小关节交锁,受伤当时即有腰部剧烈疼痛,呈保护性强迫体位,不敢做任何活动,亦惧怕任何搬动,尤其不能做腰后伸活动,疼痛位置较深,不易触到压痛点,但叩击伤处可引起震动性剧烈疼痛。

2. 腰部扭伤的处理方法

(1)休息法:仰卧于垫子或木板床上休息,腰部垫一薄枕以便放松腰肌,活动时要避免受伤组织受到牵拉。轻度扭伤可休息2~3天,较重扭伤需休息一周左右。

(2)穴位按摩法:取人中、扭伤、肾俞、大肠俞、委中等穴,手法强度应使病人有较强的酸麻胀感为宜。

(3)其他疗法:外贴活络止痛膏,内服活络止痛药,火罐疗法、针灸疗法、局部注射强的松龙、理疗等。

(十)肩袖损伤

1. 肩袖损伤的概念及征象

肩袖损伤是指肩袖肌腱或合并肩峰下滑囊的损伤性炎症病变。损伤时,肩外展会感到疼痛,有时会向上臂、颈部放射。肩外展或伴内、外旋时,疼痛加重,压痛局限于肩峰与肱骨大结节之间。肩袖损伤可分为急性损伤和慢性损伤两种,前者常伴有三角肌痉挛疼痛,后者则在损伤期间继发三角肌萎缩乏力。

2. 肩袖损伤的处理方法

(1)一般性肩袖损伤:适当进行休息、调整,可采用物理治疗、针灸、按摩等方法治疗。除此之外,还可活动运拉肩关节和上肢,以促进恢复。

(2)肩袖损伤伴有肌腱断裂者:立即就医接受治疗。

(十一)髌骨劳损

1. 髌骨劳损的概念及征象

髌骨是维护膝关节正常功能的主要结构,具有保护股骨关节面、维护关节外形和传递股四头肌力量的作用,髌骨劳损一般是膝关节长期负担过重或反复损伤积累而成的。髌骨劳损是膝关节酸软疼痛,髌骨压迫痛,单足半蹲的时候有痛感。少数患者因长期膝关节疼痛不敢用力而肌肉萎缩或有少许关节积液。

2. 髌骨劳损的处理方法

(1)加强膝关节肌群力量练习,比如采用高位静力半蹲,每次保持3～5分钟即可,每日练习1～2次。

(2)采用按摩、中药外敷,针灸等方法进行治疗。

(十二)胫骨痛

1. 胫骨痛的概念及征象

胫骨痛又称为胫腓骨疲劳性骨膜炎,多发生在跑、跳等运动项目中,因大腿屈肌群不断收缩而过度牵扯其胫腓骨的附着部分,致使骨膜松弛,骨膜下出血,产生肿胀、疼痛等炎症反应。

2. 胫骨痛的处理方法

(1)损伤较轻者:注意足尖跑、跳的运动量,不要加重下肢的负担,进行少量运动以促进慢慢恢复,可进行局部按摩。

(2)伤势严重者:立即就医接受治疗。

(十三)骨折

1. 骨折的概念及征象

骨折是指运动者在运动过程中身体某部受到直接或间接的外界力量撞击而造成的损伤。常见的骨折有肱骨骨折、尺桡骨骨折、手指骨折、小腿骨折、肋骨骨折等。骨折发生时伤者可感到明显的疼痛,患处出现肿胀现象,肢体失去正常功能。严重时还伴有出血和神经损伤,甚至出现发烧及突发休克等现象。

2. 骨折的处理方法

(1)单纯性骨折者:切忌随意移动肢体,应用夹板或其他代用品固定伤肢;如出现休克,应对患者实施人工呼吸。

(2)骨折并伴有伤口出血者:要采取止血措施,并送往医院治疗。

知识拓展

护腕的种类和作用

护腕,指的是用于保护手腕关节的一块布料,在现代体育运动中,护腕的使用率在护具中是比较高的。护腕也基本上成为许多体育项目运动员必备的保护性装备之一。

手腕是人们最常活动的身体部位,也是最容易受伤的部位之一,经常参与运动的人手腕处出现筋腱炎的机会是很高的。要保护它不被扭伤或加速痊愈,佩戴护腕是其中一个有效方法。

护腕的作用主要有两个,第一是提供压力,减少肿胀;第二是限制活动,让受伤的部位得以休养生息。与此同时,最好尽量不要妨碍手部的正常运作功能,所以如非必要,大部分护腕都应是容许手指活动的。

护腕的包扎范围包括了部分手掌和前臂,此类护腕属于正式护腕。设计方面,有些像袜子般穿在手腕上;还有些护腕的设计是一条富弹力的带子,使用时需把它缠在手腕上。后者设计较为优胜,因为无论是形状及压力均可以符合使用者的个别需要。若情况更严重,需要把手腕进一步固定,以及提供更稳固的承托时,内藏金属片的护腕便有用武之地了。不过因为被固定的范围较大,价钱也不便宜,运动者可在医务人员建议下选用。

第五章 时尚与新型休闲球类运动

>>> 学海导航

信息化时代的到来使人们可以更加便捷地了解到国内外信息。一些现代时尚和新颖的休闲球类运动也快速传入我国,并得到广泛传播。台球、棒球、门球、保龄球和高尔夫球就是其中比较有代表性的运动,这些球类运动在我国受到了广泛欢迎。本章就主要对这几种休闲球类运动进行阐述,以使学生初步掌握此类球类运动的知识和技巧。

第一节 台球运动

一、台球运动概述

台球,也叫"桌球",是一项高雅的室内体育运动。台球起源的历史记载较少,并且确切的起源时间、地点都无从考证。据记载,早在15世纪法国已出现"台球"这个名词;英国詹姆斯一世执政期间(1603年—1625年),宫廷已出现早期的台球。18世纪台球运动开始逐渐完善,到19世纪,英国人克·卡首创出用来擦杆头的巧克粉,并开创了英式打法。

从台球出现至今有几百年的历史,在长期流传中经过了人们的不断改进和逐渐完善。从前在室内桌子上玩球时,在桌子中心开一个圆洞,后来又在桌子4角开4个洞,洞增加的同时也激发了人们的玩球兴趣,直到在桌子上开了6个圆洞,才演变成今天落袋式台球的雏形。球台的发展过程中还有过八角形球桌,在桌每边开洞,共有8个洞,洞增多了,一盘球可以同时容纳几个人来参加。

球桌方面,原来用的球桌就是普通的木板桌子,因受气候影响木材容易变形,台面的平整度很难保证,直接影响击球技术的发挥。约在1827年开始采用石板做球台台面,才有了光洁平整不变形的高级台面。

最初的球台上只有两只球,到1775年法国人又增加了一个红球,英国人跟着效仿,此时在球台上便有了3个球。并把这种玩法叫"开仑",击球人把对方的球顶进球袋,或同时击中两个球称"双着",都可以得分。这种玩法,就是人们现在玩的3球落袋式台球的原始玩法,即英式台球"比力"。

台球运动组织最早建立的国家是英国,于1885年由业余与职业球手组成了台球协会,并制定了第一套正式的比赛规则。1908年又由对立的一方组成了台球管理俱乐部。1919年,台球协会和台球管理俱乐部达成合并协议,组建了英式台球和斯诺克台球的最高组织——台球联合会,主持两种台球的比赛和制定规则。1940年成立了世界台球联盟,是国际台球活动的组织机构,总部设在比利时的首都布鲁塞尔,行政中心设在西班牙的巴塞罗那。世界台球联盟负责世界性的台球比赛,同时在全世界许多国家开展台球活动,并建立台球协会。

中国台球开展较晚,距今还不到一百年,20世纪80年代英式斯诺克和美式台球才得以在中国得到普及。1986年,我国成立了中国台球协会,各省市也相继成立了地方台球协会。目前,台球运动在中国已经相当普及,在国内外大赛中取得了不错的成绩。素有"台球神童"之称的我国选手丁俊晖就取得了一系列优秀战绩,并于2014年在世界台联的选手排名中位列第2位,创造了亚洲选手的最好排名纪录。

台球运动具有"静中有动、动中有静、急中见稳"的特点,要求参与者在思索中走动,在走动中思索。这样就可以促进参与者的血液循环,加强机体的新陈代谢,有益于增进健康,提高其体质。在打台球的过程中,人的身体大幅度地反复收腹弯腰,找位瞄准,使神经一会儿悠闲放松,一会儿又高度紧张,人的肢体和神经得到了活动和调节。参与者还可通过和谐的人际交往陶冶情操,锻炼意志品质,提高克服困难、战胜自我的信心和勇气,锻炼稳重的性格,使精神状态在安静舒适、气氛祥和的环境中保持健康乐观,获得强健身心的效果。台球的运动强度适中,能够开发智力,在强身健体方面的作用是其他体育项目所无法比拟的。台球也能够加强参与者之间的交流,以球会友能够提高人的社会活动性。

此外,台球运动还具有许多优点,如运动场地小;台球是室内运动,所以不受季节、天气、时间等因素影响;台球的运动量不大,不会耗费大的体力,所以适合任何人。经常参加台球运动可以磨炼人沉稳的性格和全面考虑事物的能力,还是一种陶冶情操的手段,它集人的技术和智力于一体,能够使学生获得更多来自精神层面上的愉悦,是排解学习压力的良好方式。

二、台球运动的基本技术

(一)基本技术动作

1. 握杆位置

决定握杆位置的主要有3个因素:一是球杆的重心位置;二是击球力量;三是被击主球的位置。球杆的重心是关键性因素,找到球杆的重心,握杆的最佳位置也就可以确定了:一般是在离重心向杆尾一端的6~9厘米处。当然,击球时握杆的位置可以根据具体情况偏前或偏后些。

2. 身体姿势

正确的身体姿势自然,重心平稳。掌握和保持正确的身体姿势有助于完成正确的击球动作。身体姿势包括:站立位置、脚的位置、上体姿势、面部位置。

(1)站立位置

握好球杆后,面向球台,向用主球击打目标球的方向直立,球杆指向主球,握杆手置于体侧,同时确定对击打目标球的下球点和主球将要走的位置。

(2)脚的位置

当身体位置确定后,握杆的手保持在体侧不动;左脚向左侧前方迈出一小步,与右脚距离大约与肩同宽。左腿稍微弯曲,右腿保持自然直立(图5-1)。

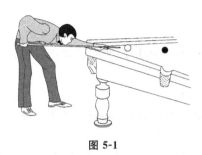

图 5-1

(3)上体姿势

站好位置后,上体向右侧转并向下弯身,使肩部拉起,上体前倾,与台面接近,头微微抬起,下颌正中部位与手或球杆相贴,双眼顺球杆方向平视(图5-2)。

图 5-2

(4)面部位置

尽量使球杆保持在额头中轴线上,双眼保持水平前视,使面部之中线与球杆和后臂处在一个较为垂直的平面上。

3. 握杆方法

握杆方法直接影响出杆的好坏。正确的握杆方法是拇指和食指在虎口处用轻力握住球杆,其余3个手指要虚握。握杆时手腕要自然垂下,既不要外翻,也不要内收。对于一位球手来说,一个正确的手腕位置对其成功有十分重要的作用。该握杆方法的优点在于保证手指、手腕和整个手臂适度放松,便于肌肉更协调地工作;另外,手指、手腕和整个手臂的适度放松,有利于手指、手腕和整个手臂在运杆时的流畅,充分地感觉出杆触击球一瞬间杆头与球的撞击效果,给手指、手腕以及手臂肌肉本体感觉器更丰富的信号,便于正确学习掌握技术动作,及时发现和纠正训练过程中出现的动作错误。

(二)瞄准方法

1. 瞄准的基本方法

瞄准要眼睛、主球、目标球3点成一线。球杆随着眼睛转,因此实际击球时,球杆、主球、目标球3点在同一直线上。瞄准点在进袋直线,距目标球后一个球半径长度的点位上。瞄准点与目标球的中心连线看上去好像是目标球长了个小尾巴,所以直接找点法又被形象地称为"看尾巴"。

2. 不同位置球的瞄准

(1)击边缘球的动作

注意击球时的手架,以球台边框为球杆的支架,食指轻按住球杆;下巴贴在球杆上,两眼与球杆成一条垂直线。

(2)击球台中央球的动作

可爬上球台击球,但不可触动其他球,且必须一条腿着地,否则算犯规。

(3)主球在边沿时的动作

注意击球时左手的手架,4指按在球台边框上,以平背式手架架起球杆,击边沿球只能轻击,因为球台的边框挡住主球,只能击中主球的上部,击球过于使劲可能会产生滑杆。

(4)使用杆架时的动作

击球者双手都支撑在球台上,右手持球杆的尾部,球杆对正鼻梁以便瞄准,注意击球的瞄准动作以及持杆手势。使用架杆击球一般都是轻击球,击球时注意将球杆直线平稳地向前推进,切不可晃动。

(三)击球的技术动作

1. 架杆

(1)平背式

整个手掌放在台面上,将拇指以外的四指分开,手背稍微弓起,拇指翘起和食指的根部相贴形成一个"V"形的夹角,球杆放在"V"形夹角内。手指的弯曲及手掌向上抬起,可以调节架杆的高度(图5-3)。

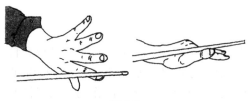

图 5-3

(2)凤眼式

左手手指张开,指尖微向内弯曲,用拇指和食指扣成一个指环,并与球杆成直角,手掌和中指、无名指、小指构成稳定支撑(图5-4)。

图 5-4

平背式架杆方法常用于斯诺克台球；凤眼式架杆方法多用于开伦台球和美式台球。根据击打主球击球点的不同，架杆的手背可以平直、稍弓起和弓起，去找击球点的下、中、上点。

(3)特殊的架杆方法

①当主球贴近台边时，架杆的手需将四指压在台边上，如图5-5(a)。

②当主球和台边有一定的距离时，架杆的手可以用四指紧抓住台边，如图5-5(b)。

③当主球后有一其他球时，架杆的手需要四指立起来，避免球杆碰到其他球，如图5-5(c)。

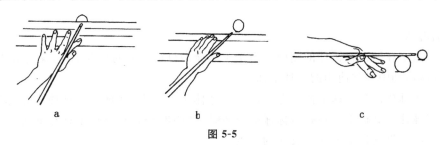

图 5-5

(4)杆架的使用

主球停在球台中间或远离台边，用常规的击球姿势无法击打主球时，就必须使用杆架。杆架的长短和式样各异，运用时一手持球杆的尾部，拇指在下，食指、中指在上夹住球杆，无名指、小拇指自然弯曲，另一手将杆架置于适当位置，整体放在台面上，用手按住以防运杆、出杆时杆架晃动。

2. 运杆

运杆的目的是获得准确的击球。在确定击打主球的部位后，最好是试着做几次往返进退杆的运杆动作。运杆要求身体保持稳定，持杆后摆的幅度大小取决于所需要的击球力量和杆头与主球间的距离，后摆动作要做到稳和慢，出杆前控制好杆的平稳。

3. 出杆击球

出杆触击球是台球击球动作结构中的最关键环节，它决定着击球的效果。出杆击球是在后摆、停顿后所完成的动作。以弯曲的肘关节为轴，前臂像钟摆一样，在这个固定轴上做前后摆动，通过手指和手腕在拉杆和出杆时的调节动作，使球杆在运行中保持水平状态。肩部不要附加力量，大臂也应固定不动。打触击球瞬间，根据击球的要求，注意手腕力量使用的控制，避免由于过分抖动手腕造成击球不准确。出杆时，肩部和身体不要用力，出杆动作要果断、清晰，即使是打个轻缓的球也是如此。

4. 随势跟进

击球后球杆要随势跟进，主要是为了保证击球力量充分作用在主球上，并保持击球动作的协调连贯。

(四)击球的方法

台球的击球方法，主要涉及主球与目标球的关系。了解它们的关系以及进行相应的练习，便会促进台球技术的有效提高。

1. 基本击球方法

（1）直线球

直线球是击球入袋的最基本形式之一。主球的中心击球点、目标球的撞点和袋口的中心点在一条直线上；当主球中心点受到球杆的撞击，并撞击目标球的中心撞击点时，目标球便会直落球袋。

（2）偏击球

偏击球指主球撞击目标球的侧面。由于主球撞击目标侧面的程度不同，又可分为厚球、薄球，这是台球运动中经常使用的一种击球技术。

厚球指主球撞击目标球的撞击点在目标球球体 1/2 以上，薄球指主球撞击目标球的撞击点在目标球球体 1/2 以下。在打目标球的厚薄时，其瞄准点是目标球击球点向外一个球半径处与主球中心点纵向运动方向延长线的交点。

2. 特殊击球方法

（1）反弹球

反弹球是主球击目标球，并利用台边的反弹使目标球落入袋中的一种击球方法，包括直击反弹球和偏击反弹球两种类型。

①直击反弹球。当主球、目标球和将要碰台边反弹入袋的反弹点在一条直线上时，这种击目标球全球反弹入袋的方法就叫直击反弹球。如将目标球和主球按图 5-6 所示放置。由于反射角小，击球难度较之前一种练习要大。应掌握在反射角变化时，准确把握入射角。

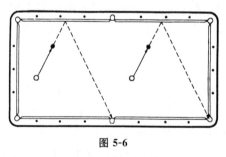

图 5-6

②偏击反弹球。指当主球、目标球和要利用台边反弹球入袋的反弹点不在一条直线上时，主球需偏击目标球反弹入袋。如图 5-7 所示，用主球薄击目标球右侧，使目标球反弹后入中袋。

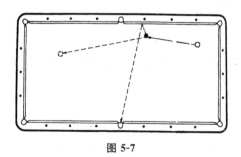

图 5-7

（2）吻击球方法

主球撞击目标球不能直接入袋时，可以借助其他目标球使其落袋。这种击球方法就叫吻击球方法。其原理是，当主球以中杆击球时，目标球与其轻吻的另一目标球的中心连线和袋口中心点成90°，被击目标球成90°角行进，而轻吻的另一球则按中心连线的延长线行进（图5-8）。

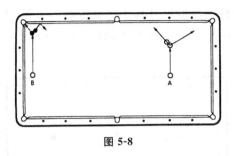

图 5-8

（3）双着击球方法

双着击球法指主球在击第一目标球后，再碰第二个目标球，并将第二个目标球击入袋中。双着击球方法是通过准确地借助第一个目标球来改变主球行进的线路，并准确地把第二个目标球击落袋中。在击双着球时，确定主球与第一目标球相撞后主球的偏转角十分重要，是决定能否准确击落第二目标球的关键。如图5-9所示，将两个目标球放置于袋口附近。主球击第一目标球时，应使用中杆，使主球能沿着第二目标球瞄准点方向行进，并碰击目标球入袋。

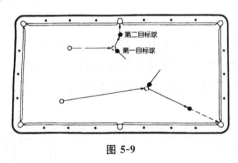

图 5-9

（4）联合击球方法

主球撞击目标球，目标球又撞击其他目标球入袋，这种击球方法叫联合击球法。击球时，首先确定最后一个入袋目标球的入袋瞄准点，再确定另一个被主球撞击的目标球其撞击入袋目标球的瞄准点，最后确定主球撞击第一目标球的主球击点，然后便可以进行击球（图5-10）。联合击球要尽量少用侧旋球，尤其是对初学者。

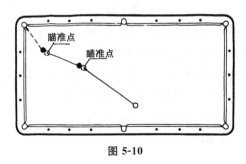

图 5-10

(5)弧线球击球方法

主球要击打的目标球有阻挡,无法用直击的方法击中目标球时,只能运用台边反弹击球方法或弧线球击球方法来击中目标球。弧线球击球时,根据主球要走弧线的大小,通过调整握杆手的高低(即握杆手抬高,球杆向前倾斜大,则弧线程度大,反之则小),以及调整击球点(即击点愈远离球的中心点,弧线愈大),最后是调整出杆击球的力量,力大则弧线也大。如图5-11所示,用弧线球击目标球练习。击球时,握杆手抬高10~15厘米,击主球的右侧击点。出杆击球时用力要集中。

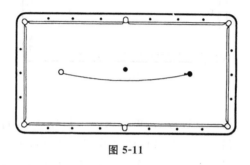

图 5-11

(五)基本杆法及其应用

1. 推进球技术

用球杆击打主球的中心、中心左或中心右撞点,初期阶段可使用中心撞点,击球时采用中等力量。主球与目标球相撞后,主球只是缓缓跟进,并且前进距离不大(图5-12)。当3/4球击和半球击时,此种击法主球与目标球的分离角大致在50°~60°。这就是所谓的自然角球。

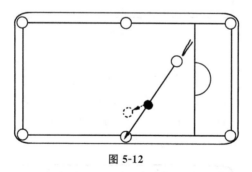

图 5-12

技术动作:水平持杆,击打主球中心点、中左点、中右点,即在击球时采用中杆击球。击球时,主要靠前臂前后运动并带动腕部,将球杆推出。

技术效果:主球撞击目标后,目标球向预定的方向前进,主球也随之徐缓地向前方行进一小段距离后停下,使主球走到下一个目标球较理想的位置。

应用说明:推进球技术至少在主球与目标球重叠1/2以上时,才算推进击法,应用推进球技术可确保主球下一步走位的准确。

2. 跟进球技术

跟进球又称前旋球,就是用球杆击打主球的中心上、左上或右上撞点的打法。初学者可使用中心上撞点。当主球碰到目标球后,主球将稍微停顿一下,然后靠自身的上旋力量,继续向前跟进,而且跟进的距离较长(图 5-13)。当 3/4 球击和半球击时,此种击法主球与目标球的分离角大致在 20°~40°。

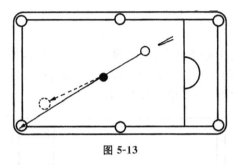

图 5-13

技术动作:跟进球击打法又称"高杆"。水平持杆,击打主球中上点、左上点或右上点,即采用中高杆或右高杆,主球分别向正前方、左前方、右前方跟着目标球前进。在击球运用前臂的力量,同时摇动腕部,使主球与目标球相撞的瞬间,主球将前进的力给目标球,目标球开始向前运动,而主球则较为明显地在原地稍停一下,然后靠保存的上旋转力量,迅速向前跟进,并且前进的距离较长。

技术效果:主球以上旋的形式撞击目标球后,目标球向前行进,主球由于自身的上旋继续随之向前进并停在某一位置上。主球跟进的距离比主球推进距离明显要长,以获得一个较长距离的主球走位位置。

应用说明:为了获得一个较长距离的主球走位位置,需要用高杆使主球随击球方向跟进。

3. 定位球技术

用球杆击打主球中心下面的撞点,使主球产生一定的下旋力量,用以抵消自身前进的上旋力量,因而使主球不向前跟进,而停留在原目标球的位置(图 5-14)。定位球的形成要有一定力度,力量过小将形成跟进球,也可使用柔和的力度加上很低的撞点击出定位球。

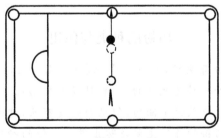

图 5-14

技术动作:主球距离目标球较近时,击打主球稍低于中心即可。主球距离目标球稍远时,需要击打主球中心下的位置。主球和目标球之间的距离加长,击打主球的撞点必须相应下移才能击出定位球。上定位球的撞点比定位球的撞点稍高,也可撞点不变高,而是采用较为柔和的力度。

技术效果:中杆击主球,撞击目标球后,目标球向前运动,主球停在目标球原来的位置上。

应用说明:打定位球必须是主球在滑动中撞击到目标球,如主球距离目标球太远,在滑动中没有碰到目标球,而是从滑行状态变为向前滚动状态才碰到球,这样的效果就成了跟进球。

4. 缩杆球技术

用球杆快速撞击主球的中心下撞点,并伴随着一定的跟进,使主球产生很强的下旋力量。当主球碰到目标球后,主球稍微停顿一下,然后,向反方向行进(图 5-15)。当 3/4 球击和半球击时,此种击法主球与目标球的分离角大致在 110°～160°。

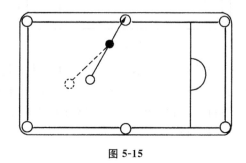

图 5-15

技术动作:球杆呈水平位,架杆手尽量放低、放平,以便杆头对准主球的中下点,出杆时手臂和手腕加力,快速击主球的中下点,并随势出杆跟进。

技术效果:当用低杆击打主球,主球便会随之产生急速的下旋,当与目标球相撞时,目标球向前运动,主球则借助其旋转向后运动。在同一力度下,由于主球和目标球的距离不同。缩杆的效果也有所不同。距离越近,退缩距离越远。

应用说明:缩球技术主要应用于击一些袋边球入袋而主球退回安全位置;或者是使主球移位,以便使下一次击球处于更为有利的位置。

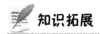 知识拓展

巧粉的种类与作用

目前,台球最常见的巧粉有两种,一种是浅绿色的,比较散,擦的时候掉下来的粉末也较多,这种巧粉叫"粉巧"。另外一种是蓝色的,擦的时候不容易往下掉粉末,在杆头坚持的时间也较长,这种巧粉叫"油巧"。虽然说是油巧,但里面并没有油,这两种巧粉都是用粉和胶做成的,油巧的胶相对多一些。巧粉的作用主要是防止滑杆。但两种巧粉对于皮头的影响是不一样的,擦粉巧的皮头更容易发力,力量容易集中,所以适合打不加强烈旋转的球。油巧可以使皮头和球接触的时候更长,更适合打旋转类的球,但发力的话,不如粉巧效果好。每个人可以根据自己的特点选用。因为粉巧很容易掉粉,且一般每打一杆都要重新抹一次,用量多,所以

台球厅一般会备油巧。不过,油巧因为胶质比较多,用的时间长了,胶会透过皮头渗透到杆头上,容易引起杆头变形,不过变形也需要一段时间,平时注意保养,不会有太大的影响。

三、台球运动的基本战术

台球是多种台球类运动的总称。为更加清楚地介绍台球运动的基本战术,这里选择以斯诺克台球运动的基本战术为例进行讲解。

(一)运用进攻性技术的战术方法

台球的进攻性技术运用有相对进攻战术运用和绝对战术运用两种,这里只介绍相对进攻战术模式。相对进攻战术是指在比赛进攻时,由于主球和目标球的距离较远,在进攻的可能性不大时,所采用的攻守兼备的进攻战术。

1. 开局阶段的战术方法

首先,开球后,当主球球位比较好,又能看到目标球的下球点时,可以主动出击,撞击目标球入袋,开始发起进攻。此时可用中等偏小的力度击球,使目标球落袋后,主球碰岸后稍向上反弹,停留在击黑色球的有利位置上(图 5-16)。

其次,为了使进攻更稳妥,可用中等偏大的力度,击主球的中稍上部位,使主球在击落目标球后能返回到球台底岸侧(图 5-17)。这样,如果目标球未被击落袋,也不会因为主球停在红球堆附近给对方留下机会。如果目标球进袋,虽然主球停在底岸边,不能卡黑色高分值球,但依然有进攻以及积极防守的主动权。可以用高杆打绿色球和棕色球进中袋,主球跟进去顶岸区找下一个红色目标球,并形成连续得分机会。也可以将主球贴住绿色球,做成障碍球,求得对方失误,从而有更好的进攻机会。

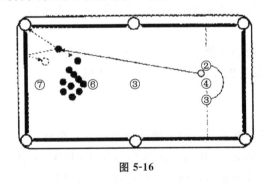
图 5-16

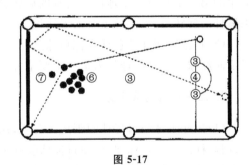
图 5-17

2. 中盘阶段的战术方法

当对方失去进攻势头时,会将主球和目标球分开并拉大其间的距离。只要有目标球下球机会,且主球又不会被其他球在途中阻挡,便可以用中杆或高杆打一杆攻守兼备的球(图 5-18)。如果按相反方向用中高杆击球,即红色目标球被薄进角袋,使主球碰岸后进入红色球区附近,以便连续得分。这一方法尽管有可能,但危险性也比较大。作这种选择一定要慎重(图 5-19)。

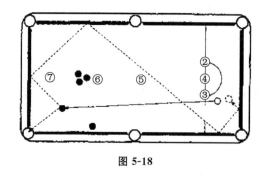

图 5-18

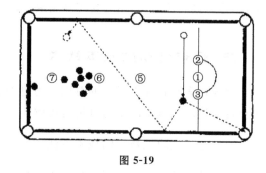

图 5-19

3. 尾局阶段的战术方法

与红色球在台面上不同,击完黄色球后,必须击绿色球,而黄色球和绿色球都在开球区,此时可以运用相对进攻技术,但用高杆将目标球击落袋时,容易把自己下一次下球线路"做死",所以要将力度加大一些,让主球碰顶岸再稍弹起来一些,以便于打绿色球。

(二)运用防守性技术的战术方法

1. 开局阶段的战术方法

(1)将主球放在开球区黄色球和棕色球之间,中杆、中等力度击球,用薄球撞击红球右底角第一个红球,主球经顶岸反弹再碰边岸返回开球线,使主球和红球分开尽量大距离。并尽量使主球贴岸,给对方击主球制造困难。

(2)将主球放在黄色球和棕色球之间,用右中偏杆击打主球,稍用力击打红球三角形中右上角的第二个红球。主球由于自身的旋转会碰顶岸后再碰两次边岸,最后停在开球区后。如果偏杆的旋转不够,主球就会沿虚线返回。

(3)将主球放在黄色球和棕色球之间,击打主球的左侧击点,先使主球直接碰顶岸,然后再反弹向红球。这种开球的力量一定要掌握好,太大会把红球炸开,给对方造成机会。

2. 比赛阶段的战术方法

(1)拉开主球与目标球的距离。首先,用高杆打极薄球。为了使红球被两个彩色球完全挡住,用高杆薄球打目标球,可使目标球受外力小而移动小,使目标球向底岸滚去;其次,用低杆打主球,使主球撞击目标球后稍向后退,主球碰岸后弹起停在两个彩色球前;最后,用中杆打击主球,力度稍大,使目标球碰岸后反弹至对面岸边,主球停留在原目标球停留处侧方。

(2)使主球贴岸。首先,当目标球贴岸时,用中杆击打主球撞击目标球的全部,使主球定在台边而目标球被击开;其次,目标球稍离岸边,用中杆或稍高杆击主球,撞击目标球全部,此时目标球碰岸后反弹出去,主球由于自身的上旋,稍向前跟进,贴到岸边。

(3)使目标球远离袋口。薄球时极容易造成目标球停在袋口附近,所以没有把握或没有必要时,不要轻易去薄球入袋。

(4)制造障碍球。

①反弹球做障碍。可以当目标球在顶岸边时,用中杆中等力量击球,撞击目标球的整球或厚球,使目标球撞岸反弹至对面台边;也可以在目标球与顶岸边有一段距离,用中杆稍高的杆法击主球,撞击目标球的全球或厚球,目标球碰台边反弹至对面台边时,主球稍微向前靠近台边;还可以在目标球与侧岸相贴时,为使主球和目标球向不同方向分开,用侧旋球去撞击目标球的侧面,使目标球经侧岸反弹至端岸,主球也经侧岸反弹至相反的端岸附近。

②薄球做障碍。可以在目标球在主球前,台中有若干球可以借助做障碍时,可以用薄击目标球的办法把目标球横向推进去一些,主球由薄击稍微改变方向,向台右侧岸边走去并可形成障碍球;也可以在目标球在岸端附近,用薄击球来做障碍球。可用高杆击主球薄击目标,目标球被薄击后向左侧移动,主球则向右侧碰岸两次后停在另一岸边,形成障碍球;还可以在目标球侧岸附近,用左偏杆打目标球的右侧,使目标球向端岸碰击后滚向对面的台边附近,主球则碰向侧岸,由于旋转的原因,主球向左侧反弹并行至侧岸附近。

③推进做障碍。可以在目标球在主球前面,而目标球前侧方有其他球时,用高杆轻击主球,厚击目标球,使主球在撞击后稍向侧前方滚动;也可以在选手击落红色球后,没有连续得分机会时,指定与主球较近的彩球为目标球,用中杆轻轻推进主球,使其与目标球相贴。

④低杆做障碍。当目标球前有其他球时,用低杆击主球,撞击目标球后向后缩,并藏于球后,形成障碍球。

第二节 棒球运动

一、棒球运动概述

据史料记载,现代棒球运动源于英国的板球(Cricket),而创于美国。板球于14、15世纪在英国盛行,并随着英国人开拓美洲大陆而传到美国东北部各地。所谓板球(Cricket),有的叫"圆球"(Rounder),有的叫"垒球"(Base Ball),有的叫"镇球"(Town Ball)。

1839年美国人窦布戴伊组织了在波士顿队和纽约队之间进行的第一场与现代棒球运动十分相仿的棒球比赛。同年,美国陆军军官道布尔戴在纽约州的库珀斯敦举办了首次棒球比赛。1845年,世界第一个棒球俱乐部在纽约成立,并由美国人卡特莱德为统一名称和打法制定了有史以来第一部棒球竞赛规则,并正式采用了棒球(Baseball)这一名称。1869年在美国成立了世界上第一个职业棒球队,1871年成立了全国职业棒球队。1992年棒球被列为奥运会男子比赛项目。

19世纪初,棒球运动传入欧洲,但开展的国家很少。19世纪20年代第1届世界性棒球比赛在英国举行。第二次世界大战后,受美国驻军的影响,意大利、荷兰、法国、西班牙等国都逐渐有所开展。

随着棒球运动规则的不断完善,棒球比赛在19世纪50年代起逐渐正规化,棒球运动的发展进入新时期。1865年美国棒球运动开始职业化。1869年成立了世界上第一个职业棒球队。棒球逐渐发展成美国的"国球"。

1936年,国际棒球联合会成立,总部设在美国印第安纳波利斯。1981年我国成为国际棒球联合会会员。1985年亚洲棒球联合会接纳我国为会员。1991年第16届亚洲棒球锦标赛在北京、天津举行。

迄今为止,棒球运动已在全世界五大洲的七八十个国家和地区开展。世界业余棒球运动的最高领导机构是国际棒球联盟。其总部设在美国,会员国已由20世纪70年代的50多个增至目前的63个。

随着世界交流的增强和美国影响力的提高,目前,棒球运动在世界其他国家和地区得到了很大发展。如今,美国棒球的普及和水平位居世界之首。古巴棒球水平也很高,曾多次夺得世界棒球锦标赛冠军,号称世界棒球五强之一。棒球水平较高的国家还有日本、朝鲜、菲律宾等国。

二、棒球运动的基本技术

(一)接球技术

接球技术是指防守队员用手套和传球把击球队员击出的球,或同队队员传来的高速运动着的球停住并保持在手中的防守行为和技术。根据球的运行特点,接球方法主要有接平直球、接地滚球、接高飞球等。下面简单介绍前两种。

1. 接平直球

动作分析:平直球是速度飞快、路线平直的球。高度在防守队员可控制的范围内,如接胸部以上的球,接球时手指向上;接胸部以下的球,则手指向下。接球时双手主动迎球,用戴手套的手掌接球,投手在手套的拇指后面保护,双手沿来球方向顺势回收,缓冲球速,双手把球握在手套里,然后向传球手的肩上移动,连接传球动作。接击出的球,要根据来球的方向,脚步要做相应移动,以使球能落到最好的接球位置——胸部正前方,来球高度也应以身体的移动来调整,来球较低时向前移动或下蹲,来球较高时则向后退或跳起来,双手高举接球。

2. 接地滚球

地滚球是攻方击球员击出来的球落地后继续快速向前滚跳的球。

动作分析:预备姿势是双脚开立接近肩宽,双腿下蹲左脚略靠前,这是为了接球后与传球的连接或防止球突然弹起,打伤接球人的脸部。接地滚球的队员多数都是内场手,除一垒手和投手外,都是由右手投球的选手担任,这是由于专项技战术的特点而决定的;左手投球的一垒手、投手或外场手,接地滚球的动作与右手投球的选手完全相反。接球时双手前伸迎球,用手套的掌心接球,同时传球手将球压入手套,双手缓冲回收到腹部,上体前压,双手向传球手的肩上移动,双脚垫步,前脚向传球方向伸踏,传球手将球从手套中取出同时握好球,经体侧向后引臂连接传球动作,将球传出。

(二)传球技术

棒球的握球方法:把球放在食指和中指的指根,该两指放在球体的上部,两指分开约一指宽,两指的第一指节前部要压在球缝处,拇指和无名指扶持球体下部两侧(图5-20)。

常见的传球方式有肩上传球、下手传球、侧手传球和正手传球4种。这里只简单介绍一下肩上传球。

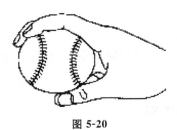

图 5-20

动作分析:右手传球为例,做肩上传球动作之前,要正面对着传球目标站立,两脚分开同肩宽,双膝微屈,不要挺立,左脚稍前,双眼正视接球队员的胸前,两手持球置于胸前。启动传球时要转身,传球臂要后摆,前导脚要有伸踏动作。启动传球时,以轴心脚作轴,身体向传球臂方向转动约90°。传球臂摆向身后,前导脚向传球方向前移,准备伸踏。这时身体保持稳定,两臂前后分展,球在掌下,侧面看,整个身体大体成"大"字形姿势。发力和传球出手应随着前导脚向传球方向伸踏落地,身体左转,前导臂屈肘,向左肩后收,带动传球臂从身后向身体右上方(体侧3/4部位)前送。待通过体侧线时,用力甩臂扣腕,将球在身体前上方传出。球出手时食指和中指第一指节压球缝部分要有向下拨球动作,使球传出。

(三)击球技术

动作分析:以右侧击球为例,击球时,击球员双手握棒,左手(击球时前导臂)在下,右手在上,两手并握,把棒放在右手指第三指节根部、左手指第三指节上,然后双手合紧,迅速伸踏前导脚,同时身体重心稍后移,持棒手稍后引。到投手球一出手,前导脚向前伸踏一步,形成准备发力挥棒的姿势。这时面颊贴在前肩锁骨上,双眼平视紧盯投球。在球到达半程前做出好球还是坏球的判断。挥棒时,身体重心由做轴的后脚迅速转移到前脚。这时,前脚基本挺直,后脚尖做轴内转,弯膝,脚尖蹬地便于发力,双臂则在棒击中球时挺直或呈"V"字形。击球时,棒击球的最佳部位在离粗端5~15厘米的地方。对内角球,挥棒要快些,击球点要前些,否则即便击中球,也在棒的细端,只能击出短而无力的球;对外角球,挥棒要慢些,击球点在本垒板上。

(四)投手投球技术

棒球比赛的开始、继续进行和每一个比赛局面,都是由投手的投球开始,投手投球的质量直接关系到防守方的防守质量,投手巧妙的投球,控制了击球员凶狠的击球,使击球员连遭投杀,又是一个精彩的看点。棒球比赛投手投球可分为正面投手投球和侧面投手投球两种。

动作分析:以正面投球为例,整个投球过程具体如下。

(1)准备姿势:正面向着击球员站立,轴心脚(右投投手为右脚,下同)踏在投手板上或踏触投手板的前沿(但不能踏出板侧),另一脚(即自由脚)可自由站立(但不能踏出板侧)。

(2)转体与提腿:启动投球时,下垂体侧的双臂随自由脚向投手板后移动,同时身体重心后移,体前双手合手上举由下向后引转体,提腿准备投球出手。

(3)伸臂与伸踏:投球臂向下摆并向后自然平伸,手背在上,球在掌下,前导臂前伸,自由脚向投球方向伸踏,形成箭在弦上、一触即发的"大"字形姿势。

(4)摔臂投球:投球臂迅速向前摆动与肩部时转髋发力,利用轴心脚的踏板作用将投球臂向体右侧前上方45°的地方投出。

(5)后续动作(随投动作):甩臂投球后要顺势将投球臂由右上侧继续摔到伸踏脚的膝盖附近。身体继续向前下压,并将轴心脚贴地向前拖动,稳定重心,双眼盯住击球员的击球,做好随投。

三、棒球运动的基本战术

(一)击球战术

棒球运动的击球战术是指击球员根据场上的跑垒员位置、局数、比分、投手投球、防守等情况,为达到战术需要所采取的击球策略与行动。

击球战术主要有长挥、短挥或触击击球;往左或右半场方向打球;拉打、推打或砍打;打成地滚球、平直球或过顶球;打出多大的距离等。

(二)投手战术

棒球运动的投手战术是指投手根据双方对手的水平及特点、场上具体情况,运用自己的技术和全队的配合,最大限度地遏制对方发挥水平而积极调动和运用本队专长,争取比赛胜利所采取的行动。

投手战术主要有对付击球员的有球战术(如使击球员摸不准投球的性质和规律,发挥不出击球水平,进而迫使击球员把球打到便于击杀的场区等),牵制、摘杀跑垒员的战术(如迫使跑垒员不敢离垒和偷垒、利用语言或行动造成跑垒员错觉而摘杀)等。

(三)偷垒战术

棒球运动的偷垒战术是指跑垒员依靠自己的判断和主动性,利用防守上疏漏和投手的动作,出其不意地迅速抢进下一垒位并获得成功的跑垒活动。偷垒能分散守队的注意力,成功的偷垒能影响守队的情绪,提高本队战斗信心,偷垒是主动进攻、避免造成双杀的有效办法。

偷垒战术主要有偷垒员与击球员配合;击球员掩护跑垒员,跑垒员与跑垒员配合;互相掩护,先后或同时达到偷垒目的等。

(四)触击球战术

棒球运动的触及球战术是指击球员不挥动球棒或用棒轻触来球,使球缓慢地滚入内场某一预定位置的击球。进攻队根据场上的攻守情况,借触击球以达到不同目的的进攻配合。

触击球战术主要有上垒触击,即击球员出其不意地利用触击,达到上垒的目的;或者牺牲触击,及击球员牺牲自己上垒的权利,而使跑垒员进垒的触击;还有在两人出局前而3垒有跑垒员时,运用触击使3垒跑垒员抢进本垒得分的进攻配合等。

第三节 门球运动

一、门球运动概述

门球是用一根形如木槌的球棒,击打自球,做通过球门、撞击、闪击、撞柱等动作的一种球类运动。打门球既像打高尔夫球又像打台球,不但规则简单、轻松有趣,而且可以激发脑力、锻炼身心,是一项经济实惠、老少咸宜的新运动。

门球运动从产生到现在,已经历了700多年的时间,在这700多年中,由于受到诸多因素的影响,门球运动的发展经历了由兴转衰、由衰转盛的历史过程。早在13世纪,法国的牧民们就用牧羊杖击打木球,使之通过草地上竖起的两根木棒的间隙。17世纪后,这种游戏先后传入英、美、意等国,并成了达官贵人的宫廷游戏。由于这种活动高雅文明,有益于身心健康,因而越发普及开来。第二次世界大战后,日本将其引进并改称为门球,至此门球成为一项体育竞赛项目。20世纪40年代末,日本铃木和伸先生曾把门球作为一种球类运动游戏在本国各大、中、小学推广,然而并无大起色。直到25年之后,当日本九州一带的人们把门球作为老人们的一种娱乐和健身的活动后,这项曾为人所淡忘了几十年的运动以前所未有的势头,迅速在日本开展起来。目前,门球运动已风靡日本,在巴西、美国、法国和加拿大等国也非常盛行。门球运动在日本的高速发展,对我国门球的开展也产生了深刻的影响。其实早在唐代,我国就有一项类似于门球的体育游戏——"槌丸"。"槌丸"当时流行于宫内,至宋、元两代已发展到鼎盛时期,并作为一种优秀的体育文化传到日本。而在20世纪80年代,日本将此项活动又反过来传入我国。1983年5月,日本的第一个门球使团到中国访问,他们向中国人传授了球艺。于是,门球开始传入我国。数年后,门球又被引进韩国、中国台湾、中国香港及新加坡等地。1985年9月,世界门球协会成立,当时的会员有日本、中国、韩国、中国台湾、美国、巴西、阿根廷、秘鲁、智利和巴拉圭等国家和地区。中国门球协会(CGA)于1987年成立,总部设在北京。同年,国家体委、中国老年人体育协会制定和颁布了我国第一部《门球竞赛规则》,确定了门球的地位。此后,北京、上海、天津、内蒙古等地方也相继成立了门协。1989年10月,我国加入世界门球协会,1991年5月又加入了亚洲门球联合会。2010年9月,第10届世界门球锦标赛在中国上海举办,来自澳大利亚、巴西、中国香港、印度尼西亚、日本、韩国、中国澳门、巴拉圭、菲律宾、俄罗斯、中国台北、美国和中国的13个国家和地区的92支门球代表队、728名运动员欢聚中国上海高东,而代表我国出战的福建省队、云南队、广东张溪郑二小学队和河南郑州永通特钢队包揽了本届世锦赛的前3名。这标志着我国门球运动的竞技水平已达到了世界之巅,在世界门球版图中有了自己的一席之地。此外,在我国高校,门球运动作为一项时尚休闲运动项目也得到了快速的发展。

门球运动是一项没有身体接触,注重个人竞技发挥,融艺术、趣味、观赏性为一体的休闲运动项目,它是技巧与智商的较量,它最大的特点就是讲究和谐。由于门球运动具有非常适合老年人的运动特点,在1985年刚传入我国时就在老年人中流行起来,迅速占领了老年人体育运动市场。但随着门球运动趋向竞技化,国内外门球大赛越来越多,门球运动对体力、智力的要求也就越来越高。因此,融阳光、草地为一体,同竞技、娱乐相结合的门球运动开始受到中青年的青睐,目前中青年在各项门球大赛中占据了"制高点",起到了主导比赛的作用。因此,可以说门球运动具有很广阔的发展和普及前景。时至今日,作为一项全民参与的健身项目,我国共有500万门球运动的爱好者,从城市到乡镇、村庄,全国共有4万片门球场地。而中国门球协会的各级团体会员达73个,覆盖了全国各地。随着高校门球教学的开展,我国的门球运动将会取得更大的发展,并将作为大众健身活动的主要项目而得到更大范围的推广。

二、门球运动的基本技术

(一)持棒技术

持棒是指队员握球棒的方法,它是门球技术的基础。持棒时要求队员全身放松,全神贯注,集中发力。持棒有半弓步持棒、半马步持棒和横蹲式持棒3种。

1. 半弓步持棒

两脚相错,一前一后,相距约20~30厘米。前脚尖要与球平行,间隔一球距离;后脚尖放在前脚的中心位置。两肩放松,两臂自然垂于体前;两腿屈曲,上体前倾,整个身体姿势成半弓步状态。左手紧贴右手全握槌柄,手心相对,两手背紧靠在膝关节处,槌头与脚平行将槌柄固定。

2. 半马步持棒

两脚平行,与肩同宽。两肩放松,两臂自然垂于体前;双腿屈曲,上体前倾,整个身体姿势成半马步状态。右手全握槌柄,左手以食指和中指尖顶住槌柄,并紧贴右手,手心相对,两手背紧靠在膝关节处,槌头与脚平行,持球棒固定。

3. 横蹲式持棒

两脚平行分开,与肩等宽。两肩放松,两臂自然垂于体前;两腿屈曲,上体前倾,整个身体姿势成蹲式。右手全握槌柄,以左手食指和中指尖顶住槌柄,并紧贴右手,手心相对,两手背紧靠在右膝关节处,槌头与脚尖成直角,持球棒固定。

(二)击球技术

击球是指队员握好球棒,以正确的身体姿势用槌头端面直接击打自球,使球沿一定方向滚动的技术。击球是门球全部技术的基础,其作用是为过门或撞柱得分,以及为队友送位接力等。击球的成败主要取决于能否正确把握击球点、目标、瞄准线、击球方向和击出方向以及击出距离等因素,其中击球方向和击出方向是主导因素。

1. 基本姿势

击球的姿势是多种多样的,要求姿势优美、动作潇洒、舒展大方、准确性高、有益健康。击球基本姿势与打法有以下几种。

(1)横向侧打

国际上大都采用这种击球姿势,适宜天然草坪场地,姿势具有力度之美,但美中不足的是横向瞄准难度大,中远距离撞击命中率不高。

(2)纵向侧打

纵式侧打,槌头置于两脚外侧,有两脚并立半蹲式,有前后拉开弓步式。目的是击球时不跨越击打方向线。因这种打法身体不协调,重心不稳,不利于瞄准,现在已很少有人采用了。

(3)纵向正打

纵向正打是我国独有的打法,这种击球姿势从技术动作构成看,姿势优美、动作协调、便于瞄准,是打沙土地、人造草坪场地首选的一种击球方法。但也存在不足:一是它发力主要集中在小臂并带动大臂,两手的用力大小和两手之间的距离都会对击球的稳定性产生影响。握棒偏下稳定性好,但视线不好。握棒偏上视线好但稳定性差。二是在击球的后拉、前送过程中,槌头很难保持在自球与目标的延长线上,也就是说很难打得准。下面对纵向正打的站位、握杆、瞄准、度力和击球这几个技术动作构成进行介绍。

①站位:两脚左右分开,与肩同宽或稍宽于肩,左右两脚尖和两脚后跟与自他球的延线距离相等,脚尖与自球约 30 厘米,两脚尖与自球成为一个小等腰三角形,与目标球成为一个大等腰三角形,身体重心在两脚之间,双膝微屈成马步。

②握杆:一般右手在下,左手在上,掌心向前,按握杆的部位分高、中、低 3 种,这种击球姿势,中握杆的占绝大多数。

③瞄准:一选点,二成线。选点就是选目标的瞄准点,成线是指 4 点成一线,即目标、自球、槌头前、后端中心点在一条直线上。在此基础上可采用延长距和缩距瞄准法。

④度力:根据场地平整度、干湿、沙子粗细和多少来决定力度的大小,以控制球的落点。

⑤击球:动作构成分为后拉、前摆、击球、顺势前送。后拉要慢,保持槌头在自他球的延线上,后拉距离要适当,一般在 20 厘米左右为宜;前摆方向准确,力度适当;击球时眼盯自球击点;顺势前送要度力,还注意不能左右摆动,如果完成击球动作后,槌头停在空中,应该不偏离自他球的延长线。

(4)槌头贴脚击球法

这种击球方法是在纵向侧打、纵向正打的基础上,加以改进,并经过试验总结出来的。主要动作有站位、握杆、瞄准、击球 4 项。

①站位:先找目标与自球连线的延长线,然后左脚向前,右脚与左脚成斜丁字步,身体重心在右脚。左脚尖与自球的距离要随目标远近而定,击近球以 10~15 厘米为宜。击远球适当加长。

②握杆:杆长一般在 95 厘米左右,右手在下、左手在上,右手心斜向左方,食指伸直,其余四指握杆,手心宜虚。左手自然握杆,手心斜向前方,虎口向下,两手距离随击球远近调整。

③瞄准:槌头贴在左脚内侧,槌头前端微翘起,适当超出脚尖。通过左脚做左右微摆,对构成击球方向线(即目标、自球中心、槌头前端、槌尾中心四点一线)的瞄准起微调作用。

④击球:击球前先试挥杆,即槌头贴脚做后拉前击动作。当确认槌头已沿击球方向线滑动无误后,将自球击出。击球的一瞬间,眼睛紧盯住自球的击球点,使槌头端面中心击在该点上,用力不要太猛。击球时的发力,近距离用腕力;中远距离用手腕和小臂发力,切勿用大臂发力向前扬杆。

2. 施力方法

根据槌头击球的发力方法,可分为5种。

(1)平打

槌头端面中心正打自球后部中心点,适合各种场地,是最普遍采用的打法。

(2)擦打

槌头端面中心擦击自球后侧部中心点,使自球产生左右旋转,适合压线球。

(3)勾打

槌头前端向下,后端向上,槌头与地面垂直,当槌头前端面接触球后,向后拖拉。适合贴门柱球的撞击球。

(4)压打

槌头前端向下,后端翘起,与地面夹角45°左右,击打自球后,由于地面的弹性,使自球产生跳跃,适宜打擦顶球等。

(5)挑打

槌头前端微微翘起,用槌头端面下部击打自球后的中上部使自球产生向前旋转,适合较粗糙的场地。

(三)撞击技术

撞击又称撞击球,是队员从实战出发,在规则许可的范围内,通过击打自球以碰撞他球的技术。撞击是门球比赛中必不可少的技术,也是组合各种战术的重要环节。打好撞击球的关键是正确瞄准、精力集中、摆幅宜小、力度适中、盯住击点、注重力型。

1. 正面撞击

击打自球撞击他球的正中点,瞄准时要求6点(即槌头与槌尾的中心点、球体前面与后面的中心点、要碰撞的他球球体前面与后面的中心点)在一条直线上。击球时要保证槌的稳定性,而且正好击打在自球的击球点上,这样才能保证自球在直线位置上撞击他球。

2. 擦边球

擦边球,实际上是瞄准点不在他球中心的撞击球。打擦边球关键要掌握好3点,即击球点、瞄准点和落球点。击球点是否正确,主要取决于击球时仍和正撞击一样沿瞄准方向线直线发力。瞄准点应根据两球距离、预定到达位置来选择。落点能否准确,在击球点正确、瞄准点精确的前提下,靠力度大小来确定。打擦边球时,两球运动方向的夹角总是小于90°。这是因为门球不是表面光滑的完全弹性小球,故两球侧碰撞后,场地条件不同(地面干湿度、沙粒粗细等),摩擦力越大,其夹角越小,再加上自球的旋转力,自他球距离远近等,都对两球滚动方向的夹角产生影响。因此,为了控制自球准确到位,或准确地打成角度双杆球,就要在理论瞄准点的基础上适当调整实际瞄准点。

3. 分球

在击球中,当自球正中撞击他球后,自、他球都在瞄准线上直线运动。自球偏心撞击他球后,自球与他球将按90°夹角分离运动,这种技术球为分球。在实战中,分球的基本作用是调位性进位,使自球落位于理想的续击球位。精确分球进位具有两杆球的作用和效应,而且比两杆球更简捷和灵活。分球是现代门球竞技中的基本技术。

4. 擦顶球

擦顶球是指槌头击打自球,利用地面的反弹力,使自球跳起来撞击他球顶部而过,落地之后继续直线前进,从而使自球到达预定的目标处进行攻击对方球的一种击球技术。

要打擦顶球,站位姿势主要有纵向跨打式、背向侧击式及正向侧击式等,每个人应根据自己的身体条件选用某一姿势。擦顶球的常用击球方法是压打法。即在自球的后上部,即球心水平线与球心垂直线之间,按所需角度槌头对准自球的球心,斜向下用力击打即可。击球角度要准确。擦顶球的成功与否主要取决于击球角度的准确性,因此必须掌握好"进角等于出角"的原理。"出角"是指自球被击打之后从地面跳起来的方向线与地平线之间的夹角。但并不是所有的"出角"都能打出擦顶球。无论自、他球相距近或远,擦顶球的最低撞击点应是自、他球连心线通过他球外缘的交叉点。若跳起的自球低于这个交叉点,自球就不可能擦过去,如果跳起来的自球高于他球的顶部时,自球则成为"越顶球"。击球力度要恰当。擦顶球的击球力度要比一般击球力度大,且要用"冲劲"。力度小不易跳起来,力度大则易越过去。这主要靠经验和手感来掌握。在击球时,一是要看自、他球之间的距离;二是要看目标的远近;三是要看场地的软硬度,因地制宜。

5. 跟球

跟球是指自球撞击他球后,自、他球基本上同方向同步前行的技术球。在所有的门球技术中,跟球算得上是一种最容易打的技术球。由于跟球的行程可以有效地能动自控,故在实战中越来越被人们所重视和利用。击跟球要注意以下几点。

(1)跟球的击点区域基本上与跳球相同,只是略为宽一些。为避免连击犯规,跟球的最佳击点应选在球体的上1/3处,同时禁止长行程挥杆法(击球后球杆继续沿击球方向前行较长的距离)。

(2)下杆速度要快要准,一定要斜向下砸。

(3)击球的力度应根据目标的进位距离和场地等因素综合考虑,准确把握。

(4)跟球击球点的确定应根据击球力度、击球方向进行调整和直觉把握。

(5)进攻的方向若不在自、他球的连线上,可适当反向偏击。

(四)闪击技术

闪击是自球撞击到他球后,自球、他球都停止滚动时,拿球、放球、击球直至脚离开球为止的整个过程。闪击击球是指放球后击打自球。闪击时,注意踩住自球不要打出去,他球被击出并要超过10厘米,否则都判为犯规。

1. 姿势和站位

闪击姿势可谓多种多样,但从总体形态、闪出方向、挥杆方式方法等方面略加概括,较多用的姿势和站位有下列几种。

(1)单手下蹲式

下蹲时,姿势力求低一点,左脚踩自球,右脚向后撤,直到有利瞄准为宜。操作时右手握杆下部(距槌头20~30厘米)。这种形式由于姿势低,击球点看得清,易击中,闪带力度小,撤杆短,误差少,稳定性或准确性好,成功率高。

(2)双手直立式

这种形式是起立横向瞄准,站立时保持上体正直,左脚踩自球,右脚略靠后,两脚距离约与肩同宽,双手握杆中部,两大臂挟紧,以确保闪带时的稳定性和准确性。这种形式,只要精心操作,按要领闪带无误,其成功率是相当高的。

闪击球的姿势,无论选取哪种,都要利于瞄准和挥杆闪击,并保持身体重心平衡稳定,动作协调灵活,还要力求体态优美,挥洒自如。

闪击的站位,服从于闪击姿势。横向侧闪,一般以左脚前伸踩球站位,右脚以不同步幅后撤。取低姿时右脚需以较大步幅后撤,取高姿时,后撤步幅宜小。纵向击打两脚前后拉开的幅度与横闪近似,只是左脚要以一定斜角踩球站位。

2. 基本动作

闪击的基本动作有"一拿、二指、三踩、四放、五瞄、六击",这是打好闪击球的要点。

一拿:凡撞击他球,待两球均停稳后,应迅速拿起被撞击球,快步走向自球。

二指:击球员要到侧向站位,与闪击方向成90°,然后明确指定方向(闪己方球除外)。

三踩:踩球是闪击技术必不可少的重要环节,要利于瞄准和出杆闪击,它关系到闪击的成败。须注意两点:一是踩球部位要适当,一般应把自、他两球踩在前脚掌下,并适当靠向脚尖,使脚尖与球边持平或稍前出,不宜踩在脚心之下;二是踩球角度取直角,踩球的脚在定位时,一般要求脚的中心线要与目标方向线垂直。纵向击打式则不能直角踩球,而是以一定斜角踩球。斜踩球如遇有障碍,也需根据障碍情况和可能,调整踩球角度。

四放:将他球放置于脚下,并将两球靠紧。为保持踩球的稳固,必然要施加压力。一般要求自球重踩,他球轻踩。

五瞄:基本瞄准法是自球、目标、他球"三点成一线"。假如槌头参与瞄准,则要再加槌头前端和后端的两个中心点,变为"五点成一线"。

六击:发力挥杆闪击,是完成闪击任务最为关键也是闪击技术最核心的最后一个技术环节。根据闪击他球落位的远近距离,掌握击球力量,挥杆击打自球,注意槌头中心线要与击球方向线一致,槌头要沿击球方向线直线摆动,击打在自球后部中心点上,若击球方位不正,则易将球闪偏。

3. 基本闪击技术

(1)闪带球

闪带球的姿势很多,这里主要介绍低位闪击带球法。

左手持球,右手握杆,面对自球一侧一步处站立,指示方向的同时目测自球与目标球连线的延长线,左脚向前,脚后跟先点地,用左脚大拇指勾踩自球2/3处,并使自球从脚尖前稍微外露,脚与延长线成直角,右脚向后方撤步,与目标球、自球的夹角成120°左右。两膝关节微屈,身体重心放低,槌头平放地上,槌头中心线与延长线重合,槌柄置于两腿之间,大臂内收,右手自然握杆,右肘依靠在大腿内侧,形成支点,他球放置在延长线上贴紧自球,形成目标球、他球、自球、槌头前后端成一条直线。瞄好准后,用手腕发力,击打自球后部中心点,闪出他球后,槌头中心线仍能重合于延长线上。这种闪击方法,闪击姿势低,易于瞄准,利于定型,稳定性好,能提高闪击带球的成功率。

(2)到位球

通过闪送或击打到符合战术要求位置的球称到位球。每个球的每次运动均达到预定位置,才能有效地进行攻防配合。到位技术是构成攻防阵形的基础,每一个球的每一次到位,都肩负着一定的战术任务。到位球可分为进攻型到位球、防守型到位球和配合型到位球。

到位球瞄准时,有目标,对准目标送,没有目标,假设一目标闪送。按预定落点,按五点一线要领认真瞄准。施力方法上,一般来讲,槌头摆幅大,击出距离远,反之则击出距离近。阻力小距离近,要减力轻击,以惯性为主击球;阻力大距离远,加力重击。一般击球,应缓发力、稳出杆,少用突出力、猛出杆。

(3)闪顶球

闪顶是完成攻防任务的一种技术手段,是撞击和闪击技术的巧妙运用和发展。闪顶手段的广泛运用,使攻防更加简捷快速,绚丽多彩,促进了门球艺术性观赏性。闪顶原理同闪击,只是要求更精确,技术难度更大。因此,选准瞄准点和撞顶点,控制好力度至关重要。

(五)过门技术

所谓过门,就是指队员通过击球,使球体穿过球门的技术。过门是得分的主要手段,也是胜利的重要步骤。过门时,必须做好击球动作,在两个球门柱之间选择好目标,确定瞄准线与击球点,击球过门。过门技术有以下几个要点。

1. 瞄准角

由球心向两根球门柱作射线,所成的角叫瞄堆角。瞄准角为180°时,球心到球门线的距离为0米(若球心超过球门线,可略小于0米)。随着距离加大,瞄准角减小。由于球门是固定的,所以在不同角度过门时,只要瞄准角相等,难度就相等。而距离相等时,瞄准角不等,难度也就不等。

2. 过门角

在不同角度过门时,球门线与球门线中点到球心连线所成的角叫过门角。不同过门角的难度可以按下列方法去考虑。由球门柱两边各做一条与球门中心到球心连线的平行线,这两条平行线间的都是可过门角。

三、门球运动的基本战术

(一)开局战术

开局的战略思想重在布阵。观现场,看双方,该进则进,该留则留,该冲则冲,该占则占;相互结合,攻守相兼。

1. 开局基本原则

(1)针对性原则,即针对场地,针对对方教练员的战术能力和队员技术水平布阵。
(2)抢占要位原则,即尽量抢占要隘,挤压对方。
(3)不失联系原则,即利用球门、结组、制角或靠边角,分散而不失联系。
(4)灵活性原则,即不拘一格,灵活机动,勇于创新。

2. 开局战术方法

(1)先攻球抢占二门一号位。
(2)先攻球抢占二门零号位。
(3)先攻球冲二门。如果冲进二门,抢占四角或三门,如果冲不进,后续红球再冲二门。
(4)先攻球抢占双门。
(5)后攻球抢占一角。
(6)后攻球抢占三门。这是一种后发制人的战术。
(7)后攻球二层占位。所谓二层占位,是指先攻方占二门一号位,后攻方到二门后二线边占位,距二门零号位4米左右。二层占位的特点是以守为攻,后发制人,而且相对隐蔽,有较大的灵活性和机动性。
(8)四角结组战术。四角结组战术是在开局阶段,投入部分兵力,尽可能大地控制球场区域与局势而又减小被对方攻击的一种打法。这种打法的战略思想是以守为攻,蓄势待发。通过制角或在边角造双杆夺取场上主动权,是稳妥、务实的一种战术方法。
(9)综合型开局。这是一种机动灵活的开局,采用进、留、冲、占相结合,这种开局有若干种战术组合,总的目的是合理布阵,控制要位,蓄势待发,力争主动。

(二)中局战术

中局重在夺势,比赛双方都力求通过进攻和防守,实施各种战术方法和技巧消灭对方有生力量,取得场上主动权,为进入残局做好准备。中局阶段要正确分析场上态势、进门和比分情况,才能决定采用什么样的战术。

1. 保持优势的战术

在具有优势时,可采用多种战术连续打击对方,消灭对方有生力量,确保优势的持续,继续争取主动。

(1)打好撞击球

中局阶段要保持优势,打好撞击球是最基本的要求。撞击球是一项基本技术,同时又是一项战术。撞击球可细化为远距离撞击、近距离撞击、撞击边线球、撞击调位等。一般来讲,在大体相等的条件下,近距离撞击的顺序是先易后难,先近后远,先门前后门后,先向场内后向边线,先强手后弱手,先关键后一般。只有灵活掌握了这些要点,才能抓住主要矛盾,才能稳稳控制住局面。撞击调位球是一项高难度技术,同时包含了更深层次的战术。撞击调位,关键在调位,是通过撞击他球,使自球到达预定的战术位置。

(2)利用好撞顶和闪顶

随着门球技术的提高,撞顶和闪顶技术已被广泛采用。它不仅是一项实用技术,而且战术作用也是不容忽视的。如能巧妙运用这一技术,它能完成其他战术手段所不能及的任务。无论撞顶与闪顶,要视其位置而定,主要看距离和角度是否合适,并要注意掌握恰当的力度。闪顶时,有多个靶球可供选择时,要考虑闪顶之后,靶球能否被我方下号球收走,或能否为下号接上力,靶球轮及时能否进门等因素。

(3)充分利用闪带球

闪带球实用价值很高,有些边边角角无法撞击的球和关键的球,都可以用闪带球来解决。但运用闪带时,也要权衡利弊,选准闪带目标。

(4)利用好双杆球

双杆球威力大,攻击能力强。双杆类型主要有球门双杆、角度双杆、调位双杆。打双杆球关键是用好双杆球,要发挥双杆球的最大威力。这就要找准主攻的目标。

2. 相持局面的战术

在平淡的局势中,要善于发现对方薄弱环节,寻找有效的突破口,采取早制角、早摆双杆、早出击、先发制人夺取优势,切忌消极防守,失去战机。

(1)要善于捕捉战机

战机是战斗的时机,要捕捉战机,首先要认识战机,其次是抓住战机。战机稍纵即逝,要及时果断地采取各种技战术手段,谋取优势,扩大战果,直至取胜。

(2)创造和利用好王牌球

王牌球就是场上经过派遣的绝对先手球,是威力较大的战术球。要发挥王牌球的威力,就要不失时机地创造王牌球。创造王牌球有以下几种方法:

①造击次(打出)王牌球。凡是对方没有缺号的情况下己方在一个或数个击次内所造打的王牌球,称为击次王牌球。

②造层次(预造)王牌球。凡是对方一个以上的球在界外,己方经过合理而妥善的调度,所形成的王牌球称为层次(预造)王牌球。

③造轮次王牌球。凡是一方出现固定缺号球之后,另一方经过合理调度,使每轮次都能形成的王牌球,叫轮次王牌球。

(3) 打好抢位球

根据战术需要抢占场上有利位置,具体抢占哪些位置,不仅要看场上的态势,而且要看双方进门情况和界外球分布情况,还要掌握好抢位的时机,并控制好落点。

(4) 运用好结组球

两个以上相联系的球叫结组球,根据球的多少和顺序形成若干种组合,比赛中要运用各种手段谋求多种组合,形成有力的配合。

(5) 运用好保护球

比赛中球与球之间的联系是十分重要的,它不但能有效地组织战术攻击对方,而且相互之间还能起到保护作用,免遭对方攻击。保护球战术是门球战术中最基本的一种,常见的有几种形式:相邻号的保护、利用球门作保护、结组球的保护、双杆球的保护和擦边球保护。

(6) 打好擦边球

擦边球是重要的战术手段。只有打好擦边球,才能打好调位球、技巧球。教练员和击球员要有强烈的制角、擦边意识,掌握好时机,不放过任何一次擦边奔袭机会。

3. 转化劣势的战术

当己方处于劣势时,尽量在边角压线、占位防御,或利用远射突袭。利用冒险战术,孤注一掷,以及用引诱手段,使对方达不到主要目的。在运用这些战术手段时,关键是掌握好时机。

(1) 压好线,占好位

压好线占好位,这是在劣势时最基本的战术方法。

压线时要注意几个问题:一是在有对方球的边线压线,一定要压好线,使对方打掉你失去续击权;二是对方把本队多个球从一处闪出界,不要全部在此压线,以免造成更大损失;三是远离对方群球处压线。

被动时的占位要以防为主,要避开对方将要选择的重要位置,要避开对方进门后可能攻击到的位置,要抢占边角或对方不能兼顾的位置。

(2) 抢制角摆双杆

只要有机会,就要不失时机地先于对方制角、摆双杆,一旦成功,将扭转败局。

(3) 适当远距离撞击

战局错综复杂、千变万化,教练员在组织远撞击之前,要权衡利弊,迅速作出决策。

(4) 吸引

吸引战术,一般是我方较被动的情况下,为了某种目的,而采取的一种积极战术手段。主要是吸引对方远离攻击我主要目标的目的。

(三) 残局战术

残局是中局的延续,是全场比赛的关键。残局的战略思想是重在谋胜。一般来说,残局时,优势勿粗心,更应稳扎稳打,莫给对方可乘之机;劣势不灰心,切忌急于求成,巧攻方能制胜;均势须耐心,抓战机出奇兵,以求反败为胜。

1. 全盘运筹

教练员要围绕着如何谋取胜利来运筹残局,到比赛还剩5分钟时,就要谋划残局怎么打,可能几号收杆,是胜还是败。运筹全盘时要不断权衡利弊,找准主要矛盾,选准主攻目标,达到得势又得分。随着局面的不断变化,还要分析双方得分球与不得分球,本队得分球尽力保护,对方得分球全力攻打。此外,还需控制好节奏,巧妙组织收杆球。

2. 尽力多抢分

抢分是残局阶段始终贯穿的一条主线,一切战术都要围绕抢分来谋划,自己多抢分,阻止对方少得分,因为比赛的胜负最终是以得分的多少来决定的。分值还有不等性,如抢同等的分数应先抢三门和柱。

3. 运用好时间

比赛中灵活运用时间,该抢则抢,该拖则拖,掌握好节奏,是取得胜利的重要环节。抢时,一般是在被动情况下,通过加快节奏,不打无关的球,抢出几秒钟,使某球能够轮及;拖时,一般是在较主动或相持的情况下,为了确保胜利而采取的一种战术手段。

4. 打好收杆球

打好收杆球不仅是个技术问题,还是严谨的战术问题。收杆,从宣布比赛还剩5分钟后就要有大概的估计,直到最后3分钟时,根据场上态势,基本确定谁收杆。优势时,可以靠球的过渡,来达到我几号球收杆,不让对方某号收杆;劣势时,要通过加快击球节奏和减少击球,来达到某球收杆,可多得几分而达到取胜或少输分。收杆是有计划、有目的的战术行动,不能随便任其发展。能不能收杆,收杆质量如何,要靠队员恰到好处的击球节奏,稳定的技术发挥,教练员果断而灵活的指挥,各种战术的综合运用等方面的最佳结合。

第四节 保龄球运动

一、保龄球运动概述

保龄球是一种在室内木板球道上用球滚动来撞击木瓶的体育运动,它集竞技、休闲、娱乐、趣味于一体,既可进行比赛,又可自娱,适合于不同性别、不同年龄和不同社会阶层的人士参与,且不受时间、气候等外界条件的影响,成为人们锻炼身体和休闲娱乐的绝佳选择。

保龄球最初叫"九柱戏",起源于公元3—4世纪的德国,它是当时欧洲贵族间一种广为流行的高雅游戏。不过,它首先被作为教会仪式的活动之一,人们在教堂的走廊里放置9根柱子(象征着叛教徒和邪恶),然后用球滚地击倒它们,叫做打击"魔鬼"。马丁·路德为保龄球的普及和发展开创了新的一页。他首先在德国创立了9只球瓶的保龄球标准模式。14世纪,九柱戏成了德国民间广为流传的一项体育运动。17世纪,它逐渐由德国流传到了比利时、荷兰、奥地利和英国等地。

1626年,荷兰移民尼加·保加兹把九柱戏带到了美国。19世纪初期,它在美国被认为是一种赌博的游戏而被取缔,但后来经过改头换面,将原来的九柱球瓶增加了一只,又把菱形排列改变成三角形排列,从而巧妙地躲避了禁令的限制,使之延存下来。到了19世纪中期,改过的"九柱戏"被称为"十柱戏"并冠以"保龄球沙龙"的美誉,演变成一种高尚的娱乐活动而被广大民众所接受。

1875年,美国纽约地区9个保龄球俱乐部的27名代表组成世界上第一个保龄球协会,这个组织为保龄球的进一步普及和发展作出了两大贡献:一是规定了球道的距离;二是决定了球瓶的大小,从此保龄球运动得到了规范和统一,为以后的技术交流和发展奠定了基础。

1895年9月,保龄球总会(ABC)在纽约成立。规定将保龄球瓶排列为正三角形,并规定了标准的保龄球直径的大小。从此,保龄球运动成为一项正式的体育项目。1901年在芝加哥的维鲁巴克大厦保龄球馆举行了第一次比赛。此后保龄球活动蒸蒸日上,并跻身于大雅之堂。随后在美洲、欧洲以及亚洲各地流行。

1952年1月27日,国际保龄球联合会(FIQ)在德国汉堡成立。其总部设在芬兰的赫尔辛基,它以奥林匹克精神为宗旨,提倡和推进了这项运动的发展。1954年举行了第1届世界锦标赛,自1963年开始每4年一届,迄今为止已经举办了15届。1964年举行了第1届世界杯赛。1968年举行了首届亚洲锦标赛。1974年保龄球项目被列为亚运会正式比赛项目。1988年第24届汉城奥运会上,保龄球被列为表演项目。1992年,第25届巴塞罗那奥运会首次将保龄球列为正式比赛项目。1996年亚特兰大奥运会上,保龄球即成为示范表演项目,并争取成为奥运会正式比赛项目。

在中国,保龄球运动起步较晚,直到20世纪初期才传入我国。尤其是在20世纪80年代以来,全国各地保龄球场所纷纷建立,保龄球运动也逐渐开展起来,并为大众所接受。由于起步较晚,我国的保龄球运动水平与世界强国相比,差距较大。1985年5月,中国保龄球协会成立。为了尽快提高我国保龄球运动的技术水平,自1986年后,国家每年举办全国锦标赛、"AMF"精英赛和全国青年锦标赛。1987年,中国加入世界保龄球联盟。截至1997年底,我国的保龄球球道已突破1 000条。1998年,我国成为德、美、日之后世界第4大保龄球国。

保龄球运动具有娱乐性、竞争性、趣味性和技巧性等特点,对人体的四肢、心肺功能的健身功效是显而易见的,它可以锻炼身体各部位的协调性,打保龄球只要姿势正确,全身200多块肌肉都能得到锻炼。在一定程度上来讲,保龄球运动还是消除学习和工作压力的最佳运动方式,它有助于陶冶情操,提高人的心理素质,锻炼人的意志,培养勇敢顽强、遵守纪律、团结协作、勇于奋进等优良品质。同时,保龄球还有助于促进社会交际,备受人们青睐。由于是室内活动,不受时间、气候等外界条件的影响,也不受年龄的限制,易学易打,所以它成为男女老少皆宜的健身运动。

二、保龄球运动的基本技术

(一)握球方法

握球也称"持球"。握球时,双手放在球的左右两边,将球从回球机上捧起。左手靠左腹把球托住,右手的中指和无名指插入指孔,再把大拇指深插进拇指孔;手心贴着球弧面,把球牢牢握住。根据技术打法的不同,主要有以下 3 种握球方法。

1. 传统持球法

传统持球法即中指、无名指插入指孔后,第一指节至第二指节皆没于指孔内的持球法。这是目前最通用的方式,由于控球容易,因此是初学者及力量较弱女性的最佳持球法(图 5-21)。

2. 半指节握球法

半指节握球法是将中指和无名指伸入指孔到第一指节和第二指节之间。这种握球方法容易投出转速较快的飞碟球及曲线球,同时更能体会保龄球的趣味性,这是半专业的球员常使用的方法(图 5-22)。

图 5-21

图 5-22

3. 满指节握球法

满指节握球法是将中指与无名指第一指节伸入指孔,然后再将拇指伸入指孔。这种握球法摆动费力,容易增加两指指端的负担,很难控制球,但能投出转速很快的大曲线球,较适合于有经验的高手,是职业球员在比赛时所采用的握球方法(图 5-23)。

(二)持球

1. 持球手型

保龄球有手腕挺直、手腕向内侧弯曲或手腕向外侧张开 3 种持球手型(图 5-24),这 3 种姿势将决定投球的形式。绝大多数球员采用前两种姿势。但无论是挺直、弯曲或张开,姿势必须始终如一,绝不能因推球、摆球等动作而中途改变持球的形式。

图 5-23

图 5-24

2. 持球姿势

(1)设定站立点。以 4 步助走为例,在犯规线前背对投球方向向前跨出 4 大步,然后再跨出半步的滑行距离。在这个点上向后转,并依据自己的打法,向左或向右移动,以此确定站立位置的标示。

(2)持球站立。将球从回球机上捧起,走到设定的站立点上。脚尖对准瞄准标示点,双脚稍微并拢,使脚尖和瞄准点的连线与右肩整个摆动线平行(图 5-25)。这个设定位置站立好后,左手托住球,右手的中指和无名指插入指孔,大拇指插入拇指孔,手腕伸平,手心贴着球弧面,牢牢握住球。手臂与腰部尽量靠拢,手臂与肩膀成 90°角,球的位置在腰与肩之间。握球力右手为 60%,左手为 40%。两肘紧靠腰部,上身稍微弯曲,腰部挺直,两膝微屈,眼睛瞄准目标及目标线,两肩水平正对目标,集中精神,准备投球。

图 5-25

(三)投球

1. 推球

以右手 4 步助走投球为例,在设立位置站定后,眼睛直视目标箭头,身体重心移到左脚。右脚起步的同时,双手将球向着瞄准点平直推出,上臂与前臂约成 45°角,左手离球向外侧运动。脚尖、推出的球与目标箭头在一个平面上(图 5-26)。

2. 摆动

保龄球的摆动动作是依照钟摆的原理,在体侧做一个前后的摆动(图 5-27)。要求手臂和肩膀不能摇晃;手肘绝对不能弯曲;后摆要低,保持与肩同高的自然后摆高度;与瞄准点保持一种直线式的摆动方向;整个摆动行进过程要流畅。

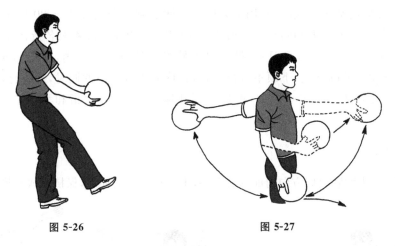

图 5-26　　　　　　　　　图 5-27

（1）直下摆:当第一步完成的同时,已推出的球依自身的重量自然向下坠落,左脚紧跟跨出稍大一步,左手继续外展。当持球手臂下摆至摆动曲线的最低点位置时,平稳地完成第二步（图 5-28）。

（2）垂直后摆:当第一步完成的同时,握球的右手在球的重力及惯性作用下,从垂直下摆过渡到后摆,此时右脚应向前跨出第三步,左手继续外展（图 5-29）。

图 5-28　　　　　　　　　图 5-29

（3）垂直前摆:第三步完成,球在重力作用下向前回摆,此时应跨出左脚并滑行 20～40 厘米,在距离犯规线前 5～7 厘米处,滑行动作完成。右脚向左后方伸出,左手向外侧平伸（图 5-30）。

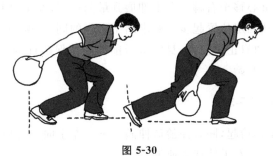

图 5-30

3. 投球

当身体自然向前滑步完成时,利用重力球垂直回摆到距犯规线 15～20 厘米处的高度,此时手腕不做任何人为的加力和转动。大拇指在 10 点钟位置,中指和无名指在 4～5 点钟位置顺势把球往目标箭头送出(图 5-31)。投球要求始终保持身体的平衡,两肩与犯规线保持平行;眼睛要直视设定的瞄准点,下颌不可往上抬;在依靠手臂力量的同时,还应合理动用全身的力量来投球;当球到达一个定点以后,拇指先离开球孔,然后靠中指和无名指来做球的旋拉动作。

4. 延伸动作

投球出手后,手臂随出球方向向前垂直上举,上身充分向前伸展,保持投球姿势(图 5-32)。

图 5-31　　　　　　　　　　图 5-32

(四)摆动助走

保龄球的助走可分为 3 步助走、4 步助走、5 步助走 3 种。以右手投球为例,介绍一下最常用的 4 步助走投球法。

1. 第一步——右脚(图 5-33)

(1)持球时身体重心放在两脚上。重心移向左脚时开始起步。
(2)右脚完全离开地面,左腿支持体重,保龄球慢慢地前伸出。此时左手未离开球。
(3)右脚悬在空中,左手准备离开保龄球。
(4)右脚落地,身体重心移至左脚。右手伸展到最前位置,左手离开保龄球。

要点在于要自然地从固定位置起步。要求踏出右脚的同时,两手持球向前伸出,比平常的步幅要小,平稳地滑出。两肩正对前方,身体微微前倾。持保龄球的要领是不用力,向前伸满后,保龄球自然下落,摆动开始。

2. 第二步——左脚(图 5-34)

(1)第一步完成时左脚抬起,同时保龄球伸满落下。左手向侧方伸展。
(2)左脚完全离开地面,右手持球加速下落。

(3)左脚着地时保龄球应下落到最低点,并与身体的中心线成一条直线。

该动作的重点是利用保龄球的重力自然下落。不可加力下落,步幅比第一步要稍大。保龄球下落时身体重心移到右脚,此时开始迈出左脚。左手离开保龄球,在球下落开始时向身侧摆动。左脚落地后,右手臂应伸直,保龄球下落到摆动弧线的最下方,和上身成一条直线。两肩保持平衡。

图 5-33

图 5-34

3. 第三步——右脚

(1)右脚踏出,保龄球移向身体后方。保持左手平衡,逐渐向左侧、向上方展开。

(2)在右脚快落地时,后摆达到最高位置,与肩头齐平。第三步比第二步步幅更大,速度更快。

(3)右脚完全落地,左脚即将抬起。上身稍向前倾。一切即将进入最后阶段。此时保龄球后摆到最高位置,在下落回摆时,有一个定格停顿的时间。左手充分扬起。

该动作自然后摆最重要。最高点应和肩头一样高。后摆过高,虽然可以加大投球的力度,但这会造成第四步不适当地加速迈出,从而破坏身体平衡。动作要求有:保龄球继续由身体的中心线部位向后摆动,此时第三步右脚大步迈出。由于球的后摆,上身自然地前倾,身体重心前移。球摆的高度,要达到和肩平的状态。后摆时,需伸左手来保持身体平衡。

4. 第四步——左脚(图 5-35)

(1)后摆到最高位置时进入第四步。这时左脚顺势朝前迈出,右手持球迅速下落。

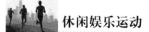

(2)在略有前倾的姿态下,左脚尖着地。注意一定要脚尖先落地,此时进入滑步,右手持球下落到最低位。

(3)滑步徐徐前进滑行20～40厘米。在出手线处保龄球出手投出。

(4)滑步停止在犯规线前。保龄球出手后,右手自然顺势继续上扬高过头顶。两眼直视目标,身体重心完全移至左腿,右腿到身后与左腿交叉。左手由身体左侧移至身体后方。

要注意,保龄球出手后才是滑步与收势。后摆到达最高位置后,改向前回摆。此时第四步左脚迈出。第四步分落脚与滑步两个部分。第四步是左膝微屈迈出,这有利于降低身体重心,准确地出球。在球下落到最低位时左脚落地,身体重心在左脚,右脚滑到身体左后方。当体重全部移到左脚后,由于摆动和助走的原因,左脚会有20～40厘米的滑步。

图 5-35

5. 滑步——左脚(图 5-36)

(1)滑步在第四步右脚尖落地后开始,到犯规线前结束。
(2)滑步时右手持球到最低位置,保持此姿势一瞬间,以最稳定的状态进行出手投球。
(3)在出手线处投球。
(4)在犯规线处停止,结束。

滑步时,身体重心全部移至左腿,左膝稍弯曲,成弓型。右腿交叉于左腿后,左手横向侧后方,维持好身体平衡。

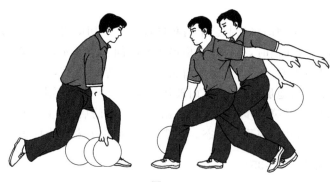

图 5-36

6. 出球

(1)步法正确,不绊自己的脚。
(2)后摆正确,一定要垂直向后摆,才能直向投出。
(3)屈左膝关节,右手低位托送保龄球,滑步前进。在保龄球送到出手线前的同时,保龄球到左脚踝骨处,此时球出手。
(4)出手时根据各个选手的不同投法运用不同的翻腕动作。

出球要点:除直线球之外,曲线球、弧线球、飞碟球等都要有一个飞速的手腕翻转动作,要点是"快""准"。保龄球在出手线前的 5 厘米处出手为宜。球在犯规线后约 15 厘米处落地,此时身体重心降到最低位。球用腰、肩,用全身的力气顺势投出。出手时拇指先离球,然后中指、无名指同时离球。在三指同时离球的瞬间,手腕做旋转动作。

7. 收势

(1)收势是出手后的动作,也是整个行动的终结。
(2)收势是出手投球的延续。完整的收势说明投球是正确的。
(3)好的收势有以下 6 个重点,缺一不可。
①左腿微屈,身体重心在左腿。
②两眼直视滚动的保龄球奔向目标。
③右脚在身体后方轻交叉于左腿后。
④左手在身体的另一侧扬起,偏向身后以维持平衡。
⑤上身稳定地挺立站住。
⑥右手高扬过头,成敬礼状。

知识拓展

保龄球重量的选择标准

1. 球的选用
保龄球的重量基本上从 6 磅到 16 磅,11 个级别。
2. 简便的选球标准
6～7 磅 小学生
8～9 磅 中学生
10～12 磅 女青年
13～14 磅 男青年
15～16 磅 中、高级球员
3. 以体重 1/10 为依据的选球标准
40～49 千克   10 磅
50～54 千克   11 磅

55～59 千克　12 磅
60～64 千克　13 磅
65～69 千克　14 磅
70～74 千克　15 磅
75 千克以上　16 磅

第五节　高尔夫球运动

一、高尔夫球运动概述

高尔夫球是一项古老的贵族运动，它起源于 15 世纪的苏格兰，迄今为止已有 500 多年的历史。早期的高尔夫球，因受场地、器材等因素的限制，多在王公贵族中进行。随着社会的进步和经济的发展，人们对精神生活的追求越来越高，高尔夫运动的参与者越来越多。到了 20 世纪，高尔夫球运动迎来了新的纪元，高尔夫球具的革新、比赛规则与制度的建立、国际性赛事的开展以及高尔夫球场管理水平的提高，都极大地促进了高尔夫球运动的发展，也为这项古老的运动注入了新鲜的血液和活力。

从 1457 年开始，高尔夫运动逐渐被欧洲人带到世界各地。17 世纪，高尔夫球运动被带到美洲，18 世纪高尔夫球运动传入英国，19 世纪 20 年代又传入了亚洲，最后又传入了非洲。高尔夫球运动风靡到世界各大陆，并发展成为当今人们所熟悉和喜爱的体育休闲运动。世界各地高尔夫球竞赛繁多，主要赛事有：美国高尔夫球公开赛、美国职业高尔夫球锦标赛、美国职业高尔夫球名人赛、英国高尔夫球公开赛、英国业余高尔夫球锦标赛、世界杯高尔夫球赛。国际性赛事的开展极大地促进了高尔夫球运动的普及，赛事的开展为不同国别的球手创造了同场竞技的机会，使这项地区性的体育运动走向国际化。

高尔夫球传入我国是在 1896 年，其标志是中国上海高尔夫球俱乐部的成立。高尔夫运动在我国发展迅速，到 2014 年止，沃尔沃中国高尔夫公开赛已成功举办 20 届，吸引了众多高水平选手的参与，我国选手也在比赛中发挥出色，取得了不错的成绩，其中，我国选手程军获得了 1997 年的冠军，张连伟获得了 2003 年的冠军。

高尔夫球运动植根于大自然，又亲近爱护大自然，既文明高雅、动作优美，又能怡心健体。打高尔夫球时，每次击球前都要细心琢磨挥杆击球的幅度大小、力量及其方法，凝神协调全身各部位的用力，奋力打向心中的目标。高尔夫球运动不仅是一项单纯的体育活动，同时还是一项产业，更是一种文化，一种社会地位以及个人奋斗成功的象征。它既是人们现代生活中休闲交往的方式，促进身心健康的手段，又是提高思维能力、增长智慧的文明活动。通过参加高尔夫球运动的锻炼，人们不仅能提高身体素质，增进健康，还可以磨练自己的毅力和韧劲，培养良好的意志品质，修身养性，陶冶情操。

第五章 时尚与新型休闲球类运动

知识拓展

高尔夫球的构造与外形

高尔夫球是用橡胶制成的实心球,表面包一层胶皮线,涂上一层白漆。球的直径42毫米,重46克。高尔夫球从结构上可以分为单层球、双层球、三层球、多壳球;从硬度上可以分为硬度90~105、硬度80~90、硬度70三种。球棍长约1米,棍的末端可以是木制的,也可以包一层铁皮。比赛一般分为单打、双打、1对2、循环赛等。比赛时,运动员在开球区依次用球棍击出各自的球,然后走到球的落点处,继续击球,直到把球击入洞内。谁用最少的次数把球击入所有球洞,就获得胜利。

高尔夫球表面有意制造了许多的凹痕。高尔夫球的形状是空气动力学研究的成果之一。这与球体绕流(即绕球体的流动)的湍流转捩及分离流现象有关。光滑球体绕流时,湍流转捩发生得晚,与湍流对应的规则流动称为层流而层流边界层较易发生流动分离现象(即流线离开球的表面),造成球体背后较大的死水区,产生很大的阻力(形阻),使高尔夫球飞行的距离很小。而球体表面有凹痕时,凹痕促使湍流转捩发生,湍流边界层不易发生流动分离现象,从而使球体背后的死水区小,减少了阻力,使高尔夫球飞行的距离增大。湍流的摩阻比层流要大,但与形阻相比,起的作用很小,总的阻力还是变小了。高尔夫球表面的小突起,也能起到促使分离的作用,但突起对流动的干扰有些难以控制,造成一些侧向力(也可以叫升力)。球体规则绕流是没有升力的。旋转会产生升力。合适的升阻比使飞行距离增大。不同的旋转方向会造成"香蕉球"的效果。另外,高尔夫规则规定高尔夫球不得被设计、制造或有意更改为具有不同于球体对称性球的特性。

二、高尔夫球运动的基本技术

(一)握杆

1. 重叠握杆法

将左手掌贴于球杆握柄处,手背正对目标,使球杆握柄从食指的第二关节起斜向通过掌心,以小指、无名指和中指将球杆握在小鱼际和小拇指指根间,食指自然收拢握住球杆。拇指沿球杆握柄纵长自然伸出,压按在握柄正中稍偏右侧,拇指与食指指根形成"V"形,其尖端指向颈部右侧与右肩之间。右手掌张开,掌心正朝向目标方向,紧贴在球杆握柄的右侧方,使握杆的纵长从食指第二关节开始通过中指与无名指指根,小指勾搭在左手的食指与中指间隙上,手指收拢,握住球杆,食指呈钩状弯曲,大鱼际包在左手拇指上,拇指与食指指根形成"V"形,其尖端指向颈部右侧。这种握法被普遍使用(图5-37)。

2. 连锁式握法

左手手型同重叠式。握杆时,右手的小指插入左手食指与中指之间,与左手食指勾锁在一起。其特点是两手连锁在一起,容易产生一体感,且有利于发挥右手力量,但掌握不好会使左手食指翘起,反而破坏双手的整体感。此握法主要用于手掌较小或力量较差的女球手(图 5-38)。

3. 十指式握法

两手手掌相向,但不重叠,用十指握住球杆,类似棒球握棒方法。右手的小指与左手的食指相贴。其特点是球手能够很好地利用右手手臂力量。但由于左右之间没有任何交叉和勾搭,不易保证双手的一体性,易导致过于使用手腕,故不利于保证球的方向性。此握法较适合于手掌较小、力量差者,高龄者及女球手(图 5-39)。

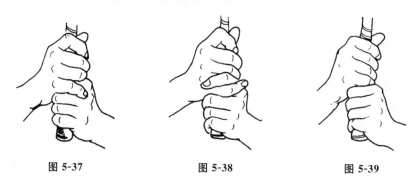

图 5-37　　　　　　图 5-38　　　　　　图 5-39

(二)击球姿势

1. 脚位

指球手准备击球时两脚的站立位置,具体有以下 3 种。

(1)正脚位

正脚位指球手两脚尖连线与准备击球路线平行的站位方式(图 5-40)。全力击球时,无论使用哪一种球杆,均可采用正脚位。采用此脚位,球手的腰、肩、手均与目标线成平行状态,它适用于任何一种球杆。

图 5-40

(2)开脚位

开脚位指球手左脚略后于右脚的站位方式(图5-41),适用于短铁杆击高球或有意打右曲球。采用这种站位而球杆杆面正对击球方向进行挥杆时,由于引杆时左肩不易向内扭转,而在下挥杆和顺摆动作时身体容易打开形成由外向内的挥杆轨迹,导致右曲球。

图 5-41

(3)闭脚位

闭脚位指球手右脚略后于左脚的站位方式(图5-42),适用于木杆开球、在球道上击远球或有意打左曲球。采用这种站位时,两脚脚尖的连线朝向目标的右侧,引杆时左肩能够充分向内回旋,但容易造成由外向内的挥杆轨迹,产生左曲球。同时,对下挥杆击球时身体的回旋也不利。

图 5-42

2. 球位

球位指球手在做好准备击球姿势时,高尔夫球被击出前所处的位置。脚位与球杆、球位的关系:球手握好球杆站在击球位置上,左脚固定不动,球位放在靠近左脚的位置,球杆越短,双脚之间的距离越窄,离球也越近。

3. 身体姿势

球手握好球杆后,双手自然前伸,球杆底部轻轻着地,两脚分开约同肩宽,身体重心落在两脚上。身体从髋部前倾,背部挺直。头自然略向下俯视,以恰好看到杆头为好。双膝关节稍弯曲,稍屈髋,身体做侧朝向目标方向。

(三)击球动作

1. 瞄球

杆面要正对目标,然后根据杆面的位置调整身体、站位以及其他各部分的位置。瞄球中最常见的一个问题是两脚尖的连线指向目标,而不是杆面正对目标,这样就造成站位过于封闭。两脚尖的连线要与球和目标的连线保持平行。球手要站在球后,平行地伸出双臂,其中右臂、球在一条直线上。球和目标在一条直线上,这也就是目标方向线。然后把一支球杆放在地上标出目标线的方向,将手中球杆的击球面对准球。

2. 挥杆击球

挥杆击球是整个身体围绕一个固定中心点完成的一种既协调又平衡的动作。正确地使用该动作能将球杆上抬、旋转并下挥,使球杆产生加速度,并尽可能以最大的准确度(在杆面中心)击球。

(1)引杆

引杆是指将杆头从击球准备时的状态开始,向身体的后上方摆动的动作。正确的引杆动作应是保持挥杆时身体纵轴的稳定,身体像卷线轴一样,平稳地扭转,手臂动作舒展、缓慢。在引杆动作的最后有一个制动,"制动点"正是引杆结束进入下挥杆的分界线。

引杆包括后引和上挥两个动作部分,具体动作如下。

①后引

杆面瞄准球的后方,使左臂与球杆成为一个整体,不要屈腕屈肘,保持两臂与肩构成的三角形,向球正后方引杆30厘米左右,自然后引时头和肩都不要动。体重由左向右移动,同时上体向右后充分转动,使身体形成扭转拉紧状态。后引动作结束时,有的球手右腿较直,身体重心略高;有的球手右腿弯曲,身体重心较低,这要根据球手的特点而定。

②上挥

后引和上挥之间没有任何停顿。后引是上挥的开始,上挥是后引的延续。上挥时,继续保持肩与两臂构成的三角形,左肩向右转动,以杆头带动两臂;左臂伸直,右上臂基本保持固定,右腋夹住。头颈部与脊柱保持一体,两眼注视球,下颌抬起稍向右倾,左肩最终旋转至下颌的下方。胸部几乎对着目标相反方向,左肘关节微屈,右肘屈曲到最大限度。重心从两脚间移到右脚外侧,右膝伸直,左膝向右屈,左脚跟稍离地面,手腕弯曲,握牢球杆。球杆的杆身基本与地面平行。上挥球杆达到最高点时,背部朝向目标,上身较髋部侧转更大。

(2)下挥杆

下挥杆是指球杆上挥到顶点时,稍作制动,即开始向下挥杆动作。下挥时,使重心有意识地移到左脚,左膝在下挥动作时基本保持伸直。左腿用力支撑,为右腿的蹬地送髋创造条件。随着手臂向下挥杆,臀部要快节奏地转向上挥前准备击球时的姿势,借助臀部旋转产生的力量带动手臂来增加击球的力量。此时右腿的用力推动了髋部的移动,髋部的移动和领先又拉紧了右大腿的内收肌群和股四头肌,使之更有效地推动了髋部;腰部做向击球准备时的状态复原的扭转;左肩也在下肢及腰部的作用下自然向左转动,带动在引杆上挥时被拉伸的左臂作为杠杆向下拉引球杆,在身体重心转移到左脚的同时,右肘应到达右髋处。这时杆头仍然被留在后面。

(3)击球

击球是下挥杆的组成部分,指运用杆头的重量及其运行速度,下挥杆使球向前运行的技术。挥杆击球是球杆杆头通过球,而不是打向球。下挥时,保持手腕弯曲状态,至离球30厘米的击球区,才突然甩腕。恰好在两臂位置到达击球准备姿势时,球杆的杆头以最快的速度到达挥杆轨迹的最低点——球的位置,使杆头面触球的瞬间产生极大的冲击力将球击出。击球时尽可能击中甜蜜点。击球过程中注意头部应保持固定不动,眼睛注视球。击球时,必须击在球背的正中部位,球才能向正前方飞去。如果击球顶部,球将被击到地下,出现地滚球;而击到球背侧面,球将飞向球道两侧某一方。

(4)顺摆

顺摆指击出球后球杆杆头继续向击球方向挥动的过程。顺摆动作是触球动作的延续,由于惯性,触球后球杆必须顺势挥动。触球后,身体重心逐步过渡到完全由左腿支撑,右踵提起,右膝向左膝靠拢,在右脚的推动下,腰部继续向左转动。身体仍绕轴心转动,在杆头的带动下,右臂逐渐伸直,右肩逐渐对准击出球的方向。杆头向目标方向大幅度挥出。在这个过程中头部始终保持不动,两眼注视击球前球的位置。

(5)结束动作

结束动作是整个挥杆击球过程的终点,它并不是刻意做出来的,而是正确、流畅而有节奏地挥杆的自然结果。顺摆充分时,右臂继续带动右肩向下颌下方转动,杆头向左后上方运动;右臂保持伸直,左腋夹住。左臂肘部随着右臂的向上运动而向上弯曲,腰和肩向左转动,身体重量全部由左腿承担,左膝保持固定,左足支撑体重部位由足内侧向足跟部外侧转移。在左臂到达右肩平直高度时,头部才随着转动轴转向目标方向,两眼注视飞行中的球。

(四)特殊情况下的击球

1. 飞越树障碍

正规的高尔夫球场会设置有很多的障碍。击远距离球时,最难应付的障碍之一就是大树。几乎每一个高尔夫球场地中都种有大树,如果紧靠果岭的正前方,有一棵相当高大的松树的话,一般人的打法肯定是绕道进行击球。但这样打比赛乐趣要少很多,且成绩也会不理想。如果能运用正确的杆法,大胆进行尝试,一击过树,常会起到出奇制胜的效果,创造出令人惊叹的成绩。

击球首先要面对大树,注意保持身体左侧低、右侧高的姿势,用这种姿势振杆,杆头击球面下振到最低点后向上运动时,非常容易击到球,球会很快地被击向空中。其中姿势和杆头的程度深浅,要依照松树的高度和击球点到果岭之间的距离进行调整。球位要置于左脚尖左侧,上振时要很早做屈腕动作,下振后更要充分跟杆,高举杆头。所用的球杆需要进行精心挑选,一般应选劈起杆或沙坑挖起杆为好。如果觉得打球飞越大树十分的困难,可以用打曲线球的办法绕过大树。比如打右曲线球从树的右侧绕过,可采用开脚式,杆头击球面正对大树,瞄大树左侧,上振拉杆时从目标线的外侧开始,上振时手的动作要陡直,下振时由外向内擦击球,产生右旋,球就可以飞出右曲线,绕过大树。

2. 湿草球

湿草球指在湿草上击球。场地刚被浇过水,或草上有露水时,都会造成湿草球出现。由于杆头面上有露水,摩擦力就会减小,让击出的球不能旋转,比正常情况下飞得远,故打湿草球时要用杆头角度大些的球杆,这样击球的距离可近些。雨中击球动作与湿草球击球技术动作一致。

3. 土地球

土地球指在不长草的土地上击球。一般用 4 号或 5 号木杆击球,球的位置要在两脚中间稍右。在挥杆全过程中,使头部与身体不摆动,杆头要先打到球再接触地面,否则就很容易打出擦顶球。因此应该注意挥杆平面稍陡,防止杆头先触地的失误。打硬地球是对打准球、打实球的考验。

4. 各种斜坡球

斜坡上击球的技术动作难度要比较平地击球难度大。总体来说,球手应遵循几条原则:一是应顺着斜坡或采用最适合该斜坡的稳定姿势平稳站立;二是在挥杆动作及瞄准时要保持好身体平衡,主要靠上半身的旋转来挥杆打球,挥杆中头部保持稳定,固定在瞄准的位置;三是要避免大力挥杆,挥杆动作必须控制好,不让上半身失去平衡。

(1)下坡球

向下坡的方向击球时,下坡的坡角会抵消一些杆面的倾角,能酌情选用倾角大的球杆,如"P"杆或"S"杆。球位稍偏向右脚,身体重心在左脚,保持两肩、两膝的连线与坡面平行,坡度越大,站位较正常站位宽。由于球较易于偏向右边,故要瞄准目标的稍左侧一些。挥杆幅度约为 3/4,挥杆时重心仍然保持在左脚,顺着坡势进行击球。下坡击球应注意如下几点。

①所用球杆要比自己预期的大一号,握杆要握短一些。
②向后引杆的动作应顺着斜坡来做,以高挥杆方式较好,避免大力挥杆。
③向下挥杆时,头部要保持瞄准时的位置,球杆要顺着斜坡挥出去。

(2)上坡球

打上坡球时身体和肩膀要尽量顺着坡势,依照上坡的斜面来挥杆。左膝稍弯曲,身体重心放在右脚上,球位在中央靠右的地方。由于打上坡球时容易出现左曲球,要瞄准目标稍右的地方,保持瞄准时右膝的弯曲姿势来挥杆,完成击球的动作也要减小一些,顺着斜坡挥出去。上坡击球要注意以下几点。

①打上坡球弹道较高,可以酌情选用倾角小的球杆。

②左膝要稍弯曲,体重大部分放在右脚上顺着斜坡站立。

③挥杆的动作不可以做得太大。

(3)球高人低的斜坡

握杆时握住杆把的下沿,让球杆变得更短。球位要放在两脚中间或偏右;身体稍向前倾,挥杆的时候下杆要较平时重,瞄准目标的右边。这种斜坡击球要注意以下几点。

①站姿应稳,体重放在脚尖部分。

②向后引杆动作不要太大,要以手臂和肩膀为主挥杆。

③挥杆中头部要保持固定。

(4)球低人高的斜坡

握杆握在杆把的末端,让球杆更加长些。应站得靠球近一些,弯腰,球位要放在两脚中间,瞄准目标左边的地方,挥杆较平时应小一些。此种斜坡击球要注意以下几点。

①把体重放在脚掌后方,还要稳定腰部后再瞄准。

②上挥杆动作减少至平时3/4的程度,击球动作不能做得太大。

③挥杆时头部要保持固定,不要把瞄准时弯曲的膝部伸直。

三、高尔夫球运动的战术原则

(一)制订合理的战术计划

正规的高尔夫球比赛中,赛前要安排球手去熟悉比赛场地。球手要通过赛前练习,对开球区、球道、沙坑、水池、果岭、障碍物等有所了解。练习中应详细记录击出球的方向、弹道、跳跃程度和滚动距离,并根据这些资料和打球的体会合理制订战术计划。

(二)选择最佳的发球球位和球座高度

一场高尔夫球比赛有18杆要在发球台发球,所以选择最佳球位很重要。在规定发球区域内,发球左右位置的选择,要根据自己的技术水平和当时的风向、风力等因素决定。发球位置的高低是否利于击球,也是需要密切注意的问题。选用不同的球杆,遇到不同的风向,球座的高度也相应有所不同。当顺风时,用1号木杆发出高弹道的球或想打左斜球时,球座应最高;一般发球,使用次高的球座;如果想打出弹道较低的球或右斜球时,球座应更低一点;如果用球道木杆或铁杆发球时,球座的高度不应超过1.25厘米。

(三)保证第一杆球的质量

一场比赛要打18个洞,第1洞成绩的好坏,对全场比赛成绩影响很大。要打好第1洞,首先要打好第1杆球。打高尔夫球的击球原则是在准的基础上求远,因为其最终目的是要击球入洞,所以要特别重视第一杆球,不仅要用力,还要注意把球打到自己瞄准的目标点。球手如果控制球的能力不强,第1洞发球时,可使用3号木杆。3号木杆虽不如1号木杆击球距离远,但击球的准确度高,球的落点好,利于下一杆击球。更重要的是,打好第1杆是良好的开端,而良好的开端往往是成功的一半。

(四)注意调整情绪,坚持特长打法

打高尔夫球要不受外界环境的影响,更重要的是能控制自己的情绪,始终以平常心打好每一杆球,即所谓赢人先赢自己。球打好了不可得意忘形,打得不好也不能丧失信心,要始终保持清醒的头脑,正确分析客观环境对技术的影响。有些选手擅长打左曲球,但有时球场适合打右曲球。实践证明,在这种情况下,球手不可盲目改变战术,要坚持自己的特长打法,这样才会取得优异的成绩。

第六章 传统休闲娱乐运动

我国传统体育的内容非常丰富,大多数项目都具有悠久的历史,在长期的发展过程中,传统体育运动以其较强的健身性和休闲娱乐性受到人们的欢迎和喜爱。发展到现在,一些适应时代发展的和满足人们体育需求的传统项目又获得了进一步的发展,成为人们日常健身运动中重要的一部分。本章主要介绍了风筝、毽球、跳绳、拔河、秋千、舞龙舞狮等几种深受人们喜爱的传统体育运动。

第一节 风 筝

一、风筝运动概述

(一)风筝的起源和发展

风筝在我国有着悠久的历史,距今约有 2 500 多年的历史。在古代,南方称风筝为"鹞",北方称风筝为"鸢"。相传,风筝是由我国春秋时鲁国人公输般(即鲁班)发明。鲁班从空中盘旋的鹞鸢得到启迪,"削竹为鹊,成而飞之,三日不下",做成了最早的风筝。《韩非子》记载哲学家墨翟"为木鸢,三年而成,飞一日而败"。汉朝韩信剖篾扎架,糊纸引线,乘风飞空,因此有"纸鸢"之称。

风筝成为人们的一种休闲娱乐活动始于隋唐时代。唐代社会安定、文化经济繁荣,带来了中国传统节日的盛行。五代时期风筝正式得名,亳州刺史李邺在纸鸢上装制竹哨,风入竹哨,声如筝鸣,纸鸢由此得名风筝。宋代是我国风筝的发展阶段,风筝的普及使社会上出现了一种专门放风筝的艺人。明代以前,我国民间放风筝的习俗主要流传在南方广大地区。明、清时放风筝的风俗更盛,尤其是清末时期,我国传统风筝在内容和题材上都有较大的发展。风筝不仅制作精良,而且品种增多。

新中国成立后,每当清明前后,风和日丽,草木竞发,人们便竞相来到郊外把自己得意的风筝送上天空,时而牵线奔跑,时而昂首远视,不仅锻炼了身体,丰富了生活,还增添了民族和睦的喜悦气氛。

发展到现在,风筝作为我国的一项优秀民族传统体育项目,已被世人所熟知。风筝成了沟通我国与国外友人友谊的使者,中国风筝代表团几年来多次应邀到国外参加风筝表演,举办风筝展览。我国《风筝竞赛规则》《风筝竞赛裁判法》的制定对促进我国风筝运动的发展起到了很大的推动作用。

(二)风筝的分类

1. 根据风筝的大小分类

(1)微型风筝:指一切最小的风筝。如我国的小沙燕"掌上仙";日本的只比邮票稍大一点的小型江户风筝。

(2)中型风筝:以风筝的最大宽度区分尺寸不同的风筝。

(3)巨型风筝:指一切大型风筝。如我国的"板门鹞";日本1936年制作的8.5吨的大风筝等。

2. 根据风筝的构造分类

(1)软翅风筝:翅状升力片由一根骨架(主翅条)构成;翅的下端无翅条支撑,下边沿为柔软状。

(2)硬翅风筝:翅状升力片上下两边分别由一根骨架构成;翅尖向后倾,两侧边缘高中间凹。

(3)软风筝:无骨架或只有很少纵向骨架,靠风的压力起飞。

(4)拍子风筝:类似平板形,如脸谱风筝、双鱼风筝、钟鼎风筝等。

(5)平挑风筝:横向并行排列,如双燕、双鸽等风筝。

(6)桶形风筝:由一个、多个或其他形状的筒组成的风筝,如宫灯风筝。

(7)直串风筝:由一个或多个形状组成的串形风筝,如蜈蚣、串雁等。

3. 根据风筝的功能分类

(1)实用风筝:能完成一定的工作任务,如空中摄影、通讯、救生、气象探测或作为无线电天线牵引车、船等。

(2)玩具风筝:作为一般玩具的风筝。简单、便宜、易于普及。

(3)特技风筝:注重特技性能,如能进行空战,上下翻飞,空中变色等。

(4)观赏风筝:这类风筝艺术价值较高,图案、色彩和造型精美。

4. 根据风筝的艺术风格分类

(1)流传的民间风筝:由民间艺人为出售而制作的廉价风筝,也有一般平民自己制作的风筝。这类风筝的结构和画面比较简练,色彩和图案明快、粗犷,生活气息和乡土味浓厚。

(2)发展了的民间风筝:风筝艺术家们在继承我国风筝传统的基础上,结合现代科学技术和自己的研究成果研制的风筝新品种。这些风筝既保持了民间色彩,又在性能、结构等方面比传统的风筝有一定程度的提高和发展,是一种比较优秀的中国风筝品种。

(3)传统的宫廷风筝:纸风筝普及以前,风筝多用丝织品制作,价格高,只有宫廷显贵会不惜高价买来玩。这类风筝工细、华丽、烦琐，如"曹氏风筝"。

5. 根据风筝的形象分类

(1) 人物风筝：如孙悟空、飞天、老寿星等神话故事人物等。
(2) 字形风筝：如喜、福、寿字风筝等。
(3) 器皿风筝：如花篮、扇子、宫灯、钟等。
(4) 鸟形风筝：如鹰、鸽、雁、燕、鹤、海鸥、鹦鹉、凤凰等。
(5) 虫形风筝：如知了、甲虫、蜻蜓、蝴蝶等。
(6) 水族风筝：如鲶鱼、金鱼、蛙蟹等。
(7) 其他图案或图形的风筝：如瓦片、八卦、五角星风筝等。

 知识拓展

潍坊是风筝的发祥地。早在20世纪30年代，潍坊就曾举办过风筝会。特别是改革开放以来，潍坊风筝又焕发了生机，当地的风筝表演队伍多次应邀参加国内外风筝展览和放飞表演。1984年4月1日，在美国友人大卫·切克列的热心帮助和山东省旅游局的大力支持下，首届潍坊国际风筝会拉开帷幕。1988年4月1日，第五届潍坊国际风筝会召开主席团会议。会上与会代表一致通过，确定潍坊市为"世界风筝之都"。1989年第六届潍坊国际风筝会期间，成立了由美国、日本、英国、意大利等16个国家和地区风筝组织参加的"国际风筝联合会"，并决定把总部设在潍坊。

二、风筝的基本技术

(一) 起飞方法

1. 中小型风筝

中小型风筝，需要一手持线轮，一手提住风筝的提线，等到有一股风来之际，乘势将风筝放出。由于人的身体对风的影响，需要不断地边抖边放，克服风的扰流影响。

2. 大型风筝

大型风筝，需要一个助手帮助。一个人拿住放飞线，另外一人在远处十几米以外或是几十米以外，迎风而站立。待有风吹来之时，提线之人发出信号，拿风筝的人将风筝往上一举并松开手，而提线的人顺势均力收线，这时风筝就会迎风而起。

(二) 不稳定飞行情况的调整

(1) 总是偏向一侧。解决的方法是调整风筝的上提线。如果风筝偏向左侧，可以将上提线向左侧移动一点，直到风筝飞向稳定。每次调整的移动量不宜大。

(2)扎跟头,即风筝飞起后不久,不等飞行稳定,一遇到风力变化,风筝便一头扎下来,没有返起的机会。产生这种飞行状态的因素较多,调整的方法是将风筝的尾部加重,先不要调整提线,如果不行的话,再进行提线的调整,可将上提线缩短。两种方法试过以后仍然不行的话,说明这只风筝的制作是失败的。补救的方法是在风筝的尾部加上两根细细的线绳即可,这是无奈的办法。

(3)左右摇晃,像一只醉酒的风筝一样,忽左忽右。产生这种情况的原因主要是提线的重心位置靠上而造成的。调整的方法是将下提线缩短一点。

(4)风筝直往远飞,即见远不见高,调整的方法是将上提线缩短一些,或是减轻尾部的重量。

(5)前飘,即风筝线上无力的情况,稍微一拉提线风筝就势往下飘去,解决的方法是将下提线缩短。

(6)旋转,即风筝放起后还未稳定,就像风轮一样边转边往下飞去。如果风筝放飞以后出现这种情况,可以肯定地说,这只风筝制作已经失败。简单的补救方法是在尾部加上细线作为尾巴。

三、风筝基本规则

(一)场地

竞赛场地有两种形式:

(1)长方形:长80~150米,宽80~100米。每条道位宽10米,长80~100米。以每条道位两端的起、终点线为基准,分别画出两个宽10米、长15米的长方形留空计时区。

(2)凹凸形:场地基本结构与长方形场地一致,其区别在于:以起、终点为基准,将1,3,5,7道的留空计时区沿道位纵向延长线向前(后)移10米。

除此之外,场地四周应尽量空旷和少有高大建筑物。

(二)器材

检查场地、器材、风筝的钢尺和计时秒表,均需是符合国家质检部门承认的合格产品。丈量风筝的钢尺,应用以厘米为刻度的钢卷尺。厘米以下单位采取进位法,即0.1厘米进为1厘米。计算留空时间以分钟为单位,分钟以下单位采取进位法,即1秒进为0.5分钟。

(三)一般规则

(1)运动员的参赛风筝和比赛资格,必须符合中国风筝协会的有关规定及规则。

(2)工艺评分阶段,运动员应按规定的时间,按时送审、按号悬挂、及时退场。悬挂风筝时不要错位或悬挂在两个风筝的号与号之间,否则判技术犯规。

(3)放飞线定长最少30秒。放飞线定长标志,各队自标,但要醒目,大会有权审核。

(4)每组比赛时间限为12分钟,以鸣枪开始和结束。如受气候、时间等因素所限,总裁判长有权减少每组比赛时间,但最少时间不得少于6分钟,其留空计时及评分标准也随之变更。

(5)起飞时,举风筝的助手人数不限,但须在该运动员放飞道内或放飞道延长线内活动,不得进入留空计时区或他人道位,否则判技术犯规。受风向影响,经裁判员同意,举风筝的助手可在纵向道位线的延长线之外的区域活动。

(6) 放飞开始前,龙类和串类风筝可以置于放飞区外的纵向道位线的延长线之间,放飞运动员不得出放飞区;其他各类、型风筝和运动员均不得出放飞区,否则判技术犯规。

(7) 放飞运动员的人数:超大型以队为单位,大型3人,中、小型1人。如减少放飞人数,应在检录时声明,中途不得增减,否则判技术犯规。

(8) 放飞中,某运动员冲撞、阻挡别人放飞;故意缠线妨碍他人放飞,即消其比赛资格。因故受到影响的运动员,总裁判长可视其现场情况及时处置,或令该组重新比赛(被取消资格的运动员不得参加)。

(9) 赛前15分钟预告比赛即将开始,竞赛区域内停止一切放飞活动;也不允许赛场外的风筝进入赛场上空。凡不听劝阻者,罚扣该风筝放飞分5分和该队团体总分2分;如缠绕了正在比赛的风筝,则取消该风筝比赛资格并扣该队团体总分5分。

(10) 比赛时的风力为1~6级之间。

(11) 因气候因素,未能按原定赛程进行放飞,最后一天采用集中抽签法,以一个类型为界,限定某个时限结束比赛。在规定的有效时间内,因气候、时间等因素,大会无法安排的比赛项目,均作自动取消处理。

(四) 判罚

(1) 比赛中,运动员应当遵守规则和规程的规定,如有违反,视情节严重程度,总裁判长有权判警告、技术犯规、失败或取消其比赛资格。

(2) 报错风筝类别扣5分,报错风筝型号扣2分。扣分后的风筝,允许调换类别和型号,如无该类别和型号,则取消比赛资格。

(3) 参赛风筝有"尾巴",工艺评分时应送审,并自报其式样和规格。比赛中,如变换则扣2分。

(4) 凡判为技术犯规,均扣2分。

(5) 被判罚扣分的风筝,因故重赛时,原扣分有效。

第二节 毽 球

一、毽球概述

毽球在我国有着悠久的历史,它是一项老幼皆宜的休闲娱乐运动,把一束鸡毛插在铜钱上,再以布条缠牢,即扎成一个惹人喜爱的毽子。毽球的踢法多种多样,可以比次数、比花样,经常参加毽球运动对活动关节、加强韧带、发展灵敏和平衡素质具有重要的作用。

毽球起源的时间很早,早在宋代的集市上就有专卖毽子的店铺,明清时开始有正式的毽球比赛。民间相传,毽球为南宋抗金名将岳飞所创。当年岳飞北征中原,兵锋直抵黄河南岸,金军恃城固守,避不出战,两军相持之际,秋尽冬来,岳家军还穿着出征时的夏装,因熬不住北方的严寒，又得恪守"冻死不拆屋"的纪律，许多人冻伤了足。岳飞令士兵们把箭矢后的翎毛拔下，绑在铜钱眼里，不停地蹦踢，称为"抛足之戏"，踢了一阵子，脚趾上的冻伤不治而愈。从此，毽球成为岳家军的冬季锻炼项目，并逐渐流向民间。

经过长时期的发展，现代毽类运动主要包括毽球和花样踢毽两个项目，毽球运动广泛开展于工厂、学校和机关事业单位当中。1984年，毽球被列入国家体委正式开展的体育比赛。

随着毽球运动的不断发展，全国和地方性毽球组织也相继成立，竞赛体制也得到很大完善，全国锦标赛、职工赛、学生赛、国际邀请赛等竞赛制度相继建立。进入20世纪90年代，毽球运动又先后跻身于全国少数民族运动会、全国农民运动会和全国中学生运动会等大型综合性运动会。毽球比赛在我国进行得如火如荼，2012年的全国毽球锦标赛于6月份在广东举行，参加人数众多。同时，毽类运动还跨出国门走向世界，先后在亚欧美等多个国家开展起来，并成立了国际组织，建立了世界锦标赛制度，截至目前，世界毽球锦标赛已举办6届。在2010年的第6届世界毽球锦标赛上，我国夺得男子团体、女子双人、男子单人3块金牌。2013年，第7届世界毽球锦标赛在越南进行，中国队获得3枚金牌4枚银牌。

二、毽球基本技术

（一）准备姿势

踢毽球的准备姿势主要有平行站法和前后站法。

1. 平行站法

两脚左右开立，比肩略宽，两臂体侧自然前屈，两脚几乎站在同一条直线上，两脚尖内收呈内"八"字型，后脚跟提起，脚趾扣地，着力点在脚掌内侧，身体重心前倾，大、小腿约呈100°～110°，两膝内收，膝关节面稍超出脚尖，肩关节垂直面领先于膝关节。

2. 前后站法

两脚前后开立，左脚稍跨出一只脚的距离，右脚在后，两脚跟提起。其他动作与平行站法基本相同。

（二）起动与脚步移动

起动是移动的开始，也是关键，而移动是起动的继续。起动的快慢，取决于准备姿势的正确与否。在平时的训练和比赛中，必须根据来球的方向、弧度、速度和落点，及时地向前后左右起动和移动，转移重心，使身体尽快接近来球，并处于适当的击球位置，然后采取相应的技术动作。

（三）踢球技术

踢球是运动员用脚的某一部位将球击向预定目标的技术动作。常见的踢球方法有脚内侧踢球、脚外侧踢球、正脚背踢球等。

1. 脚内侧踢球

左脚支撑,右大腿带动小腿屈膝上摆,同时膝关节外张,小腿上摆,击球的一刹那踝关节内屈端平,用脚弓内侧把球向上踢起(图 6-1)。

2. 脚外侧踢球

左脚支撑,右大腿带动小腿,膝内收,小腿向体外侧上摆,击球的一刹那勾足尖,踝关节外屈端平,用脚背外侧把球向上踢起(图 6-2)。

3. 正脚背踢球

脚背踢球方法有脚背屈踢、脚背绷踢、脚背直踢 3 种,共同点是单脚支撑用脚趾或脚趾根部踢球(图 6-3)。

图 6-1　　　　　　　图 6-2　　　　　　　图 6-3

(1)脚背屈踢

屈踝,右脚大腿带动小腿,屈膝屈踝上摆,脚背与地面平行,以大腿上摆力量把球踢起。

(2)脚背绷踢

脚背上绷,右腿膝微屈,脚微直,自然放松,当球下落到离地面 10～15 厘米时,脚插进球底部小腿用力,同时屈踝绷腿把球向上踢起。

(3)脚背直踢

右脚大腿带动小腿屈膝向前摆,脚背绷直,扣脚趾,击球时小腿迅速前摆。

(四)触球技术

触球是指用膝关节以上除手臂以外任何部位击球。触球的方法主要有腿触球、腹触球、胸触球、肩触球和头触球 5 种。

1. 腿触球

右脚支撑,左腿屈膝大腿带动小腿上摆,当球下落到略低于髋部时,用大腿的前半部分(靠膝部)触球(图 6-4)。

2. 腹触球

对准来球，屈膝略向后蹲，稍含胸收腹，当腹部触球的一刹那稍挺腹，如来球过猛，也可以挺腹，使球轻轻弹出(图 6-5)。

3. 胸触球

两脚自然开立，当球传到胸前约 10 厘米时，两臂自然微屈，两肩稍用力向后拉，挺胸，同时两脚蹬地，身体挺起，用胸部触球(图 6-6)。

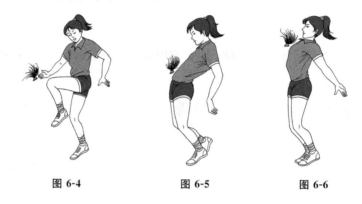

图 6-4　　　　　图 6-5　　　　　图 6-6

4. 肩触球

两脚自然开立对准来球，当球传到肩前约 10 厘米处时，肩稍后拉前摆，用肩部击球(图 6-7)。

5. 头触球

两脚自然开立，当球传到头前约 10 厘米时，两脚蹬地，同时颈部稍紧张向前摆头，用前额触球(图 6-8)。

图 6-7　　　　　图 6-8

(五)发球技术

发球技术主要包括抛球、击球和随球跟进 3 个环节。

抛球要抛准、抛稳，将球垂直抛于体前固定高度和位置，力量要适当。抛球是整个发球动作的基础,对于初学者来说,它是极为重要的基础环节。

击球要准确、有力、脚法固定、击球点准确。在熟练的基础上,对不稳定的抛球,作适当的调整,因此它是发球的关键环节。

三、毽球基本规则

(一)场地

1. 场地规格

比赛场采用羽毛球双打发球场地,长11.88米,宽6.1米。场地上空6米以内(由地面计算)和场地四周2米以内不得有障碍物。

2. 边界线

比赛场地应按平面图画出清晰的界线,线宽4厘米,线的宽度包括在场地面积之内。较长的两条界线叫边线,较短的叫端线。连接场地两边线的中点与端线平行的线叫中线。中线将场地分为均等的两个场区。在中线两侧各画一条与中线平行的线叫限制线(此线包括在限制区内)。中线至限制线的距离为2米。

3. 发球区

距两端线中点两侧各1米处向场外各画一条长20厘米与端线垂直短线叫发球区线(此线不包括在发球区内)。发球区线向后无限延长的区域叫发球区。

(二)球网

1. 球网的规格

(1)球网长7米,宽76厘米,网孔2厘米见方。球网上沿缝有4厘米宽的白布,用绳穿起,将球网张挂在网柱上。球网必须挂在中线的垂直上空。球网为深绿色。

(2)网柱安在中线以外,距边线50厘米处。

2. 球网的高度

球网的中部顶端距地面垂直高度为男子1.60米,女子1.50米。网的两端距地面的垂直高度必须相等,两端的高度与中间的高度相差不得超过2厘米。

3. 标志带与标志杆

在球网的两端,垂直于边线和中线交接处,各系有一条宽4厘米、长76厘米的白色带子,叫标志带。在球网上连接标志带外侧应系有两根有韧性的杆,叫标志杆。两杆内侧相距6米。标志杆长1.20米,直径1厘米,用玻璃纤维或类似的材料制成。标志杆应高出球网上沿44厘米,并用鲜明对比的颜色画上10厘米长的格纹。

(三) 毽球

毽球由毽毛、毽垫两部分构成。毽毛为 4 支白色或彩色鹅翎成十字形插在毛管内，每支羽毛宽 3.20～3.50 厘米，毽垫由上垫、下垫和毛管构成，均用橡胶制作。下垫和毛管连在一起，上垫套在毛管上。上垫和下垫中间套有由 3 层以上硬质薄形皮革或类似材料制成的垫圈。毽垫直径 3.80～4 厘米，厚 1.30～1.50 厘米。毛管高 2.50 厘米。毽球的高度为 13～15 厘米。毽球的重量为 13～15 克。

(四) 比赛规则

(1) 比赛采用三局二胜制，第三局采取每球得分制。

(2) 比赛前选择场区或发球权，第一局结束后双方交换场区和发球权。

(3) 决胜局开始前，正裁判员召集双方队长重新选择场区或发球权。决胜局比赛中，任何一队先得 8 分时两队应交换场区。交换时，不得进行场外指导。交换场区后，双方队员的轮转位置不得变换。经记录员查对后，由原发球队员继续发球。如未及时交换场区，一旦裁判员或一方队长发现时，应立即交换。比分不变。

(五) 计胜方法

(1) 接发球队失误，应判对方得 1 分；发球队失误，则判由对方发球。

(2) 某队得 15 分并至少比对方队多得 2 分时，则为胜一局。如比分是 14 比 14，比赛应继续进行，直至某队领先 2 分，方为胜一局。

第三节　跳　绳

一、跳绳运动概述

(一) 跳绳运动的起源与发展

跳绳是我国民间流行的一项体育活动。我国古代有很多关于跳绳的记载，如唐代称跳绳为"透索"，每年八月十五日以"透索"为戏。宋代称跳绳为"跳索"。明代的《帝京景物略》一书中称跳绳为"跳白索"，并生动地描述了当时的跳绳活动："童子引索略地，如白光轮，一童跳白光中，曰跳白索。"清朝的《有益游戏图说》一书也记载有跳绳活动，并称其为"绳飞"，民国初年才改叫跳绳。

发展到现在，跳绳运动这一项目不论是在器材还是技术、规则等方面都得到了逐步的完善和发展。在绳子的制作上，原来跳绳用的绳子都是草绳或者麻绳，不仅质地粗糙而且笨重，而现在用的绳子在制作材料上有了很大的进步，使其更加轻便，而且在短绳的两端加上手柄，更有利于摇绳。绳子的色彩多采用鲜艳、明朗的色调，使其更加具有趣味性，更加人性化。喜爱这一运动的人越来越多，而为了更好地对这个项目进行组织和推广，先后成立了世界跳绳联盟、欧洲跳绳总会、中国跳绳网、中国香港跳绳总会、美国跳绳网等。这些组织和网站的出现在一定程度上说明跳绳已经不是单纯的游戏,它也具备了作为一个独立的运动项目而存在的一些特征,这些组织和网站会定期举行一些比赛,为喜爱这项运动的朋友构建了一个舞台。特别是在我国的第 7 届全国民族传统体育运动会上,设立了跳绳表演比赛,取得了很好的效果。

经常参加跳绳运动,对于发展人体的灵敏、速度、弹跳及耐力等身体素质具有良好的作用,尤其可以促进少年儿童的身体发育。此外,经常跳绳还有助于人的大脑发育。人在跳绳时身体以两腿弹跳和上肢摇动为主,手握绳把不停地摇动会刺激拇指上的穴位,可增加脑神经细胞的活力。

(二)跳绳运动的特点

(1)跳绳运动不受人数、场地、时间、季节、性别、年龄的限制,器械、设备要求简单,是最实用、最节省而且效果极佳的锻炼方法。

(2)跳绳运动有多种花样跳法,具有较强的节奏感,若伴着合适的民谣、歌曲等,边跳边唱,边跳边说,玩起来更有趣味。

(三)跳绳运动的作用

(1)跳绳运动需要手、臂、腰、腿、足的全面配合,对提高身体的协调性、灵敏性、速度、耐力、弹跳力、爆发力等都有非常大的促进作用。

(2)跳绳运动可增进人体新陈代谢,强化心肺功能,增强骨骼、肌肉的力量,预防疾病。

(3)跳绳运动具有益智功能。跳绳时全身运动及手握绳对拇指穴位的刺激、跳跃时脚底穴位的按摩,会大大增强脑细胞的活力,提高思维和想象力,因此,跳绳是健脑的最佳选择。

(4)跳绳可以丰富人们的文化生活,能锻炼人的顽强意志力,培养团结协作的集体主义精神。

二、跳绳运动的基本技术

跳绳运动的玩法,大致可以分为两种,即花样跳绳和竞技跳绳。其中,花样跳绳是指绳子可以不通过身体,从身体的两边绕过,这种跳法花样很多,且比较省力;竞技跳绳是指绳子必须前后通过脚底绕一周。下面主要就竞技跳绳的基本技术进行重点介绍。

跳绳的技术很简单,首先练习操纵绳子,其次是练习有节奏地跳跃,再次是将两者协调配合起来。根据绳的长短可分为短绳跳和长绳跳两种形式。

(一)短绳跳

1. 短绳的选择

短绳单人跳绳,绳子的长度以一脚踩在中间,腿伸直,两手握绳置于胸腰部的长度最合适。但长度要根据所跳的花样来调节,若是单人跳变为带人跳,则绳子要稍长些;若跳编花或双飞跳或多飞或蹲跳等动作时,则绳子要比正常长度短些。技术好的人喜欢用稍短些的绳子,因为短绳可以提高速度和难度而且省力。

2. 技术要点

(1)抡绳

短绳跳时,正确抡绳很重要。初学者,可分几步练习抡绳。第一步,以肩为轴,大臂、小臂、手腕同时用力,手臂抡绳的幅度较大;第二步,抡绳的动作幅度逐渐减小,以两肘为轴,用前臂和手腕配合抡绳;第三步,仅用手腕动作摇绳,是最合理的动作,这样可以加快手腕摇绳的速度。

(2)跳跃方法和姿势

当绳摇至地面时双脚立即跳起,待绳通过双脚时,双脚自然落地,双脚落地时宜用脚前掌先着地,膝关节自然稍弯曲,起到缓冲过重震动力量的作用。双脚起跳后,身体姿势应自然放松,上体不应过于前倾。跳绳时呼吸要自然,要有意识地将呼吸和跳绳的节奏配合起来,进行有节奏的呼吸。

(3)短绳跳的技术

①单摇跳(或叫单飞或直飞):可分为正摇跳和反摇跳。正摇跳是指摇绳的方向由体后向前的跳法,摇绳一次跳一次。有正摇双脚跳,正摇单脚跳,正摇双脚交替跳,正摇一步、两步或三步跑跳,正摇前踢腿跳,正摇蹲跳,正摇后踢腿跳等。跳绳的花样可以根据自己的想象自由发挥和创造。反摇跳是指摇绳的方向由体前向后的跳法。反摇跳也有与正摇跳相对应的花样跳法。

②编花跳:指双手在体前交叉摇绳的跳法,可分为死花跳和活花跳。死花跳指双手始终交叉在两侧摇绳的跳法;活花跳指在跳的过程中,双手交叉和不交叉摇绳结合起来的跳法,比死花跳要复杂一些。

③双摇跳(双飞):指摇绳两次跳一次的跳法。也可分正双飞(或前双飞)和反双飞(或后双飞)。有正、反双摇双脚跳,正、反双摇单脚跳,正、反双摇交替跳,正、反编花双摇跳(扯花、快花、风花、龙花)等。双摇跳的动作花样多,可组成不同的套路进行练习。双摇跳动作花样连续美妙,是练习弹跳力、头脑反应能力的良好方法。

④三摇跳(三飞):指摇绳三次跳一次的方法。三摇跳的难度较大,只有在熟练掌握双飞的基础上才可以练习,而且需要有较好的弹跳力和手腕摇绳速度及手脚的协调配合。三飞的动作花样和组合在双飞的基础上变化更多。有直飞、三扯花、快扯花、扯快花、三快花、三风花、扯风花、快风花、扯龙花、快龙花、龙风花、风龙花、大龙花共13个基本动作,正反加在一起就成了26个动作。

⑤四摇跳(四飞):指跳起一次,脚落地前,两手急速摇绳过身体四圈。四飞动作难度大,需要弹跳好,手臂动作快,身体灵巧。其动作有四直飞、四扯花、四快扯花(两种)、四快花、四扯快花、叠扯花、叠快花、四风花、四扯风花(两种)、四快龙花和叠龙花等13个基本动作。

⑥五摇跳(五飞):指跳起一次,脚落地前,绳直摇过身体五圈的动作。五飞技术动作是对人体极限的一种挑战,目前是世界上水平最高的技术,国际跳绳联盟的名誉顾问铃木老人,是五飞动作的保持者,一共连续跳了20个,并创立了该项世界纪录。

(二)长绳跳

长绳跳是由两人摇绳,单人或数人跳绳的动作。跳绳人在跳的过程中,可以做各种动作,如蹲跳、前踢腿跳、高抬腿跳、单脚跳、手脚同跳、背跳等,还可以模仿各种动物跳,如兔跳、狼跳等;多人跳时可以做手拉手跳、手拉手旋转跳、"火车"跳等。绳的长短可根据人数的多少而定。一般为5~8米。也可变换各种跳法。

根据绳的起始状态可分为死绳跳和活绳跳。死绳跳是指跳绳人站在两人摇绳的中间,绳子摇动的同时跳起,这时就不必考虑绳的摇动方向,只要有节奏地跳动即可,比较容易掌握。活绳跳是指绳子在摇动的过程中,跳绳人站在一侧,观察摇绳的节奏和时机,待绳摇到另一侧时,趁机跑动到绳的中间,当绳摇到脚下时跳起,接着和着绳子做有节奏的跳动。这种跳法根据上法的方向不同又有多种跳法。

1. 长绳跳的基本要求

摇绳人需要有较好的臂力,并主动配合跳绳人的速度、节奏,注意力集中,两人配合协调一致,摇绳技术好,有利于跳绳人的发挥。

2. 长绳跳的基本跳法

长绳跳的基本跳法主要有正上绳法、反上绳法、正斜上绳法、反斜上绳法、跑8字跳(正反上绳)等,为了便于讲解,跳绳的有关图示如图6-9所示。

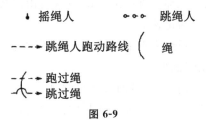

图 6-9

(1)正上绳法(图6-10)。
(2)反上绳法(图6-11)。
(3)正斜上绳法(图6-12)。

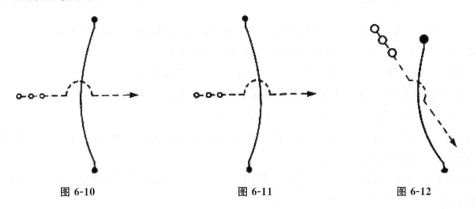

图 6-10　　　　　　图 6-11　　　　　　图 6-12

(4)反斜上绳法(图6-13)。
(5)跑8字跳(图6-14)。

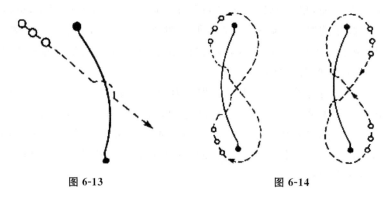

图6-13　　　　　图6-14

三、跳绳运动训练

(一)一人短绳跳

(1)一人带一人跳。
(2)一人带两人或多人跳(前后)。
(3)一人带一人钻绳洞跳。跳绳人在摇绳人的前后自由穿梭,而不干扰摇绳人摇绳节奏。要求跳绳者掌握好时机,动作灵活迅速。
(4)一人带两人钻绳洞跳。摇绳人前后各带一人,跳绳人要掌握好时机和节奏互相换位的跳法。这种跳法难度比一人钻绳洞要大。
(5)一人带三人钻绳洞跳。同"一人带两人钻绳洞跳"。
(6)一人带多人轮流跳。跳绳人跑进绳中跳规定的次数,当绳摇到另一侧时跑出,接着依次类推。
(7)带人双摇跳。两人同时做双飞动作。这种跳法需要两人配合密切。

(二)双人、多人短绳跳

(1)一人跳一辅摇。两人用同侧手握绳,在绳中间的人跳,另一人做辅助摇绳。
(2)双人摇绳跳。可分为面对面双人跳和肩并肩双人跳。
①面对面双人跳。两人用同侧手各握绳的一端,面对面双人跳。
②肩并肩双人跳。两人用异侧手各握绳的一端,肩并肩双人跳。
(3)双人摇绳带人跳。两人肩并肩同时带人跳。
(4)两人跳双绳。两人同侧手分握同一条绳子的两端,内侧的两绳始终是交叉状态,朝同一方向摇绳,要求两人步调一致。
(5)两人双绳交替跳。两人同侧手分握同一条绳子的两端,交替摇绳跳过。这种方法要求摇绳的手臂一上一下,对两人的协调性要求较高。

(三)长绳跳

(1)两组斜上跑过绳(图6-15)。

(2)两组正反上跳绳(图6-16)。

(3)两组同时正斜上绳跳(图6-17)。

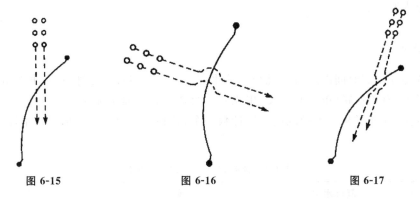

图6-15　　　　图6-16　　　　图6-17

(4)两组跑8字正上绳交叉跳(图6-18)。在跳动过程中,可做一些传球、体操等动作来增加难度和趣味性。

(5)三人摇两绳跳(图6-19)。摇绳人呈三角形站立,跳绳人可在两绳中来回跑动跳。

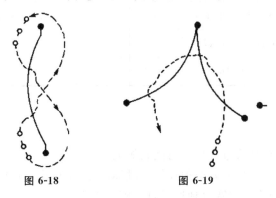

图6-18　　　　图6-19

(6)三人摇三绳跳(图6-20)。

(7)四人摇四绳跳(图6-21)。

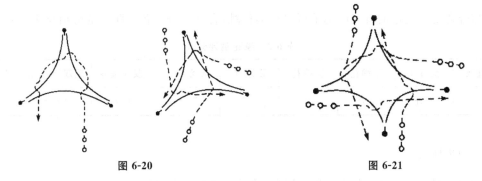

图6-20　　　　　　　　图6-21

四、跳绳比赛

跳绳运动在我国一直作为娱乐性项目和辅助性项目,至今没有统一的比赛规则,因而比赛形式非常繁多,五花八门。下面就大众跳绳运动的常用比赛形式进行简单介绍。

(一)个人赛

1. 个数赛

个数赛是在规定时间内进行所跳个数的比赛。比赛时间有 1 分钟、2 分钟、3 分钟等。
比赛形式:有单摇跳(单飞)、双飞、单飞双飞交替、三飞、编花跳等。
计分方法:凡绳子从头到脚绕过一周计数一个,若脚踩绳而中断的那一跳不计数。具体评分见表 6-1。

表 6-1 正摇跳评分表(单位:个)

水平 项目	基础水平			中等水平			高水平		
	1 分钟	2 分钟	3 分钟	1 分钟	2 分钟	3 分钟	1 分钟	2 分钟	3 分钟
单飞	130 以内	250 以内	300 以内	130～220	220～210	310～360	220 以上	310 以上	360 以上
双飞	50 以内	80 以内	120 以内	50～80	80～120	120～160	80 以上	120 以上	160 以上
三飞	10 以内	20 以内	30 以内	10～20	20～35	30～50	20 以上	35 以上	50 以上
编花跳	60 以内	120 以内	160 以内	50～80	120～150	160～180	80 以上	150 以上	180 以上

2. 耐力赛

耐力赛是在规定某种跳法进行持续时间长短的比赛。
计时方法:比赛开始后,参赛者必须连续做跳绳动作,不可作 3 秒以上的停留,否则被罚警告,两次警告取消比赛资格。比赛直到选手自动停下为止。

3. 综合赛

综合赛是在规定的时间内选手可自选动作跳,合计总分。各种跳法的分值见表 6-2。

表 6-2 编花跳评分表

正直飞	反直飞	正编花	反编花	正双飞	反双飞	正双飞编花	反双飞编花	正三飞
1 分	2 分	4 分	6 分	10 分	15 分	30 分	40 分	50 分

(二)集体赛

(1)短绳带人跳:规定带人个数,计算一次连续齐跳所跳个数。

(2)长绳跳:分为10人组、20人组、30人组、50人组、80人组、100人组、200人组不等。规定人数,计算一次连续齐跳所跳个数,个数多者为胜。

(3)长绳两绳对摇跳:3人一组,两人摇绳一人跳,记下每个人一次连续所跳的个数,最后总成绩为该组3人的跳绳个数总和,最多者为胜者。

(4)跳绳运球比赛:3人一组,两人摇绳,一人跳绳。跳绳者在规定时间内运球个数总和为最后得分;或者计算3人的运球个数总和为最后得分,最多者为胜者。

(5)跳绳投篮比赛:3人一组,两人摇绳,一人跳绳,统计跳绳者在规定时间内投篮命中的个数,最多者为胜者。

五、跳绳基本规则

(一)单跳

(1)将所有参赛选手分成3组,分组由各队负责人抽签决定。每队有一个小裁判,每一组有一个总负责人。

(2)队员在指定的范围内跳,若超出界线,则此次视为无效。

(3)每队每个队员限跳15个,以摇力的形式轮流,最先完成的队积分5分,第二名积分3分,第三名积分1分。

(4)单跳限时15分钟,如果在15分钟内没完成的,视为弃权,积分0分。

(5)在裁判发出信号之前,运动员不得擅自动作,否则视为无效。

(6)在比赛过程中,运动员进行跳跃,腾空一次,绳过一次,计数为一。

(二)双跳

(1)再次抽签,把参赛队分成3组,同单跳。

(2)每队队员分成4组,每组队员在指定的范围内跳,若超出界线,则视为无效。

(3)每队的每组成员限跳5个,具体内容与方法同单跳(3)。

(4)双跳限时15分钟,在15分钟内没完成的队,视为弃权,积分0分。

(5)在裁判发出信号之前,运动员不得擅自动作,否则视为无效。

(6)在比赛过程中,两名运动员同时跳,绳过两人脚,计数为一。

(三)混跳

(1)各队负责人抽签,分3组。

(2)每队有两人甩绳,其余六人依次跳入,并围甩绳者转一圈,以8字形跳。每队所有成员完成一个8字,记为一次。

(3)混跳限时15分钟,以每队在限定的时间内跳的次数多少积分,第一名积5分,第二名积3分,第三名积1分。

休闲娱乐运动

第四节 拔 河

一、拔河概述

拔河是一项有着悠久历史的传统体育运动,据传拔河始于春秋战国时期楚越两国水军交战时,鲁国的工匠设计了一种称"钩强"的兵器,用来阻挡和钩住敌船,于是,钩强对拉成为军事训练的重要内容。随着历史的发展,这项军体运动逐渐演变为一项民间的体育娱乐活动,到了唐代改称为"拔河",那时用的是四五十米长的粗大麻绳,绳索两头分别系有数百根小绳,每一根小绳由一人牵拉。

当时,这项运动在唐代宫廷和民间都很流行,据《全唐诗话》中记载:"唐中宗李显于景龙四年三月一日清明,幸梨园,命侍臣为拔河之戏。"《资治通鉴》中记载:"景云元年春,上御梨园球场,命文武三品以上抛球及分朋拔河。"表明帝王公卿、达官显贵均以拔河取乐。开元年间,在宫中曾多次举行拔河比赛,唐玄宗为此作诗助兴。在薛胜《拔河赋》中称"皇帝大夸胡人,以八方平泰,百戏繁会,令壮士千人,分为二队,名拔河",详尽地描绘了拔河比赛的壮观场面。民间称拔河为"俗戏",人们常在春季举行不同形式的拔河游戏以祈求农业丰收,据《隋书·地理志》记载:"钩初发动,皆有鼓节,群噪歌谣,震惊远近。俗云以此庆胜,用致丰穰。其事亦传于他郡。"反映出民间举行拔河时的热闹欢腾、欣欣向荣的景象。

拔河形式多种多样,有两人对抗,也有多人对抗;有徒手对抗,也有利用器械进行对抗等。现在,我们通常所说的拔河是指多人平均分成两队进行的徒手对抗。比赛时,参赛两队的人数必须相等,按事先确定的方位分别站于绳的两端,并握好绳,此时,绳的标志带应垂直于中线。待裁判员鸣哨后,两方各自一起向自己的方向用力拉绳,以一方把标志带拉过自己一侧的河界为胜方。拔河运动在我国开展普遍,尤其是近些年,拔河运动得到了迅速的发展。尤其是2006年中国拔河协会的成立,促进了我国拔河运动的规范化、竞技化、国际化。目前,每年都会举行众多的拔河比赛,如全国拔河新星系列赛、全国拔河锦标赛、全国拔河精英赛、全国拔河邀请赛等。

拔河运动具有较强的健身性、娱乐性,并能锻炼身体,陶冶情操,同时又不受时间、季节、场地、器械等影响,因此便于开展。参与此项活动既能增强力量、耐力、灵敏、灵巧等身体素质,又能培养顽强拼搏的意志品质和集体主义的优良作风。

知识拓展

中国拔河协会

中国拔河协会,简称"中国拔协"。英文名称为"CHINESE TUG-OF-WAR ASSOCIATION",缩写为"CTWA",于2006年3月20日成立。中国拔河协会是具有独立法人资格的非营利性全国群众性体育社会团体,是中华全国体育总会的团体会员,是代表中国参加国际拔河比赛的唯一合法组织。

二、拔河基本技术

拔河技术可分为站位、握绳、身体姿势、用力4个方面。

(一)站位

两腿前后开立,前腿蹬直,脚掌内扣,后腿屈膝,上体后倾,与地面成60°角,两手紧握绳,目视前方。

1."八"字步站位

两脚稍分,前后站立(哪个腋下夹绳,哪只胳膊弯曲在后,同侧的腿稍站在后),两脚跟相距一拳,两脚尖分开成"八字",脚掌抓地,脚跟和脚外侧用力。两腿微屈,以便起动时向后用力。

2."丁"字步站位

两脚前后成"丁"字站立,前脚跟与后脚弓相距约一拳,前腿稍屈膝,用力方法和"八"字脚相同。

(二)握绳

在握绳时,前臂要伸直远握,后臂屈肘,用腋部夹住绳近握,身体紧靠绳。一般有两种握法:一种是手心朝上,另一种是两手相对。不论怎样握,都必须握紧,能用上劲。两手握绳后,两臂弯曲,向内收紧,靠绳一侧的腋窝夹住绳子,上体靠向绳子,使力量集中一处,从头到腰保持一直线。两膝稍屈,身体下蹲。

选手不得握在绳子中心线标记与第二标记之间的部分。在每次比赛开始时,排在首位的选手应抓在尽量靠近第二标记的地方。选手不得在绳子上打结或系圈,也不得将绳子系在任何一名选手身上的任何部分。每次比赛开始时,应将绳子拉紧,并且绳子上的中心标记应正好在地面中心线的正上方。

(三)身体姿势

在进行比赛时,以正常的姿势赤手握绳,手心向上。绳子应从身体和上臂之间穿过。其他任何妨碍绳子自由移动的行为均称为锁绳,将被视为犯规。脚的位置应伸在膝盖之前,选手们应在比赛中自始至终保持这一拔河姿势。

比赛开始后,蹬腿、挺腰、仰头,全身向后用力,形成45°左右的斜线。使握绳、夹绳、蹬脚的地方和身体用力的方向,同拔河绳基本保持一个垂直面。

(四)用力

听从指挥员指挥,全队应同时发力。用力时先以前腿用力向前下方蹬地,同时两手紧握绳,上体后倾。

三、拔河基本战术

(一)抢先发力

队员全神贯注,指挥及时,当裁判哨声响后,马上一齐发力,攻其不备,使对方重心浮起,不便用力,然后一鼓作气,将对手击败。

(二)防守反攻

裁判哨声响后,对方抢先发力,则全队上下一致降低重心,加大后倾幅度,用暗劲稳住,然后再听指挥节奏,一齐发力将中线标志带拉过来,取得胜利。

(三)伺机进攻

在比赛过程中,如双方势均力敌,处于僵持阶段时,全队上下齐心保持重心稳定,加大后倾及利用暗劲支撑,最后一名队员拉直绳并向下压。指挥员通过观察,发现对方稍有松懈时便及时发号,全队同时发力,破坏对方阵势,顺势连续发力将对手击败。

四、拔河基本规则

游戏规则规定裁判员鸣哨后双方运动员才能用力拉,要求队员不得在地面挖坑或借助其他任何外力。根据比赛性质确定每局的比赛时间,一般采用三局两胜制,胜负以标志带过河界垂直面为准。根据比赛的性质和规模,可用淘汰制或循环制进行。若采用循环制,每胜一场得2分,在判定名次时,按积分多少确定胜负,积分多者名次列前;两队积分相等,则按彼此之间胜负判定,胜者名次列前;3队或3队以上的积分相等,则按胜负局数的比值决定,比值高者名次列前;若仍相等,则名次并列。

第五节 秋 千

一、秋千概述

秋千是一项历史悠久的民族传统体育项目,主要在我国北方地区和西南少数民族区域流行。我国朝鲜族、满族、蒙古族、白族、壮族、苗族、哈尼族、阿昌族、维吾尔族等少数民族地区的秋千活动已经成了固定的节日或节日里固定的活动项目。其中,尤以朝鲜族的技艺最为高超。

发展到现在,常见的秋千主要有两种:一种是以朝鲜族秋千为代表的单一踏板秋千;另一种是南方少数民族地区常见的圆形多个踏板秋千,如"轮子秋""八人秋"。如果按秋千结构进行分类,可分为3种:横轴秋千是吊绳式的荡秋千,也是最普及的秋千,只需在一根横梁上吊起绳索和木板即可;磨转秋千是左右旋转的磨秋,由两人伏在有中轴的横木两边,利用人的后蹬力推动,上下起伏旋转,如同推磨一般,故称"磨秋";轮转秋千是上下转动的轮秋,是较为复杂的秋千,每次可坐4~8人同时娱乐。

秋千项目从第三届全国少数民族传统体育运动会开始,被列为正式比赛项目,秋千项目由此进入了一个新的发展阶段。秋千设备简单,对场地要求不高,人们在庭院中、公园内、小区公共设施和幼儿园、小学中都可以放置下一个简易的秋千架,在一天工作学习之余,进行秋千运动,可以调节身心,缓解压力,具有强身健心的作用。

二、秋千基本技术

(一)技术原理

(1)荡秋千也需要有一定的技术,在摆荡的过程中,练习者要运用物理学和生物力学原理,便能使秋千很快地进入摆荡阶段,并保持或增加秋千荡起的高度,这是荡秋千技术的关键所在。

(2)荡秋千的过程也是物理学上动能与势能转化的过程。当秋千由低处向上升高时,人体与秋千的势能逐渐增加,动能逐渐减少,当秋千摆至最高点时,人体与秋千的势能达到最大,其速度和动能为零;当秋千由高向低摆时,人体与秋千的势能逐渐减少,其动能逐渐增大,当秋千摆至最低点时,其势能最小,摆动速度最快,动能达到最大值。

(3)荡秋千的过程是人体与秋千互相协调统一的过程,只有人体所用的力与秋千的运动方向相配合,才能越荡越高,否则,摆荡的幅度越来越小,秋千越荡越低。

(4)双人或多人荡秋千时,用力必须协同一致,形成合力,才能在最少的试荡次数和最短的时间内,摆荡达到最大的高度。

(二)基本技术

1. 起荡

起荡前,先将脚踏板提至一定高度(也可站于高凳或起荡台),两手握绳,手心相对,与胸同高,两臂自然弯曲,一脚踩在脚踏板上做好准备,然后另一脚稍蹬地(或起荡台),顺势站上脚踏板,开始进入摆荡,称为立荡(坐于踏板荡秋千称为坐荡)。

2. 摆荡

进入摆荡后,秋千由后上方向前摆时,尽量使身体重心下降、屈膝下蹲,使人体和秋千的总重心远离轴心(即秋千架顶端的横杆),使摆动的速度加大(摆至最低点时,速度最大);当秋千摆过垂直部位,由最低点向前上方最高点摆动时,两腿应蹬板,逐渐伸直,并向前送髋、挺腹;当秋千到达前最高点时,身体应接近直立。在整个由下蹲到站起成直立的过程中,应缓慢配合秋千的摆动,不要猛然站起,避免破坏了摆动的轨迹。由前上方向后摆时,屈膝下蹲,向后摆过垂直部位后,臀部应向后上方提起,并逐渐蹬直双腿。双手随前后摆荡而用力。正确掌握和合理运用动作技术,是保持和增加秋千摆荡幅度的最关键因素。

3. 下秋千

当荡秋千者准备终止练习或比赛结束时,应停止用力(或施加外力),使秋千的摆幅逐渐减小至完全停止摆动,再从踏板上跳下。在秋千完全停止摆动前,切不可贸然跳下,以免发生事故。

三、秋千基本规则

(一)场地、器材

(1)秋千比赛场地为平坦的长方形土地或草地,长 20 米,宽 5 米。比赛地上空距地面 15 米高的空间内不得有任何障碍物。

(2)秋千架:用钢管或相应的坚固材料制成。两根立柱下端间距不少于 3.5 米,上端间距 2 米,两立柱顶端为第一横杆,距地面高度为 12 米;向下 1 米处为第二横杆。秋千架应牢固地安装在场地中央,间距均从内沿丈量。

(3)系铃架:与秋千架平行并可随意升降、前后移动的系有铃铛的架子,是高度和触铃比赛判定成绩的标志。系铃架两根立柱的间距应不少于 4.5 米,并相互平行。

(4)秋千绳:使用伸缩性小的苎麻绳、棕麻绳或尼龙绳,其直径为 2.5~3 厘米。绳的两头分别系在第一横杆上,两绳间距为 1 米,再在第二横杆上向系铃架方向缠绕一圈垂落下来,在封闭的下端安置脚踏板,其下沿距地面 0.8~0.9 米。

(5)脚踏板:单人脚踏板长 30 厘米、宽 10 厘米;双人脚踏板长 40 厘米、宽 10 厘米、厚 2.5~3 厘米,脚踏板应能牢固地卡在秋千绳上。

(6)起荡台:供运动员试荡开始时,上脚踏板用的台子。台面为长 1 米、宽 1 米的正方形,高 1.3 米(包括台子的脚轮)。起荡台一侧应设有供运动员上下的梯子。

(7)安全带:每条安全带均应承受 100 千克的拉力。安全带的两端,分别套在秋千绳和运动员的手腕上。另有两条腰部安全带可供运动员选用。

(二)比赛办法

(1)运动员听到裁判员发出准备比赛口令后,进入比赛场地作起荡前的准备,准备完毕后向裁判员报告准备完毕。裁判员鸣哨,运动员开始试荡。当出现下列情况时,则鸣锣表示该次试荡结束。

触铃比赛:预摆次数达 30 次时,仍未触铃裁判员则鸣锣结束比赛。

高度比赛:预摆次数达到《系铃架与秋千架的距离和不同高度的预摆次数表》中所规定的预摆次数时,仍未触铃裁判员则鸣锣结束比赛。

在试荡过程中,运动员或教练员可以提出终止该次试荡的要求,裁判员则鸣锣结束比赛。

因系铃架发生故障而停止比赛,待故障排除后可重新开始比赛。因器械故障受影响的运动员可在本单元比赛最后一名运动员之后重新试荡,如运动员放弃重新试荡,则故障发生前的成绩有效。

一名运动员在连续两次试荡之间,可以休息 5 分钟。

(2)有效成绩:运动员双手握住秋千绳,双脚站在脚踏板上,秋千绳或该运动员身体的任何部位触到铃或铃杆均为有效成绩。

(3)铃杆高度:是指从铃杆(包括铃铛)的最低点至地面的垂直距离。比赛中,铃杆的高度只升不降。

(4)犯规与处罚:出现"抢摆"、摆荡中手离开秋千绳、脚离开脚踏板、借助外力或准备时间超时等应给予相应的处罚。

(5)名次的判定。

高度比赛:单人或双人比赛均以其最好的一次试荡成绩,作为最后决定名次的成绩。高度高者名次列前。当出现成绩相等时,在成绩相等的高度上,试荡次数少者名次列前;如仍相等,在成绩相等的高度上,预摆次数少者名次列前;如仍相等,在成绩相等的高度前,试荡失败次数少者名次列前;如仍相等,在成绩相等的高度前,试荡或预摆次数总和少者名次列前。

触铃比赛:单人或双人在规定时间内,触铃次数多者名次列前。出现成绩相等时,以预摆次数少者名次列前;如仍相等,以连续触铃次数多者名次列前;如仍相等,则抽签决定名次。

第六节 舞龙舞狮

一、舞龙

(一)舞龙概述

1. 舞龙的起源与发展

"舞龙"具有悠久的历史,它是一项具有浓郁的中华民族色彩的传统体育娱乐活动。每逢佳节、盛会,人们在长街广场和街头、湾边舞起龙灯,以增添欢乐喜庆的气氛。它也构成了中华民族民间传统文化的重要组成部分。

舞龙者在龙珠的引导下,手持龙具,随鼓乐或音乐伴奏,通过人体运动和姿势的变化,完成龙的游、穿、腾、跃、翻、滚、戏、缠、组图造型等动作和套式,充分展示了龙的精、气、神、韵等内容的一项民族的民间的传统体育项目,反映了龙所象征的中华民族不屈不挠、奔腾争跃、喜庆祥和的精神风貌。

自古人们就认为,龙象征着水,水蜿蜒曲折,所以,龙也蜿蜒曲折。"龙合而成体,散而成章,乘乎云气,而合乎阴阳。"因此,理水兴云布雨,就成为龙的一大司职。久旱之年,人们自然想到了"龙"的威力和神圣。于是借助于"龙"的祭祀活动就成为祈求雨水的主要形式了。

在殷商时期,甲骨文记载中便有向龙卜雨的甲片,作为求雨的祭祀舞蹈是很普遍的。按古人的认识,龙总是与风雨同在,龙的出现,必然伴有风雨的"迎送",这便是求雨离不开龙的根据。"舞龙"发展到汉代已经相当流行了,无论是规模、种类,还是制作工艺,都具有相当的水平。特别是在求雨的祭祀中占有很重要的地位,并且逐渐演变得更细、更具体了。

发展到汉代,开始用"土龙"祈雨,经过多年演变逐渐扎制龙形而舞,便有了舞龙。随着现代社会的不断发展,人类文明的进步,"舞龙"这一种形式也逐步地从祭祀活动中走出来,并且种类也多样化了,制作工艺更加精细。从舞龙活动的时间来看,不仅是在白天,就是夜晚也有舞龙活动,于是产生了在龙身扎制灯火以照明,而有了龙灯的产生。这样由本为祈雨的龙舞,经过多年的发展演变,形成了以消灾免难求得吉祥平安娱乐而进行的表演活动了。这一点可以从《汉书》、东汉张衡的《西京赋》和东汉李尤的《平乐观赋》等文献记载中看出,在当时"舞龙"的娱乐和观赏功能已大大地加强,越来越受到人们的喜爱。

到了唐代,舞龙进入了鼎盛时期。这一时期的"舞龙",已经基本上摆脱了原始祭祀的宗教活动,密切结合民间传统节日的庆典活动,成为中华民族节日文化的重要组成部分。如元宵佳节的灯会盛况,舞龙是必不可少的,当时元宵佳节中,舞龙形式多样,制作精美,色彩鲜艳,场面和规模都是十分壮观的。

发展到现在,舞龙活动越来越频繁,在国家体育总局的领导下,通过挖掘整理和试办各种舞龙比赛,使传统的民间舞龙,发展成为集舞龙技巧、艺术等为一体,寓身体锻炼于精彩表演之中的群众体育活动。同时它也成为当前我国推行全民健身计划,增强人民群众身心健康,推动农村体育运动开展的重要大众体育项目之一。1995年2月原国家体委将其列为全国正式比赛(四类)项目,并批准成立了"中国龙狮运动协会",出版了《中国舞龙竞赛规则》,创编了中国舞龙运动竞赛规定套路,使得舞龙运动进一步规范化。

2. 舞龙的特点及价值

(1)舞龙的特点

①历史性

舞龙历史悠久,在古代,人们对大自然的认识有限,把"龙"这种事物描绘得有声有色,龙被视为吉祥之物,是吉祥喜庆的象征。古人称龙为"龙鳞凤龟"四灵之首、"龙龟象鹤"四寿之头。龙被膜拜为神兽之冠,古人认为,龙是入水能游、陆地能走、腾空能飞的三栖动物,能掌管风雨、福祸,这些认识都源于人们在特定的历史发展背景下认识的局限性,舞龙祭祀表达了人们祈求风调雨顺的美好愿望。

②传统性

在封建时代,龙是皇权的象征,皇帝被称为真龙天子,皇权是神圣不可侵犯的。在现代,龙更多的是代表一种吉祥,是人们美好愿望的化身,融入平常百姓的生活。自古以来,神话传说都与民族起源难以分割,可以说,龙是中华民族的象征,华夏儿女的图腾,每一个炎黄子孙都是"龙的传人",龙逐渐发展成为一种文化。也正是在这样一种龙文化的背景下,舞龙运动得以起源、发展,并能一直流传到今天。因此,舞龙运动具有传统性的特点。

③民族性

舞龙运动是在讲究动作形体规范的同时,还要求舞龙者做到精、气、神的统一。舞龙运动具有内外合一的整体运动观,是中华民族传统体育项目的特色之一。另外,舞龙运动承载着中华民族优秀的传统龙文化的内涵,舞龙运动集民俗、风情、健身、娱乐等为一体,使得舞龙运动更加具有传统的民族风格和特性。

④群众性

舞龙运动具有广泛的群众性特点。第一,舞龙运动不受场地、性别、人数的限制;第二,舞龙运动不受时间、季节的限制；第三，舞龙运动不受地域特色的限制。近代以来,中华民族传统的舞龙运动已经随着华人的迁移而传播到世界各地。可以说,只要有华人聚居的地方,就有舞龙运动的开展。舞龙运动已经发展成为一项具有广泛群众基础的娱乐和健身活动。因此,可以看出,舞龙运动深受广大群众的喜爱。不仅在中国,在全世界舞龙运动都具有广泛的群众基础。

⑤观赏性

中国传统的舞龙运动是一项集竞争性、技巧表演性、游戏娱乐性、艺术观赏、趣味性等为一体的综合运动。舞龙运动的形式虽然多样,具有不同的种类划分,但均以强身健体、表演娱乐为目的,具有较高的观赏性。

⑥适应性

随着舞龙运动的不断发展,舞龙者可以根据场地大小灵活地变化练习内容与练习方式。即使一时没有器械,也可以徒手练习,由此可见,舞龙运动具有一定的适应性特点。

(2)舞龙的价值

①促进民族团结,弘扬民族文化

舞龙运动是一项历史悠久的民族传统体育运动,它不仅促进了各民族的团结,凝聚了各族人民之间的感情和友谊,而且对外也弘扬了中华民族优秀的"龙文化"。随着现代社会的不断发展,以弘扬龙文化为主题的各种民俗节、艺术节、文化节遍布全国各地,龙文化通过各种庙会、花会、文化广场等文化艺术场合走进了更多百姓的生活。围绕着传统的龙文化为主题的活动,尤其是舞龙运动的固定程序和封闭性正在被冲开。

传统龙文化活动注入了新思维方式和价值观念,舞龙运动不但积淀和弘扬了中国优秀的传统文化,增强了民族凝聚力,而且在一定程度上丰富了人民群众的文化生活。

②健身健心价值

舞龙运动是一种集武术、舞蹈、民族鼓乐等因素为一体的传统体育项目。通过中国传统鼓乐的击打节奏的配合,舞龙运动将武术和舞蹈艺术有机结合起来,在节奏变化中,舞龙者利用人体的多种姿态,在动态行进和静态造型中将力度、幅度、速度、耐力等揉合于舞龙技巧,完成各种高难、优美的舞龙动作。如很多舞龙运动的舞球者及龙头、龙尾表演者都要使用一些舞蹈动作,这对舞龙者来说是一种很好的身体和精神的双重锻炼;对观赏者来说,是一种健康休闲、愉悦身心的有效方式。

③产业发展价值

随着科技的进步和社会的发展,在当今社会,舞龙运动逐步形成一种产业。舞龙产业的产生发展始终与市场结伴而行,一方面舞龙产业的兴旺能促进市场繁荣,另一方面市场繁荣又可以促进舞龙产业的发展。

(二)舞龙部位的方法

1. 舞龙珠

持龙珠者,即为龙队指挥者,在鼓乐伴奏下,引导舞龙者完成龙的游、穿、腾、跃、翻、滚、戏、缠、组图造型等动作和成套动作,整个过程要顺畅、生动、协调。舞龙珠的目的是引导龙队出场,认清出场方向;了解比赛场地的大小,熟悉表演动作的方位,避免表演时出现方位不正或利用场地不充分;舞龙珠者必须熟悉本队套路中的各种队形的变化以及必要的场上应变能力。舞龙珠时要求双眼随时注视龙珠,并环视整队及周边环境的情况变化,与龙头保持协调配合,并与龙头保持1米左右的距离;此外,龙珠还应保持不停地旋转。

2. 舞龙头

持龙头者身材必须高大魁梧、双臂有力。舞动时,龙头动作紧随着龙珠移动,龙嘴与龙珠相距1米左右,含吞吐之势,注意协调配合,应时刻注意龙头不停地摆动,展现出龙的生气和活力,威武环视之势。舞龙头的目的是在龙珠引导下,紧随其后移动,从而带动龙身的摆动;龙头左右摆动时,一定要以嘴领先,显示追珠之势。要求龙头替换时,不能影响动作的发挥;因龙头体积较大,在左右摆动时不得碰擦龙身或舞龙者;与龙珠保持1米左右的距离。

3. 舞龙身

舞龙身者,必须随时与前后保持一定的距离,眼观四方,紧跟前者,空中换手时尽量将龙身抬高,甚至可跳起;舞低时,尽量放低,但千万别将龙身触地,在高低左右舞动中,龙翻腾之势即还展现其中;还必须随时保持龙身转动,形成生龙活虎之势。在跳与穿的动作中,应特别注意柄的握法,柄下端不可多出,以免刮伤别人。龙身在左右舞动时,龙身运动轨迹要圆滑、顺畅;龙身不可触地、脱节;龙体不可出现不顺畅的打结。

4. 舞龙尾

持龙尾者,身材需轻巧、灵活,龙尾也是主要部位,因为龙尾时常有翻身的动作,龙尾舞动时翻尾要轻巧生动,不拖泥带水,否则容易使龙尾触地,造成器材的损坏,且会让人感到呆板。龙尾亦时时成为带头者,因为有些动作必须龙尾引首,龙尾亦是整条龙舞动弧度大小的控制者,持龙尾在穿和跳的动作里,更应注意尾部,勿被碰撞或碰撞别人,最重要的是随时保持龙身的摆动。舞龙尾的目的是随着龙身的带动,龙尾时刻摆动着,体现出龙的轻巧生动。龙尾舞动时,要求不能触地;龙尾在舞动过程中始终保持左右的晃动;并控制左右舞动弧度的大小。

(三)舞龙的步形和步法

1. 舞龙的步形

(1)正步:两脚靠拢,脚尖正对前方,重心在双脚上。
(2)丁字步:右(左)脚跟靠拢于左(右)脚足弓处,脚尖分开,对左、右两侧的前角方向。
(3)虚丁步:(前点步)站丁字步,右(或左)脚顺着脚尖方向向前伸出,绷脚点地,大腿外旋。
(4)虚步:站虚丁字步,左(或右)腿呈半蹲。
(5)横弓步:站成左(右)弓步,上身左(或右)转,与左(或右)脚尖方向一致。
(6)弓箭步:右脚(或左脚)向前迈出,屈膝,小腿垂直,脚尖朝前,左腿(或右腿)挺直,脚尖稍内扣。重心放在两腿中间,上身与右(或左)脚尖方向一致。
(7)小八字步:两脚跟靠拢,脚尖分开,分别对左、右两侧的前角方向。

(8)大八字步:两脚跟间相距一脚半,脚尖分开,分别对左、右两侧的前角方向。

2. 舞龙的步法

(1)圆场步

沿圆线行进,以左脚为例,左脚上前一步,脚跟靠在右脚尖前,脚跟先着地,再移至前脚掌,同时右脚跟提起。右脚做法同左脚。两脚的动作保持在一条线上。

(2)弧行步

两腿微屈,两脚迅速连续向前行进。每步大小略比肩宽,走弧形路线。眼睛始终注视龙体。

(3)矮步

两腿半屈,勾脚尖,迅速连续地以脚跟到脚尖滚动向前行进。每步大小约为本人一个脚长。

(4)单碾步

预备姿势,脚站成小八字步,手握把位成上举姿势,右脚以脚掌为轴,脚跟微提起,左脚以脚跟为轴,脚掌微提起,两脚同时向右碾动,由正小八字步碾成反小八字步;然后右脚以脚跟为轴,左脚以脚掌为轴,两脚同时向右旁碾动,成正小八字步。

(5)双碾步

预备姿势站成正步,以双脚跟为轴,双脚尖同时向右(或左)碾动,然后再以双脚脚尖为轴,双脚跟同时向右(或左)碾动。

(四)舞龙的跳跃动作

1. 腾空箭弹

右脚向前上步,膝关节伸直,用脚后跟着地;左臂前摆,持龙珠后摆;目视前方。然后,右脚踏实蹬地向上跳起,左脚随之向前、向上摆起,同时右脚蹬地向上跳起,使身体腾起;右腿迅速挺膝向前上方弹踢,脚面绷平,左腿屈膝收回。

2. 踺子

经助跑、趋步后,上体侧转前压,两手体前依次撑地,随即两腿依次向后上蹬、摆。经倒立后,推地,并腿后踹。当前脚掌蹬地后,急速带臂,梗头向外转体90°跳起。

3. 旋子

两脚并步站立。身体右转,左脚向左迈步;两手向右平摆。随后上体前俯并向左后上方拧转,左腿屈膝,两臂随身体平摆;同时,右腿向右后上方摆起,左腿蹬地伸直相继向后上方摆起,带动身体在空中平旋一周。随后,右、左脚依次落地。

4. 抢背

右脚在前,左脚在后,两脚交错站立。左脚从后向上摆起,右脚蹬地跳起,两腿屈膝,团身向前滚翻。

5. 后手翻

由两臂前举站立开始,体稍前屈,直膝,臀部后移,当失去重心时两脚蹬地,倒肩,两臂后甩,抬头挺胸,做体后屈翻转;撑地经手倒立后,顶肩,推手,屈髋,插腿,立腰,起立,连续接做后手翻。"绷跳小翻"开始时两腿弯曲,向后甩臂的同时,两脚蹬跳。经过手倒立后,迅速顶肩,推手,提腰,屈髋,两腿迅速下压。落地后,领臂跳起,连接空翻。

6. 后空翻

由站立开始,两臂预先后摆,经下向前上方摆,配合两腿屈膝后蹬跳起。腾空后提膝团身,抱腿向后翻转,至3/4周时,两臂上举,展体落地成站立姿势。

7. 旋风脚

左脚向左上步,左手向前、向上摆起,右臂持龙珠伸直向下、向侧摆动。右腿随即上步,脚尖内扣,蹬地踏跳;左臂向下摆动并屈肘收至右胸前,同时左臂向上、向前抢摆,上体左转前俯。重心右移,右腿屈膝蹲地跳起,左腿提起,向左上方摆体旋转180°,右腿做里合腿,左手胸前迎击右掌,左腿自然下垂。

8. 侧空翻

左脚向前上步蹬地,依次伸展髋、膝、踝关节,右腿向后上方摆起。上体向左侧倾,利用摆腿的惯力使身体在空中向左侧翻转,右、左脚相继落地。

9. 鲤鱼打挺

身体仰卧,两腿伸直向上举起;两掌分别扶于两大腿上。然后借助两手推力,两腿向前上方快速摆动,同时挺胸、挺腹、头顶地。随两腿摆动的惯性使身体腾空跃起;随后两脚同时落地站立。

(五)舞龙基本规则

1. 场地器材

(1)竞赛场地

竞赛场地为边长20米正方形平整场地(特殊情况,最小面积不得少于边长18米正方形),要求地面平整、清洁,场地边线宽5厘米,边线内沿为比赛场地。边线周围至少有1米宽的无障碍区。

(2)器材

舞龙运动的器材主要有:龙珠、龙头、龙身、龙尾,以及鼓乐等。在比赛中对龙珠、龙头和龙身的器材规格都有着严格的规定。如龙珠的球体直径不少于0.35米,杆高(含珠)不低于1.7米;对龙头的规定是龙头的重量不得少于3 000克,杆高(含龙头)不低于1.8米;而对龙身的规定则要求以9节布龙参赛,龙身为封闭式圆筒形,直径不少于0.35米,全长不少于18米,龙身竿高(含龙身直径)不低于1.6米,两杆之间距离大致相等。对于龙珠、龙体、龙尾的重量则没有限制。

2. 评分标准

(1)规定套路的评分标准(满分为10分)

①动作规格,分值为7分

标准:姿势正确,方法合理,配合协调,技术熟练,出色完成全部动作给予满分;与动作规格有差距,轻微错误扣0.05分;明显错误扣0.1分;严重错误扣0.2分;一种动作出现多种错误,最多扣0.3分。

②布局、结构、精神面貌,分值为1.5分

标准:布局合理,结构严谨,动作顺序、方位、路线正确,有很好的表现力给予满分;改变规定套路动作顺序,运动方向线路,每出现一次扣0.1分;完成套路节奏松散,运动员精神面貌不足,缺乏表现力,根据程度扣0.1~0.5分。

③音乐伴奏,分值为1分

标准:音乐伴奏的情绪和节奏要与舞龙动作、构图紧密配合,协调一致,乐曲完整,很好地烘托舞龙气氛给予满分;与以上标准有差距,根据情节扣0.1~0.5分。

④服饰,分值为0.5分

标准:运动员的服饰符合规则要求,给予满分;与标准有差距,扣0.1~0.2分。

(2)自选套路的评分标准(满分为10分)

①动作规格,分值7分

标准:姿势正确、方法合理、技术熟练、龙珠与龙配合默契,出色完成全部动作给予满分;出现与规格要求不符,每出现一次轻微错误扣0.05分;每出现一次明显错误扣0.1分;每出现一次严重错误扣0.2分;一个动作出现多种错误,最多扣分不超过0.3分。

②编排,分值为1分

标准:凡符合编排要求,布局结构合理,运动员精神面貌好,现场完成效果好,给予满分。与以上规格有差距,视情况扣0.1分至0.5分。

③音乐伴奏,分值为1分

标准:音乐伴奏与舞龙动作紧密配合,协调一致,风格独特,乐曲完整,很好地烘托舞龙气氛给予满分;与以上规格有差距,根据情节扣0.1~0.5分。

④服饰、器材,分值为0.6分

标准:运动员的服饰整洁大方,款式色调与器材协调,号码佩戴统一整齐,给予0.3分;龙珠与器材制作符合规则要求,龙头扎制要塑造出两眼有神,张口吐舌,额大角长,须发飘扬,神威奋发的艺术形象。造型别致,制作精良给予0.3分;与以上规格有差距,扣0.1~0.2分。

⑤动作创新,动作难度,分值为0.4分

标准:动作创新、难度大、观赏性强的创新难度动作,最多给予0.1分;动作难度,分值为0.3分。

（六）舞龙注意事项

在舞龙运动中有很多跳跃动作，即执龙头龙尾和龙身的人从龙身各节上跳过去的动作尽管看起来动作十分简单，但是跳与被跳动作要配合顺利，就十分讲究时间和空间的配合，否则会自乱阵脚。跳的时候首先必须注意配合脚步，因为龙手在跳的时候是高举着龙身，而又受前后两名龙手的牵制，不是那么容易举高或放低的，所以倘若跳起来不够高，很容易被绊倒，为了避免发生此种情形，前后龙手的配合应密切和协调。

舞龙是一项较为剧烈的运动，通常按节数多少而准备倍数的替补手，龙头因为较重必须准备2～3人，龙尾可准备2人，龙身各1人轮流交换即可。舞龙的过程中替补手应整齐排列，在场地边等候。在替补的过程中，被替补者应由龙尾方向快速退场，加入替补队伍，以免妨碍舞龙动作的顺利进行。

二、舞狮

（一）舞狮概述

1. 舞狮的起源与发展

舞狮也是我国优秀的民族传统体育运动，在历代都受到人们的欢迎和喜爱。每逢春节和元宵节，人们都要表演精彩的舞狮，这种隆重的喜庆仪式，预示着国泰民安、吉祥如意。

舞狮运动是由狮头、狮尾组成的单狮，运用各种步型步法，模仿狮子的摔、跌、扒、跃等动作，通过腾、挪、闪、扑、回旋、飞跃等高难动作演绎狮子喜、怒、哀、乐、动、静、惊、疑八态，表现狮子的威猛与刚劲以及惟妙惟肖、憨态可掬的神态。在表演过程中，其舒缓婉转之处，令人忍俊不禁，拍手称绝；其飞腾、跳跃之时，让人胆战心惊又昂扬振奋。

舞狮在我国有着悠久的历史，一般认为，它在三国时就已出现，三国时魏人孟康注释的《汉书·礼乐志》中说："若今戏鱼、虾、狮子者也。"这是文献上关于舞狮的最早记载。早在公元87年，西域大月氏和安息等国为了与汉室结好，不远万里把象征吉祥、威武的狮子作为礼物送到中原，很快就引起了朝野的关注，也引起了广大群众对这一瑞兽的喜爱。在此后的2 000多年里，不仅常有友邦赠送狮子的记载，而且历代艺术家将狮子与中国传统文化艺术有机地结合，创作了不计其数的有关狮子的绘画、陶塑、刺绣、石刻等艺术作品，并逐步形成了具有东方特色的狮文化。

发展到唐代，舞狮进入了一个盛行时期。无论在民间、军队还是在宫廷，都很流行舞狮这项民族体育活动。唐代宫廷有"五方狮子"，又叫"五常狮子"，它们披着赤、黄、青、白、黑5种色彩的狮被，每个狮子都有3米多高，分东、西、南、北、中五方站立，由12个穿着五彩画衣、扎着红头饰的狮子郎手，手持红拂子逗引雄狮。狮子前仰后合，活跃异常，在鼓乐喧天的龟兹乐伴奏下，百人大型合唱队高歌太平乐。这种宫廷舞狮子表演，人众狮大，气势磅礴，颇为壮观。唐代诗人李白的《上云乐》中，把"五色狮子"与"九色凤凰"并举。白居易也曾在《西凉伎》诗中描写了舞狮生动活泼的形象。自唐代以后，舞狮一直盛行不衰，从历代文献典籍和绘画上都可以得到证明。故宫博物院有一幅南宋苏汉臣绘的《百子嬉春图》，其中就有"狮子舞"，描绘一个小儿手拿绳索,牵着一头镀金眼睛的狮子,两个小儿一前一后,披着狮皮扮演狮子。宋人孟元老的《东京梦华录》和吴自牧的《梦粱录》,都记有"狮子会"。清代《走会》图中的舞狮,场面热烈,表现了一对大狮子各带一只小狮子,由两个狮子郎逗引戏耍的情景。清人有一首《成都竹枝词》,生动地描写了舞狮的热闹场景,词中写道:"巧制狻猊不用灯,布围高挂任纵横。十番锣鼓真热闹,看到更深更有情。"

我国民间舞狮主要集中在农历正月初一到十五,一般在元宵节达到高潮,舞狮表演已成为隆重的喜庆仪式。近几年来,在国家体育总局大力支持下,通过挖掘整理和试办各种舞狮比赛,使传统的民间舞狮表演发展成为集舞狮、武术技巧、艺术等为一体的寓身体锻炼于精彩表演之中的群众性体育活动,制定了《中国舞狮竞赛规则》,并于1997年12月在广东番禺成功地举办了第1届全国舞狮比赛,至今,已举办了多次国内外舞狮锦标赛,使舞狮运动朝着规范化、竞技化、科学化和国际化的方向发展。

舞狮表演要求舞狮者具有灵活的步法、矫健的身法和娴熟的技巧,以及手法、步法、身法的协调配合,才能完成跌扑、跳跃、翻滚、翻腾以及滚绣球、上楼台、过跳板、跳桌等各种难度动作。舞狮运动不仅能提高速度、力量、耐力和灵巧等身体素质,而且还能培养练习者勇敢顽强的精神和坚韧不拔的意志品质。

2. 舞狮的分类

在我国民间流传的舞狮表演活动,由于各地风俗习惯的不同,其在表演形式与艺术造型上形成了各自的地方特色与独特风格,按地域来说可分为南方舞狮和北方舞狮两种。南派狮头与北派狮头的显著差异主要体现在造型上,南派以神似为基础,结合武术动作,摆脱具体形态的局限,以塑造一个夸张、浪漫的狮子艺术形象;北派以写实为基础,它的造型、结构、色彩、装饰以及表演都以模仿狮子为主。

(1)北狮

北狮表演以"武狮"为主,又称"北狮""瑞狮"等,相传是1 500年前的北魏时代,魏太武帝(公元408—452)把西亚(胡人)传入的狮子改名为"北魏瑞狮",因此人们一般认为其是北狮的祖师。

北狮的外形与真狮相接近,其全身覆盖着金黄色的狮被,舞狮时由大狮(太狮)、小狮(或称幼狮)和引狮人组成,大狮由两人合扮,一人扮狮头,一人扮狮尾。而小狮则只有一人扮装。舞狮者下身穿着与狮皮同色的裤子和花靴,逗引狮子的"狮子郎"扮作武士,手持一个五光十色能转动的绣球,先开拳踢打,以引诱狮子起舞。在表演上,武狮着重于武功,动作矫健,技巧很高,主要表现狮子威武勇猛的性格。

北狮的舞狮动作主要有跌扑、跳跃、滚翻、抓耳、瘙痒等,步法有单提步、跨跳步、击步、碎步、单脚直立、双飞脚、大转身等,还有滚绣球、过跳板、上楼台、跳桌等技巧动作。舞狮时配以京鼓、京锣、京钹,乐声抑扬、动作合拍、生动活泼、惟妙惟肖。舞狮一方面需将狮子勇猛剽悍、顽皮活泼的姿态表演出来,同时需把狮子的驯服与一切细腻的小动作充分展现出来。

(2)南狮

南狮一般以"文狮"为主,在表演上,文狮重于表情,动作柔和稳重、细腻婉转,着意刻画狮子温和可爱的神态以及表现狮子善于嬉戏、活泼好动的性格,除了表演跌扑、跳跃等基本动作以外,还有搔痒、舐毛、抖毛、洗面、擦脚、伸腰等模仿狮子的动作,以及上楼台、过天桥、入洞、出洞、照水、戏水、望月、下山等技巧动作的表演,其中吐青和采青等动作难度较大。湖南的文狮以"羊毛饰为狮形,人披之,滚球跳舞",演出时有乐队伴奏,乐器多为锣、钹、鼓等。湖南也有武狮,要时由一人头顶狮首,身披狮被,表演武术散打动作,或2人、3人对打,表演时也有乐队伴奏,动作刚健,气氛热烈。

福建和广东两地为南狮的代表。广东舞狮各个地方也有各自不同的特点,如广州、佛山的大头狮,俗称"佛庄""笑狮",它取唐代石雕狮子的精华,特点是头部的造型夸张,口宽带笑,额部十分突出,额上装有镜子、眼睛,眼睛大多是玻璃眼球,显得光彩夺目,明亮有神;中山、鹤山的狮头稍长,俗称"鹤庄、画形、禽形或豹仔",特点是眼企、吊眉,嘴形有鸭嘴和青蛙嘴;还有潮汕的龙头狮,清远、英德的公鸡狮,雷州的鹦雄狮等。

舞狮分为两种,一种是"青面狮",一种是"红面狮"。红面狮多出现在春节、元宵节和中秋节等一些较大的民族传统节日中,以增添喜庆气氛。另外,在人们的心目中,狮子能镇凶压邪,所以,当某些村庄不安宁时,多请青面狮去耍弄一番。

(二)舞狮基本技术

1. 北狮基本技术

(1)狮头与狮尾的基本握法
①狮头握法:舞狮头者两手紧握头圈嘴巴下摆的关节处,以便于控制嘴巴的张合。
②狮尾握法
双手扶位:舞狮尾双手虎口朝上,大拇指插入狮头腰带,四指并拢握住扶拉狮头队员腰带。
单手扶位:舞狮尾者单手扶拉狮头队员腰带,另一手扶拉狮被。
脱手扶位:舞狮尾双手松开狮头队员腰带,扶拉狮被两侧下摆。
(2)狮头基本手法
①点:舞狮头者双手扶头圈,身体向右侧回旋,与地面形成45°角,左右手的运动路线为上下交替运动,左、右侧动作相同,但方向相反。
②叼:舞狮头者一手扶头圈,另一手用小臂托头圈,手伸至狮嘴中央位置取绣球。
③摇:双手扶头圈,双手交替向前、向上、向后、向下做回旋动作。手的运动路线成立圆。
④摆:舞狮头者双手扶头圈,上左步时狮头摆至左侧,重心位于左腿上;行走时右侧动作与左侧动作相同,但方向相反。
⑤错:舞狮头者双手扶头圈,然后双手拉至狮头向右侧做预摆动作,右手与右腰侧同时腰、臂齐发力,摆至于身体左侧,呈半马步姿势,重心位于右腿上。右侧动作与左侧动作相同,但方向相反。
(3)舞狮基本步法
①颠步:狮头、狮尾队员按顺(或逆)时针方向跳步行进,狮头队员迈左脚时,狮尾队员迈右脚,步法要保持协调一致。
②盖步:狮头队员向右盖步,左脚经右脚前先向右跳扣步,同时右脚向右跳半步亮相,狮头队员与狮尾队员的动作相同;向左盖步,动作相同但方向相反。

③错步:狮头狮尾队员同时向身后45°斜后方向先左脚后右脚同时退步。

④行步:狮头、狮尾队员重心微蹲,迈步时狮头队员先迈左脚,狮尾队员同时迈右脚,节奏一致。

⑤碎步:狮头、狮尾队员同时向左(或右)小步平移,节奏快速、一致。

⑥跑步:要求同行步相同,节奏要快。

(4)引狮员的基本动作

①静态动作

静态动作,是指引狮员静止的造型动作。如弓步抱球、马步探球、高虚步亮球、仆步戏球、提膝亮球等。

弓步抱球:并步上举引狮球,左脚(或右脚)向左(或右)迈出一步,左脚(或右脚)屈膝,大腿接近水平,右脚(或左脚)挺膝伸直,脚尖稍内扣,上体稍向右转,两手(或单手)托住引狮球于身体左(或侧)侧,稍高于头。目视前方。

马步探球:并步上举引狮球,左脚(或右脚)向左前方(或右前方)迈出成半马步状,左手(或右手)拿引狮球向左、向下、向右抢臂至左侧,手腕做小环绕动作,右手(或左手)做相应的配合动作,目视引狮球。

仆步戏球:并步上举引狮球,左脚(或右脚)向左侧(或右侧)迈出成左仆步状(或右仆步),右手(或左手)拿引狮球向下、向右划弧至右侧,手腕做小环绕动作,左手(或右手)做相应的配合动作,目视引狮球。

②动态动作

动态动作指引狮员行进间动作或跳跃动作。如踺子、圆场步、旋风脚、鱼跃、后手翻、后空翻等。

踺子:在经过助跑、趋步动作后,上体侧转前压,两手体前依次撑地,随即两腿依次向后上蹬、摆。经倒立部位后,推地,并腿后踹。当前脚掌蹬地后,急速带臂,梗头向外转体90°跳起。下落接弓步按掌动作。

圆场步:两腿略屈,两脚迅速连续向侧前方行步。每步大小要略比肩宽,走弧形路线。目视引狮球。最后接弓步亮球定势。

旋风脚:左脚向左上步,同时左手向前和向上摆动,右臂伸直向后、向下摆动。右腿随即上步,脚尖内扣,准备做蹬地踏跳的动作。左臂向下摆动并屈肘收至右胸前,同时左臂向上、向前抢摆,上体向左转前俯中心右移,右腿屈膝蹲地跳起,左腿提起向左上方摆体旋转一周右腿做里合腿,左手在面前迎击右掌,左腿自然下垂。下落接弓步探球动作。

2. 南狮基本技术

(1)狮头的基本握法

①双阴手:手背朝上,两手握于狮舌两侧头角处部位。

②双阳手:手背朝下,两手握于狮舌两侧头角处部位。

③单阴手:以大拇指托狮舌,其余四指在狮舌上方,手背朝上。握狮舌中间或一侧部位,另一手握在根耳的引动绳,两手小臂托顶着两条横木。

④单阳手:握法与单阴手相反,其余与单阴手相同。

（2）狮尾的基本握法
①双手握法：双手同时用单手握法与狮头配合，做各种动作时紧握必须要用力。
②单手握法：一手大拇指插入舞狮头者腰侧的腰带部位，成虎口握腰带，其余四指轻抓舞狮头者的腰带部位，另一手可做开摆尾、摆背等动作。
③摆尾：随着狮意与动态，可用臀部挪动或用手摆动。
（3）基本步型、步法
①两移步：从基本站立姿势开始，上体不动，左右脚交替前移约一脚掌。
②扑步（铲步）：左腿大小腿弯曲全蹲，重心在左腿，右腿向右侧前伸，大小腿成一直线，脚掌内扣。左右动作相同，唯方向相反。
③行礼步：从基本站立姿势开始，以左为例。两脚用力蹬地，向上跃起，在中线落地，重心在右脚，成左虚步。右虚步与左虚步相同，唯方向相反。
④麒麟步：从基本站立姿势开始，重心移至左脚，右脚经左腿前向左移步，左右腿交叉，弯曲双腿，重心落在双腿中间，左、右动作相同，但方向相反。
⑤大四平步：两脚左右开立宽于肩，弯曲双腿，两大腿呈水平姿势，上体正直，收腹挺胸。
⑥弓步：右腿大小腿弯曲，大腿成水平，上体正对前方，成前弓后绷型。
⑦虚步：左腿弯曲，重心在左腿，右脚大小腿微屈，脚尖前点，左与右动作相同，唯方向相反。
⑧跪步：从基本站立姿势开始，左大腿与小腿的弯曲约 90°角，右大腿与小腿的弯曲要小于 90°角，右膝关节和右脚趾着地，上体稍前倾，重心在右脚。左、右动作相同，但方向相反。
⑨开合步：从基本站立姿势开始，两脚蹬地，两腿朝左右分开并略宽于肩；两脚蹬地，并拢双腿，完成动作的过程时，上体保持基本姿势。
（4）南狮桩上基本技术
①钳腰：狮头下蹲，两脚用力蹬桩面，向上跃起，狮尾在狮头跃起的同时，狮尾两手把狮头举起后移至体前，尾呈半蹲姿势，狮头大腿紧夹狮尾的腰部，左右脚相扣。
②上单腿：狮头下蹲，用力蹬桩面，向上跃起，狮尾在狮头跃起的同时，把狮头举起，狮尾成半蹲，狮头右腿站立在狮尾右大腿上，左大腿提起成水平，小腿自然下垂。
③上双腿：在桩上两人呈基本姿势，狮头下蹲，用力蹬桩面，狮尾在狮头跃起的同时，把狮头举起，狮尾呈半蹲姿势，狮头两脚站立在狮尾的左右大腿上。
④180°回头跳：狮头单桩下蹲，两脚蹬桩面，向上跃起，狮尾在狮头跃起的同时，左脚前移至狮头右脚桩位，以左脚为轴转体的同时，右脚外摆至狮头的左脚桩位，狮头及时落至为原狮尾左右桩位。
⑤坐头：狮头下蹲，两脚用力蹬桩面，向上跃起，狮尾在狮头跃起的同时，狮尾把狮头举起轻放于头上，狮头右大腿弯曲，脚尖绷直，左大腿提膝弯曲，脚尖绷直。
注意事项：狮头者，头要正、下额微收。上头要做到准、快、轻、稳。
⑥两桩柱 180°转体换位上单腿：狮头单桩下蹲，两脚蹬桩面，向上跃起，狮尾在狮头跃起的同时，把狮头举起左转，左脚前移至狮头桩位，以左脚为轴转体的同时，右脚外摆至原桩位成马步或弓步，狮头右脚站在狮尾右大腿上，左大腿提起成水平，小腿自然下垂。
⑦腾起：预备姿势，狮头与狮尾呈基本站位。狮头下蹲，向上跃起，狮尾在狮头跃起的同

时,把狮头举起,落地还原。

(三)舞狮基本规则

1. 竞赛类别

(1)按类型分为单项赛和全能赛。
(2)按比赛成绩可分为等级赛。
(3)按性别可分为男子组和女子组。
(4)按年龄可分为成年组(18周岁以上,含18周岁)、少年组(12～17周岁,含12周岁)和儿童组(不满12周岁)。
(5)按比赛项目可分为规定套路、自选套路、传统套路、技能舞狮以及其他舞狮(形式不限)。
(6)南狮比赛为单狮(21人),桩阵上比赛要有采青。北狮比赛为双狮(4人)加引狮员(1人),地面、高台或桩上比赛。

2. 竞赛时间

舞狮比赛的时间为10～15分钟。

3. 竞赛顺序

在竞赛委员会的监督下,赛前由各参赛队派代表抽签决定比赛顺序,未参加抽签的队由组委会人员代替抽签决定比赛顺序。

4. 服饰、布置、音乐

(1)服饰
运动员应穿具有特色的比赛服装,要求穿戴整洁。舞狮队员服饰款式色彩与狮头狮身相协调,伴奏队员、保护人员必须统一服装。
(2)布置
①比赛器材自备,必须保证安全并符合规则的要求。
②布置器材时间不超过15分钟。
(3)音乐
舞狮鼓乐是烘托气氛、转换节奏、激励队员情绪的不可分割的重要组成部分。音乐旋律、节奏快慢等要与舞狮动作协调一致,鼓、钹、锣节拍明朗准确,轻、重、快、慢有序。以打击乐演奏为主,亦可采用吹打乐。

5. 计时、弃权

(1)计时
①运动员候场完毕,鼓乐起开始。

②运动员摘狮头、狮被并步行礼为计时结束。
③计时以临场裁判组计时表为准。
④裁判组以两块表计时,按接近规定时间的表计算时间。
(2)弃权
①运动员在赛前30分钟参加检录(查验参赛证件、检查器材、服饰等),3次检录不到即视为弃权。
②超过时间10分钟,运动队不参加比赛,即视为弃权。

6. 比赛名次评定

(1)北狮比赛名次评定
舞狮比赛分预赛、决赛,按成绩高低排定名次。
①比赛名次的确定,根据竞赛规程关于录取名次的规定进行。
②得分高者,名次列前。
③预赛阶段得分相等的确定:
A. 如相等,以自选套路中C级难度动作的数量计算,多者名次列前。
B. 如再相等,以所有评分裁判之总得分减去总扣分计算,高者名次列前。
C. 无效分的平均值接近有效分平均值名次列前。
D. 如再相等,以无效分的平均值高者名次列前。
E. 如再相等,名次并列。
④决赛阶段得分相等的确定:
A. 预赛中名次前者列前。
B. 如相等,以自选套路中C级难度动作的数量计算,多者名次列前。
C. 如再相等,以所有评分裁判之总得分减去总扣分计算,高者名次列前。
D. 如再相等,以无效分的平均值高者名次列前。
E. 如再相等,名次并列。

(2)南狮比赛名次评定
舞狮比赛分预赛、决赛,按成绩高低排定名次。
①比赛名次的确定,根据竞赛规程关于录取名次的规定进行。
②得分高者名次列前。
③预赛阶段得分相等的确定:
A. 如相等,以自选套路中C级难度动作的数量计算,多者名次列前。
B. 如再相等,以无效分的平均值接近有效分平均值者名次列前。
C. 如再相等,以无效分的平均值高者名次列前。
D. 如再相等,名次并列。
④决赛阶段得分相等的确定:
A. 预赛中名次前者列前。
B. 如相等,以自选套路中C级难度动作的数量计算,多者名次列前。
C. 如再相等,以无效分的平均值接近有效分平均值者名次列前。

D. 如再相等,以无效分的平均值高者名次列前。
E. 如再相等,名次并列。

7. 评分方法

(1)裁判员评分

舞狮竞赛属技能类、表现性,由裁判员评分的竞分性集体项目。裁判员评分有 5 人评分组,7 人评分组,9 人评分组 3 种方法(均设 1 名值班裁判)。

裁判员根据运动队现场发挥的技术水平,依据舞狮评分规则标准,减去由裁判员执行失误的扣分,即为该队的得分。

(2)应得分的确定

5 名裁判员评分,取中间 3 个有效分值的平均值为运动队的应得分。

7 名或 9 名裁判评分时,取中间 5 个有效分值的平均值为运动队的应得分。

应得分只取小数点两位(小数点后第 3 位数不作四舍五入)。

(3)有效分的差数规定

① 当应得分在 9.5 分和 9.5 分以上时,差数不得超过 0.2 分。

② 当应得分在 9 分至 9.5 分以下时,差数不得超过 0.3 分。

③ 当应得分在 9 分以下时,差数不得超过 0.5 分。

(4)基准分的应用

当评分裁判员有效分之间的差数出现不符合规则规定时,裁判长判定的分数即为基准分,将基准分与基最接近的两个有效分数相加除 3,即为该队得分。

裁判长根据规则,再在该队得分中减去套路完成时间、套路难度不足、重做、踩线、出界等失误所致的扣分分值后,所剩分值即为该队最后得分。

8. 裁判员

裁判员由以下人员组成:

(1)总裁判长 1 人,副总裁判长 2~3 人。

(2)裁判组设裁判长 1 人,评分裁判 5~9 人,值班裁判 1 人,套路检查裁判 1~2 人,记分员 1 人,计时员 1 人。

(3)记录长 1 人,记录员 1~2 人。

(4)检录长 1 人,检录员 3~5 人。

(5)宣告员 1~2 人。

(四)舞狮注意事项

(1)充分了解舞狮技术结构、技术要领、要点以及完成方法,建立正确的技术表象与概念。

(2)根据龙狮技术特点,先采用分解法,然后采用完整法,并使分解法和完整法进行有机结合;先抓部分技术环节,然后再抓完整技术,使运动员逐个克服困难,建立信心,较快地掌握完整的技术。

(3)组织安排好技术训练,安排徒手配合练习;及时纠正错误的动作,防止形成错误的技术动作定型,并保持适宜的运动负荷。

(4)多采用完整的技术练习,动作要求规范、连贯流畅、节奏要处理得当,善于抓重要环节。

(5)及时检查评价技术状况,提高运动员对技术的分析、理解、感觉能力。

(6)一旦身体不适,要及时停止练习,防止运动损伤和运动性疾病的发生。

第七章　户外休闲娱乐运动

户外休闲娱乐运动集运动、休闲、娱乐为一体，是一类新兴运动形式。随着社会经济的日益繁荣，生存环境的日趋恶化，人际竞争的不断加剧，人们迫切要求亲近自然，放松紧张心情，户外运动应运而生并迅速普及。在众多户外休闲娱乐运动中，轮滑运动、垂钓运动、飞镖运动、飞盘运动以其独特的运动魅力吸引了众多人的喜欢，这些运动不仅能丰富大学生的运动知识和能力，在全面提高大学生的整体素质和团队精神上也具有不可替代的作用。

第一节　轮　滑

一、轮滑运动概述

轮滑由溜冰运动发展而来，又称"滑旱冰""滚轴溜冰"，它是一种穿着带轮子的鞋在坚实、平坦的地板或水磨石地上进行的运动，它是一项历史悠久并具有国际性的体育运动。

轮滑运动诞生于18世纪，是由荷兰的一名滑冰爱好者发明的，据相关文献记载，这位滑冰爱好者为了在夏天也可以滑冰，而发明了最初的轮滑鞋，后来经欧美国家的一些人多次对轮滑鞋的改造，使这项运动得以普及，并逐渐发展开来。

现代轮滑是由美国的詹姆斯·普利姆普顿于1863年发明的。他用金属轮子代替木质轮子，他的发明推动了各国轮滑运动的发展。1892年，国际轮滑联盟在瑞士成立，轮滑运动进一步向正规化、国际化方向发展。以后，轮滑运动逐渐演化为花样轮滑、速度轮滑和轮滑球3种不同形式的运动项目。1936年，在德国的斯图加特举行了首届世界轮滑球锦标赛。1937年，在意大利蒙扎正式举办了首届世界速度轮滑锦标赛。1942年，第1届世界花样轮滑和花样舞蹈锦标赛在美国华盛顿举行。1940年，在罗马举行的第43届国际奥林匹克委员会会议上，委员会正式承认了轮滑项目的国际联合会。这一决定使得轮滑运动很快地从欧洲传到北美、南美、非洲、大洋洲等地，各洲也相继开展了轮滑锦标赛。在经过第二次世界大战的停顿后，于1947年又恢复了轮滑运动的世界锦标赛，并由战前的3年一届改为每年一届。目前，世界上已形成多项轮滑竞技项目，包括速度、花样、轮滑球3大竞赛项目，在奥运会等正式体育比赛中也已经出现轮滑的身影。

轮滑运动于19世纪传入中国，相比其他国家起点较低，当时仅限于沿海个别城市，只作为娱乐活动。1980年,中国轮滑协会成立,并加入了国际轮滑联合会,从此我国的轮滑运动进入了一个蓬勃发展时期。目前,我国几乎所有大中城市都开展了轮滑运动,不仅青少年参加,一些中年人、老年人也纷纷参与,成为一项普及面较广的群众性体育运动。现在每年都举办全国性的轮滑比赛,并派队参加亚洲轮滑锦标赛,有时还参加世界性的单项比赛,这使我国的轮滑运动技术水平飞速提高,经过近几年的发展,目前,我国的轮滑运动在亚洲国家和地区中属于较领先的水平。

轮滑运动集健身、竞技、娱乐、趣味、技巧、休闲于一身。它受气候和场地条件的限制较小,用具携带方便、技术容易掌握,而且具有健身休闲等多重功效,所以深受青少年喜爱。运动实践表明,轮滑运动可以有效地提高和改善人体中枢神经系统功能,提高呼吸系统、消化系统、血液循环系统功能,全面协调和综合发展速度、力量、耐力、灵敏性等各方面的素质,增强臂、腿、腰、腹肌肉的力量和身体关节的灵活性,对提高人体的平衡能力有很大作用。目前,轮滑运动已经成为都市休闲健身运动的一种新风尚。另外,轮滑运动简单易学,通过轮滑运动的练习可以锻炼人们的勇敢、顽强、不怕困难的精神,是一项不可多得的户外休闲娱乐运动项目。

二、轮滑运动基本技术

(一)基本站立

1."丁"字站立

初学者可先扶物成丁字步站立,前脚跟卡住后脚的脚弓,上体稍前倾,双膝自然弯曲。身体重心落在后脚上。然后两脚交换位置,再呈丁字步站立,到站稳为止(图7-1)。

图 7-1

2."八"字站立

站立时两脚跟靠近,脚尖自然分开,上体稍前倾,双膝自然弯曲,身体重心落在两脚之间。重心平衡后双脚换成平行站立,上体仍前倾,使重心落在两脚之间(图7-2)。

图 7-2

3. 平行站立

平行站立是轮滑的基本站立姿势之一,一般是在丁字脚站立的基础上,前脚向侧移,两脚平行站立与肩同宽。上体稍微前倾,两脚自然弯曲,两臂自然下垂,身体重心落在两脚之间(图 7-3)。

图 7-3

(二)移动重心

1. 原地移动重心

原地移动重心是由站立过渡到学习滑行的一个非常重要的练习。它对控制身体重心移动和掌握平衡能力的提高有着非常重要的作用,主要包括原地左右移动、原地抬腿、原地蹲起、两脚原地前后滑动等。

(1)原地左右移动

两脚平行站立,上体稍向一侧倾移,逐渐将重心完全转移至一条腿上支撑,待稳定后再向另一侧移动。

(2)原地抬腿

两脚平行站立,上体稍前倾,重心移至左腿,右腿稍抬起、放下;然后以同样方法练习左腿。练习时要注意放腿时应保持脚下的轮子同时着地。

(3)原地蹲起

两脚平行站立,做下蹲并站起的动作。可先做半蹲,逐渐加大下蹲的幅度,直至快速深蹲并做短时间的静蹲后再站起。练习时要注意在屈伸踝、膝、髋 3 个关节时的协调配合。

(4)两脚原地前后滑动

两脚原地前后滑动可以提高对身体重心的控制能力和对滑动的适应能力。两脚平行站立,重心保持在两脚中间,两腿伸直,由大腿发力前后滑动,两臂随其前后摆动;两脚滑动时,始终保持平行,两脚距离由小至大到相距一步大小时为止。

2. 外"八"字脚移动重心

两脚成外"八"字脚站立,重心移至左脚,右脚向前迈一小步,重心随之移至右脚上,然后左脚向前迈进一步,重心随之移至左腿上。反复进行练习,逐渐加快迈步频率和加大迈进距离。注意收脚时应尽量保持脚下的轮子同时着地。

3. 侧向移动重心

两脚平行站立,重心向右侧移动,随之左脚向左侧横跨一步,右脚迅速靠拢,待稳定后再进行向右侧的下一步。如此反复进行5～6步后再向左侧做相同练习。

4. 横向交叉步移动重心

两脚平行站立,先将重心移至左腿上并继续向左移动稍超出左腿支撑点,收右腿,右腿向左腿前外侧迈步成双腿交叉姿势,重心随之移至右腿上,成右腿支撑重心,接着收左腿向侧跨一步,成开始姿势。如此反复进行5～6步后再向右侧做相同练习。

(三)滑行技术

1. 直道滑行技术

(1)向前滑行

①单脚向前直线滑行

原地两脚成"T"形站立,左脚在前,右脚在后,两腿稍弯曲,用右脚内刃蹬地,重心慢慢移至左腿,右腿蹬直后右脚蹬离地面,成左脚向前滑行。然后收右脚在左脚侧面落地,左脚蹬地重复上述动作,成右脚单脚向前滑行。两脚交替向前直线滑行,两手自然分开,维持身体平衡(图7-4)。

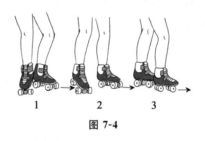

图 7-4

②前双曲线滑行

两脚平行站立,左脚以内刃向侧肩蹬地(四轮不离地),身体重心在右脚,向右滑双脚曲线,然后右脚用内刃向侧后方蹬地,重心偏向左脚,向左滑双脚曲线,依次连续进行(图7-5)。

图 7-5

(2)向后滑行

①向后葫芦滑行

两脚稍稍分开,平行站立,脚尖稍向内,两腿弯曲,用两脚内刃向前蹬地,同时两脚跟向两边分开,向后外滑至最大弧线时,两脚跟收拢,两膝用力伸直,恢复至开始姿势,随后重复上述滑行动作,连续向后滑行(图7-6)。

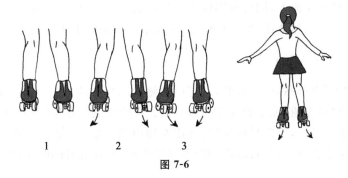

图 7-6

②向后蛇形滑行

两脚分开约一脚距离,两腿弯曲,脚尖稍向内转。用右脚内刃向前下方蹬地,身体重心移向左侧,成左脚向后滑行。右腿伸直,随即右脚放在左脚侧面,恢复开始的姿势。然后再用左脚蹬地,身体重心移向右侧,成右脚的向后滑行。左腿伸直,随即左脚放在右脚的侧面。依次重复上述动作,连续向后滑行。上体始终保持稍前倾姿势,两膝弯曲,两臂自然张开。

2. 弯道滑行技术

弯道滑行技术和直道滑行技术有着显著的区别。弯道滑行技术要点是,练习者要用交叉步滑行,一脚要用轮外刃,另一脚要用轮内刃。弯道滑行技术的关键是摆臂动作与蹬地动作的配合。弯道摆臂动作可以维持平衡。增加轮子的蹬地力量,提高滑行频率。

弯道滑行时,身体成半蹲姿势,两脚用轮正刃支撑站立,与肩同宽,练习时左脚用轮外刃支撑,右脚用轮内刃向右侧蹬地,左脚支撑做前外曲线滑行;右脚蹬地后迅速与左脚并拢,接着右脚再做一次蹬地动作,左脚继续做前外曲线滑行。采用交叉步滑行的方法向前滑行,具体为当左脚用轮外刃站稳时,右脚即向左脚左侧前方迈一小步,只要右脚有短暂的滑行之后,左脚就迅速从右腿后方收回,同时右脚蹬地左脚直线滑行。重复上述动作。

3. 转弯技术

(1)后滑压步转弯

以后滑压步右转弯为例,先右脚支撑后滑,身体向右倾斜,左脚在左前下方蹬地。左脚蹬地后摆越右脚尖,在右侧下方支撑落地,身体重心移至左脚,同时左脚在右侧前下方蹬地,蹬地后移至右后侧下方支撑落地滑行。这样,连续不断后压步转滑行。

(2)走步转弯

在做向前八字走或者半走半滑时,可使用走步转弯来改变滑行方向。若向左转弯,每迈出一步脚落地时略向左转动一点,路线逐渐呈弧线形,身体也就随之向左转弯;向右转弯动作方法与向左转弯相同,方向相反。

(四)蹬地技术

1. 单脚蹬地,双脚滑行

左脚在前成"丁"字形站立,右脚用内侧轮向身体的侧后方蹬地,左脚尖稍向外撇向前滑行,身体重心随之移至左腿上,同时右脚收成双脚着地,向前滑行。双脚滑行阶段应长些,两脚交替进行,两臂在体侧自然地摆动,放松肩部,上体前倾度应比走步时稍大。

2. 交替蹬地,交替单足滑行

左脚在前成"丁"字形站立,屈双膝,右脚用内侧轮向身体的侧后方蹬地,左脚屈膝向前滑行,身体重心逐渐移至左腿,成单脚支撑向前滑行。右脚蹬地后在左脚的侧后方自然放松地收至靠近在脚外处落地滑出,脚尖稍向外展,再用左脚内侧蹬地,重复交替进行。蹬地时身体重心应及时地转向支撑腿,单脚滑行阶段的距离尽量长些,两脚滑行的时间和距离尽量相等。

3. 前滑压步转变左脚支撑滑行

身体左倾,右脚在右后侧蹬地,蹬地后摆越左脚,在左前侧落地,身体重心移至左脚。同时左脚用外侧在右后侧蹬地,蹬地后前移至左前侧落地支撑滑行。前滑压步右转弯与左转弯动作相同,方向相反。

(五)制动技术

1. 脚跟制动法

在慢速滑行时将有制动脚的脚前伸,脚尖抬起使后跟上的制动胶着地,前腿用适当力量压地,使制动脚与地面摩擦,逐渐减速而停止。

2. "T"形制动法

单脚向前滑行,浮足在滑行脚的后跟处成"T"形放好后,将浮足慢慢放在地面上,以内侧轮柔和地压紧地面,减速向前滑行直到停止(图7-7)。

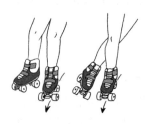

图 7-7

3. 双脚平行制动法

在快速滑行时,双脚略靠近,身体迅速转体90°,同时带动两脚转体90°,重心快速降低,腿弯曲,用双脚的轮子与地面摩擦使之减速停止。

4. 内"八"字制动法

向前滑行中,两脚平行分开站立,然后脚尖内转,两脚以内侧轮柔和地压紧地面,两腿弯曲,上体稍前倾、下蹲,两臂前伸维持身体平衡,逐渐减速至停止(图7-8)。

图 7-8

三、其他轮滑运动技术

(一)速度轮滑技术

速度轮滑是一种比速度的轮滑竞技项目,它是采用特殊的姿势进行练习和比赛的。其主要技术由准备姿势、起跑、直道滑行、弯道滑行、冲刺几个环节组成。

1. 身体姿势

滑跑时,上体前倾,目视前方 5~6 米处,身体保持放松,摆臂与蹬地动作协调配合,左腿向前滑出时,右臂向前摆;右腿向前滑出时,左臂向前摆。身体重心应随着两腿交替蹬地推送到滑行腿上,滑行的膝关节保持放松并稍弯曲前弓。蹬地脚用内侧轮向身体的侧面后方(与身体横轴成 45°角)用力蹬地,然后以大腿带动小腿,尽快收腿,在靠近滑行腿的内侧着地。身体姿势分为两种,即高姿和低姿。

短距离的滑跑一般采用高姿,上体前倾角度小、上体抬得高,滑行腿的膝关节弯曲角度要大(蹲腿要低)。

低姿滑跑适用于长距离,滑跑时上体前倾角度大(肩背略高于臀),滑行腿的膝关节弯曲度要小一些。如遇长距离的顺风滑跑,上体要抬起减少前倾角度。

2. 起跑

起跑由预备姿势、起动和速滑 3 部分组成。

(1)预备姿势

目前有多种预备姿势,"丁"字形、平行、"八"字形和前点地预备姿势等,相比较前点地预备姿势更优越一些。

以前点地预备姿势为例,轮滑者面对起跑方向,两脚分开距约 35~55 厘米,两脚间开角大约 50°~70°。前脚与起跑线约成 65°~70°角,后脚与起跑线成 10°~15°角。上体前倾,两臂自然下垂。重心在两脚中间或偏前一些。蹲屈程度可根据腿部力量而定。

(2)起动

比赛中,轮滑运动者在听到起跑信号后,迅速抬起前脚,后脚用力蹬地伸直,上体前倾,髋关节前送,两臂用力摆动,整个身体迅速向前冲出。不同的预备姿势有不同的起动方法,运动者可结合自身情况合理选择。

(3)速滑

起动后,疾跑五六步进入滑行,疾跑时姿势较高,频率快,蹬地有力。以"丁"字形速滑法为例,具体滑行方法如下。

滑行前,上体稍前倾,身体重心在两脚之间,两臂自然下垂,两膝弯曲适度。两脚成斜向"丁"字形站立,两膝顺脚尖方向朝外。前脚的位置应从内侧前轮算起距起跑线10~20厘米。

当听到起跑的信号后,立即起跑,在起跑后的头几步滑跑中,大腿积极有力地踏蹬,蹬力通过身体重心,踏蹬动作应是内侧后轮先着地,然后前轮再着地,两脚仍成"丁"字形,这样有利于腿部蹬力的发挥。

滑行过程中,两臂应迅速有力地摆动,大腿在踏蹬后积极迅速收腿,脚掌离地面尽量低一些。迅速踏蹬3~5米后,利用已获得的速度进入途中滑跑。

3. 直道滑行

(1)滑行姿势

直道滑跑采用蹲屈的滑行姿势,上体前倾与地面夹角为25°左右,背部稍凸起,膝关节弯曲120°左右。头部自然抬起,眼睛望向前方10米的地方。如果右脚支撑前滑,左脚在左后侧蹬地,左脚蹬地后,屈腿后摆再前收,靠右脚后落地支撑滑行,接着右脚在右后侧蹬地,交替滑行。速度轮滑与冰上速滑有很大的差别,身体姿势不能过低,否则蹬地角度太小,会使轮滑鞋的轮子向外侧打滑,影响轮子的蹬地效果。因此,速度轮滑是以高姿势、快频率为基本特征。轮滑过程中不要过分地减少自由滑行时间,身体重心一般是在前后两轮之间,否则将会影响滑行的惯性,浪费体力。

(2)摆臂动作

以左脚蹬地时为例,左臂向右前上方摆,而右臂向右后上方摆。以肩为轴,协调配合腿部动作。

(3)全身配合

在完成滑行和快速滑行时,最重要的就是要全身配合。首先是两腿之间的配合,当左腿惯性滑行时收右腿,左腿蹬地时右轮开始着地;其次,是上体和臀部与腿的配合,即上体和臀部随着两腿交替移动而不断地转移重心;最后是两臂与两腿的配合,滑行时两臂的摆动速度要稍快于两腿的动作速度,以增强轮子的蹬地力量,提高滑行频率。

4. 弯道滑行

(1)滑行姿势

从直道进入弯道时,利用交叉步使身体重心落在左脚外侧和右脚内侧,滑行姿势比直道滑行稍低。由于离心力的存在,上体必须向左倾斜,倾度的大小,必须与滑行速度和弯道圆弧的半径相适应。如左脚滑行时,右脚在右后侧蹬地之后,右大腿带动小腿落在左前侧支撑滑行,重心移到右脚;同时左脚在右后侧蹬地收回支撑滑行。如此交替压步转弯至直道滑行。

(2)摆臂动作

摆臂方法有别于直道滑行,右臂摆动较大,以肩为轴,大臂带动小臂前后摆动,可略高于肩。左臂却是贴身摆动,幅度相对小些。

(3)全身配合

蹬地时,要采用交叉步。沿着圆弧的切线滑行,步幅不能过长,惯性滑行时间比直道短。当左轮拉收到右支撑腿时,右脚开始蹬地;右腿"压收"超过左轮时,左腿则开始蹬地。弯道滑行技术的关键是摆臂动作与蹬地动作的配合。弯道摆臂动作可以维持平衡。增加轮子的蹬地力量,提高滑行频率。弯道摆臂的幅度要比直道小,左臂摆动的幅度要比右臂小,手臂摆动的方向是偏向左侧。

5. 冲刺

冲刺是在滑跑的最后一段距离进行的。冲刺距离长短,取决于滑跑的项目和运动员的训练水平。项目距离越长,运动员训练水平越高,冲刺距离就越长。长距离一般在最后400～800米时冲刺。短距离在最后100～200米时冲刺。

(二)花样轮滑技术

花样轮滑的基本技术动作包括基本滑行、基本步法、跳跃、旋转、联合跳跃、联合旋转自由滑动作等。具体如下。

1. 滑行技术

(1)前内弧线滑行

以左脚开始,用右脚内刃蹬地,左脚内刃滑出,右臂在前,左臂在体侧,右脚蹬地后直腿后举。滑过弧线一半时,交换两臂位置,右脚移至左脚前面落地以内刃滑行,左脚蹬地后的动作同前,只是左右互换。两脚交替滑行。

(2)前外弧线滑行

以左脚开始,右脚内刃蹬地,用左脚外刃滑出,身体稍向左倾斜,左臂在前,右臂在后,右腿蹬地后直腿后举。身体缓慢左转。右腿前移靠近左腿,两臂侧平举。在滑过弧线一半时,右臂向前,左臂向后,交换右脚向前落地滑行,左脚内刃蹬地,动作同前,只是左右互换,两脚交替滑行。

(3)后内弧线滑行

以右脚内刃做向后弧线滑行。先做向左的后压步,左脚蹬地后,右脚内刃着地向后滑弧线时,右臂在前,左臂在后,身体稍向左倾,头左转向后看。滑过弧线一半时,左脚移至右脚的侧前方,上体姿势不变。滑速减慢时,再做向左后压步,继续做右后内弧线滑行。

(4)后外弧线滑行

以右脚滑后外弧线,可先向右做后压步。左脚用内刃蹬地后,用右脚外刃落地向后滑弧线。头从右肩上向后看,右臂在后,左臂在前,身体向右倾,右脚微屈膝。当滑过弧线一半时,头仍向右看,两臂随身体左转互换位置,右腿逐渐伸直,同时,左脚放到体后。当滑速减慢时,再做后压步,然后再进行右后外弧线滑行。

2."3"字跳

所谓"3"字跳是一个用前外刃起跳,在空中转体180°,用后外刃落地的半周跳。从右后外弧线滑接左前外弧线滑行。左腿屈膝,右浮腿伸直在后,两臂后摆,接着左脚蹬地跳起,同时两臂和右浮腿配合向左前上方摆动,并逆时针转体180°,然后右脚屈膝缓冲落地,成后外刃滑行。左腿伸直后摆,右臂侧平举,左臂前平举。

3. 旋转

以双足原地旋转为例,两脚平行站立,两臂先向左摆,接着右臂向右快速平摆身体同时右转。用左脚的后轮和右脚的前轮支撑旋转。两臂放于体侧或抱在胸前,可加速旋转。

知识拓展

国际轮滑联合会(FIRS)

1924年,国际滚轮溜冰联合会成立,1952年改名为"国际轮滑联合会"(Fédération Internationale de Roller Sports,FIRS)。国际轮滑联合会下设国际速滑、国际花样滑和国际冰球3个委员会,宗旨是团结会员发展轮滑运动,接受并承认国际奥委会和国际单项体育联合会总会章程与目标,贯彻奥林匹克宪章的基本原则。国际轮滑联合会的最高权力机构为代表大会,每两年举行一次。每个协会会员有1票表决权,会龄长的有附加票。代表大会在闭会期间授权中央委员会管理联合会的各种事务,中央委员会每4年换选一届,由联合会主席、6名副主席(分别来自非、亚、北美、中南美、欧洲和大洋洲)、3名技术委员会主任和1名受雇但无表决权的秘书长组成。日常事务由执委会负责,执委会由联合会主席、第一副主席、3名技术委员会主任和无表决权的秘书长组成。联合会现任主席是西班牙的奥利韦拉斯。

四、轮滑运动的注意事项

轮滑运动的速度比较快,运动损伤高于其他一些运动方式,所以在轮滑运动中要加强自我保护意识。只要稍微注意一下,做好防范措施,轮滑其实是一项很安全的运动。在轮滑运动练习中,有以下注意事项。

(1)练习前,做好准备活动,尤其是手腕和下肢各关节及韧带要充分活动开,这样跌倒时才不至于造成关节、骨骼的伤害。检查轮滑鞋螺丝等坚固部件,以免滑行中因轮滑出问题而受伤。

(2)练习时,应戴一些防护用具,尽可能佩带轮滑专用护腕、护肘、护膝及头盔等。

(3)初学者应在初学场内或规定范围内练习,或尽可能在人少的地方练习,不要任意滑行。初次学习轮滑时,最好有滑行熟练的同伴或辅导员进行辅导。

(4)轮滑是一项在运动中灵活变换重心、维持动态平衡的运动。因此,在练习时应认识到大胆、灵活、及时地移动重心对掌握技术的重要性,并通过多种练习手段提高移动重心的灵活性和掌握平衡的能力。轮滑运动具有侧蹬用力的特点。穿着轮子前后转动的轮滑鞋,在滑行中无法在身体后面找到有效的支点,而只能在体侧找到合理稳固的支点,只有通过向侧蹬,才能产生前进的动力。因此,学习轮滑必须克服在陆上走或跑时后蹬用力的习惯,建立向侧用力

第七章　户外休闲娱乐运动

的习惯。

（5）不做危险或妨碍他人的动作,特别是在人多的公共溜冰场内。如几人拉手滑行,在速滑跑道上逆行,乱蹦乱跳,在场内横插乱穿,追逐打闹,突然停止等,既妨碍他人,又容易发生危险。如果在公路上滑行,更要注意交通安全,最好在人少车少的地方练习。

（6）学习轮滑过程中,摔跤是不可避免的,但要学会如何摔跤。轮滑技巧固然是一门学问,但是如何跌倒也是一门很大的学问。

①跌倒时,要拉紧颈部、腰部等处的肌肉,以防止身体直接撞击地面,滑倒时也能利用腰力扭转身体顺势站起。因此,加强腰力与关节的训练,可以减少和避免伤害的发生。

②当向前或侧向摔倒时,要主动屈膝下蹲,用双手撑地缓冲,减小摔向地面的撞击力;当向后摔倒时,也要主动屈膝下蹲,降低重心,尽量让臀部先着地,并注意保护尾骨处,同时低头团身,避免头部后仰着地。

③摔倒时手会自然而然地放在地面上撑住身体,但手指应该指向前方,让身体重量顺着关节弯曲的方向下压,如果手指朝向背后,当全身重量集中到手臂上时,可能会因为力量无法缓解造成骨折。同时也应尽量避免直臂单手撑地,这样很容易损伤手腕。

（7）患有严重疾病的人（如心脏病、高血压等）不宜参加激烈的轮滑活动。此外,饮酒后和过度疲劳的人也不宜进行轮滑活动。

（8）轮滑运动常见的运动损伤是擦伤、肌肉拉伤、腰扭伤、踝关节和膝关节韧带扭伤。对于较轻的擦伤,用清水清洗伤处后,涂红药水或碘酒消毒即可。对于肌肉撞伤、摔伤等,可当即用冷水和冰块冷敷,使毛细血管收缩,以免出现大量淤血;24 小时后可用热敷的方法,用暖水袋或热毛巾在伤处热敷 20 分钟左右。对于腰扭伤、踝关节和膝关节韧带扭伤,应请医生治疗。

（9）在公路上滑行,要注意交通安全。滑行时一方面要注意低头观察滑行的路况,另一方面也要注意观察周围情况,以免撞人。同时,要避开来往车辆和行人,严格遵守交通规则,高度重视安全,避免发生伤害事故。

（10）轮滑是一项体力消耗较大的运动。夏季训练时,出汗量会很大,要多喝盐水,防止运动过量和运行性中暑。

（11）学习轮滑要循序渐进,不要急于求成,滑行速度由慢到快,不要做追逐游戏。

第二节　垂　钓

一、垂钓运动概述

垂钓运动在我国有着悠久的历史,很多古籍,如《战国策》《吕氏春秋》《史记》《水经注》等都有记载。据传 3 000 多年前,姜太公垂钓于渭水,巧遇文王而被封侯拜相,从而流传下了一段民间佳话:"姜太公钓鱼,愿者上钩。"

现代社会,随着人民生活水平的不断提高,闲暇时间不断增多,垂钓这种陶冶情操、有益于身心健康的活动,愈来愈受到人们的喜爱。

和其他休闲娱乐运动相比,垂钓运动是一种身静脑动、身心并用、静中有动、以静待动的运动。当鱼在水下捕食鱼饵时,只待浮漂一动的刹那间立即运用臂腕力,通过竿、线、钩巧妙的传导而将鱼儿钩牢,这种抖竿提鱼动作锻炼了人的思维,能训练人观察、判断和决策的稳、准、快而又恰到好处。经常进行垂钓活动,有利于促进肩周炎、颈椎病、支气管炎、肺气肿、消化性胃溃疡、慢性胃炎、消化不良、习惯性便秘、慢性肝炎、高血压、冠状动脉供血不足等多种疾病的治愈或好转。

二、垂钓的器材和工具

"工欲善其事,必先利其器",因此,学钓鱼者第一件事就是准备钓鱼者使用的工具——钓具。选用钓具,说简单也简单,因为,一副装备齐全的手竿也就 10 件左右的钓具,海竿的钓具更简单。说复杂也复杂,因为在钓鱼时,水面有大有小,有深有浅,所钓的常见淡水鱼有 10 多种,由于这些不同的环境,不同的鱼种,所使用的钓具也有差别,若选择不当,针对性就不强,钓鱼效果也就不好。所以,钓具的选择要根据具体情况有差别地进行。

通常来讲,常见垂钓工具主要有以下几种。

(1)必备工具。渔竿、绞轮(渔绞)、渔丝(作子线用)、渔具箱或分类盒(内盛钩、铅锤、拧圈)、剪刀。

(2)后备用具。后备竿和绞轮、后备铅锤和渔钩(不同大小)、丝排(渔排、手钓用)。

(3)鱼饵。虾(如经济些可用死虾)、沙虫、蚯蚓、面食等。

(4)辅助工具。鱼笼、手捞网、刀、磨石、浮泡、竿座、冰箱、水桶和气泵。

(5)食品和水。随个人喜好。

(6)救伤用品。胶布、手提电话(求救用)。

在制作或选购渔具时,必须认真对待,精心加工或仔细挑选。根据垂钓需要,现将钓鱼的主要钓具的基本功能介绍如下。

(一)渔竿

1. 渔竿的种类

渔竿是钓具的主体部分,渔线、渔钩、铅坠、浮漂等,都是与渔竿相配套而联结为一体的。近年来,传统的竹、苇竿或竹苇混合制成的渔竿已基本不再使用,取而代之的是各式各样的现代化渔竿,如玻璃钢竿、碳素竿及玻璃纤维与碳素纤维混合制造的渔竿等。这些渔竿的特点是重量轻,弹性好,韧性大,耐弯曲,抗水性强,不怕虫蛀,操作灵便,外形玲珑美观。另外还有电脑全自动钓鱼器和可调式渔竿架等,深受钓者喜爱。

2. 渔竿的选择

在选购渔竿时,要注意把好 3 关。首先,外观完好无硬伤,带划痕、凹坑或挤变形的不能要;其次,结构严谨配件齐全,尤其是抽拉式、插接式等多节竿,凡衔接部位松动、易脱节并存有潜在裂缝的不能要;最后,总体强度和韧性符合要求,不坚挺柔韧、不耐弯曲或有其他折竿征兆的均不能要。若参加钓鱼比赛,必须选购制式渔竿,一般是每人一只手竿、一只海竿,或任选其一。平常垂钓,也可以自选材料、自制渔竿,自己用着得心应手就行。

(二)渔线

渔线的粗细、拉力、透明程度以及染色的好坏,都会直接影响上钩率。目前市售渔线,多是单丝尼龙线。

1. 渔线的分类

(1)人工合成尼龙渔线

包括单丝尼龙线、多股锦纶线。单丝尼龙线抗拉力强、韧性大、不吸水、耐腐蚀、透明度高,应用极为广泛。但在寒冷季节垂钓,线会变硬发脆;长期在阳光下曝晒易老化。锦纶线质地柔软,耐压抗碰,耐磨抗冷。但线径较粗、不透明、隐蔽性差、抗拉力低,除少数钓者用其冬钓外,通常用它制缆绳、养鱼网箱、编抄网和渔护等。

(2)天然纤维渔线

包括蚕丝线和棉线,既柔软又耐低温,是冬钓的适用线。尤其是蚕丝线,具有天然浅黄色,隐蔽性好,抗拉力强,用它作脑线,一般淡水凶猛鱼不易将其咬断。

(3)金属渔线

包括铜线、镍线等。目前市售很少,可以自筹。如报废的铜芯细电线、多股电话线等,剥掉绝缘层取出细丝即可使用,主要用作脑线,以适应垂钓凶猛鱼类的需要。

2. 渔线的选择

在选购渔线时,最好实际测试其拉力。方法是用布袋装沙子,拴线吊起,把线拽断时的沙子重量就是该线的实际拉力,将其与标定的标准对照,即可判定是否合格。另外,将线揉成团,用双手挤压。松开后看其能否在瞬间自动复原,很快复原无褶痕的,说明该线柔韧性好。同时,还要观察有无硬伤、松劲现象。如是彩色花线,要用手捻一下,看是否掉色。经过检查,只要发现残次品征兆,就不要购买。

(三)渔钩

1. 渔钩的种类

根据使用目的,渔钩可分为生产性捕钩和娱乐性垂钓钩两大类。前者钩条粗、钩门大;后者钩条细、钩门小。渔钩由钩柄、钩底、钩尾3部分组成。以钩体的部位来说,渔钩可分柄头、钩柄、钩背(底)、钩端、钩尖、钩刺6个部分。

柄头的作用是使缚的线不易滑出。有直扁头、侧扁头、带圈头、带刺头等多种形状,只要不太大或太小,一般不须讲究。钩柄有长有短,长柄钩适用于串蚯蚓、昆虫等长形饵,短柄钩适用于串面筋、饭粒等小颗粒饵。

钩背有圆背、平背、斜背、拱背等形状。圆背钩能承受的拉力最大,平背较差。如果钢性好,拱背钩上钩后最易脱落。钩背还有宽窄的不同。柄与端的距离就是背的宽度。太窄了,刺进鱼嘴着肉小,鱼容易挣脱;太宽了,所能承受的拉力相对减弱。理想的宽度是根据整个钩子的大小,(并考虑钩条的粗细)使钩端、钩背、钩柄三者基本上构成一个圆形。钩子大了,圆形也大,宽度增大。鱼上钩后,钩背起着主要的受力作用,钩形的不同主要体现在钩背上,最值得研究。钩端的长短意味着进钩后着肉的深浅。长了,着肉深,但不易进钩;短了,易进钩,也容易脱钩。

渔钩的钩端有正直、内斜、外倾的不同。这3种钩形以正直的最合理;内斜的不易脱钩也不易进钩;外倾的容易脱钩。钩尖要求锋利。但过于锋利了一碰到水草什么的很容易被钩住,串蚯蚓也较困难,无锡钩是较好的选择。

2. 渔钩的选择

挑选渔钩要遵循材质好、钢火好、做工好的原则。具体选择依据如下。
(1)钩尖锐利,倒刺分明,钩端弯曲角度适宜;钢火坚韧,不软不脆,富有弹性。
(2)钩条粗细均匀适中,制作工艺精良,外表要有防护涂层。
(3)渔钩大小的选择取决于钓鱼的种类、个体大小、鱼嘴大小和软硬,宁小勿大是选择渔钩的基本原则。

(四)绕线轮

1. 绕线轮的种类

绕线轮是钓具登上新台阶的一个重要标志,越来越受到广大钓者的重视。比较有代表性的主要有电动式绕线轮、旋压式绕线轮、密封式绕线轮、盘式绕线轮、袖珍式绕线轮(表7-1)。

表7-1 绕线轮的种类及其特点

绕线轮的种类	绕线轮的特点
电动式绕线轮	操作灵便,钓力大,有数字显示器。鱼上钩后能自动接通电源,从而驱动绕线轴自动旋转收线。但价格很贵,体积较大,不便携带
旋压式绕线轮	目前应用较为普遍的一种。操作简便,投竿阻力小,收线速度也比较快,物美价廉,但结构比较复杂
密封式绕线轮	工作原理同旋压式绕线轮。在绕线盘顶部镶嵌一个轻金属外壳,留有出线孔。特点是不乱线,泥沙不易进入,有利于保护渔线和绕线盘
盘式绕线轮	形状像圆形马蹄表。优点是坚固耐用,钓力大,重量轻,不会发生与鱼"拔河"现象。但制作粗糙,投竿阻力较大,没有旋压式轮灵活
袖珍式绕线轮	为纯娱乐性绕线轮,工作原理同旋压式绕线轮。体积小,重量轻,适合与手海两用竿匹配钓小鱼

2. 绕线轮的选择

选择绕线轮时,还可以选择木料或其他材料,自制个人喜欢、适用的绕线轮。通常情况下,是长竿配大轮,短竿配小轮。在选购绕线轮时,应配竿试验,各个部位要检查到,以免购买残次品。

(五)渔坠

渔坠的作用主要是凭借钓者的投掷力量带动饵钩远投,并将其固定在欲钓水域的某个水深层次。主要品种有海竿坠、手竿坠和抛砣法重坠。

1. 手竿坠

手竿坠全为死坠。根据渔漂浮力配重的坠,多为0.5~2克。有些特殊钓法如戳孔、钓拱、近岸钓鲇鱼等都不使用渔坠。习惯钓法,多用绿豆粒大的铅坠,夹在渔钩上方5~7厘米处,可单钩钓,也可双钩钓。台湾地区,多用立柱形两头带金属环的铅坠。根据渔漂浮力,在两环中间立柱上增减铅皮(用牙膏皮也行),直至与漂坠搭配适当。

2. 海竿坠

海竿坠分活坠和死坠。前者中心部为线条状空心,拴线后可自由滑动,多与各式集团钩搭配,钩在前,坠在后。死坠则无空心,尾部有易拴线的金属环,坠在前,钩在后。各式诱鱼器,多属死坠。

3. 抛砣法重坠

抛砣法重坠与海竿坠大同小异,只是重量应加大,以便抛砣时能形成较大离心力和惯性力。为此,一般都选用80~120克的重坠。拴坠时,可在坠与主线之间加一个能转动的联接器,这样不仅拆卸方便,而且可使拧扭的渔线自动回复。

(六)渔漂

渔漂是钓者的耳目。不同鱼种咬钩,渔漂就有不同的动态反应,从而为钓者采取相应措施提供了信息。同时,借漂的浮力可探明水深、水底地貌概况,又是选择钓位的助手。

目前,市场上渔漂的主要品种有直漂、圆漂、蜈蚣漂和荧光漂等。可根据自己视力强弱、渔竿长度、近钓与远钓特点等加以选择。

三、垂钓运动基本技术

(一)熟悉鱼种

我国淡水鱼的蕴藏量居世界第一位,共有700余种不入海水区的纯淡水鱼,分布在我国的东北、西北、华北、华东、华南等5大区域的湖泊、河流、水库、池塘中。

淡水鱼可以划分成两类:一类是养殖品种,另一类是野生品种。

大多数鱼塘、水库主要养殖有草鱼、鲢鱼、鳙鱼、青鱼、鳊鱼、鲤鱼、鲫鱼、非洲鲫鱼等,这属于养殖品种。

常见的野生鱼种有乌鳢、鲶鱼、鳜鱼、嘎鱼、竿鱼、麻鲤、白鱼、红眼鳟鱼以及各类小杂鱼等。

目前,已有许多鱼塘养殖了乌鳢、鳖或桂鱼。在自然界大多数水域中是任其自生自灭,甚至把这些鱼作为害鱼而想方设法捕杀。

不同种类的鱼在水中活动、寻食、栖息的深度也不尽相同,这就是所谓鱼的生活习性,不同的鱼种在自然环境中喜食的天然饵料也不尽相同,这就是鱼的食性。

鱼的感官

1. 鱼的视觉

（1）鱼是近视眼,一般鱼的视距只有1米多,但经过调节,有的可看10米,最远的可看50米。鱼的单眼视野广阔,双眼视正前方时形成焦距不清晰的像,所以它要选择好角度观察物体。空气中的物体射出的光线在空气和水的分界面上折射,在水中产生视觉"窗口",鱼类可通过"窗口"观察到空气中的物体。因此当天空中有一只小鸟飞过水面时,游在浅水处的鳊鱼、缩鱼往往会急速窜入水下,它们对岸上的异常变化特别敏感。

（2）光的反射和折射光线通过水面的镜面反射,使鱼能看到水中的其他物体,在平静的浅水域,还能看到石块背面的物体。在风平浪静的湖面上,抛下去的钓线,如同镜子上出现一条裂痕,水底会出现阴影,使鱼有所察觉。因此,垂钓时使用较细的白线或同水体颜色相近似的彩线较好。如果人站在岸边垂钓,通过光的折射,鱼可看到垂钓人和钓竿如同在它的头顶上,非常害怕,所以垂钓时,人要坐得靠后一点,钓竿放平。

（3）鱼眼的光学特性。鱼眼的视网膜有两种细胞:白天使用圆锥细胞,可识别各种颜色;黑夜换用圆柱细胞,只可分辨黑白色。两种细胞交替更换约需2小时完成。在更换细胞阶段,鱼看不清食饵,而且在更换阶段前后的短时间内,鱼的摄食量较高,因此钓鱼人多愿在黎明和黄昏时垂钓。同时由于黄昏或黎明时鱼对颜色并不敏感,此时最好使用易于鱼类发现的灰色钓饵。而在白天,红色饵料最有诱惑力。

2. 鱼的听觉

鱼没有耳膜和对外的开口,它是靠内耳来听声音的,但其听觉能力还是相当强的,它在水中不需要调整身体的方向就能听到来自四面八方的声音。鱼还有个第二听觉——侧线,它能接收短程音波,并帮助耳测出音源位置。鱼的听觉十分灵敏,因此垂钓者以穿软底鞋为宜,动作要轻。垂钓时,可模仿和播放鲤鱼争食的"啄啄"声,这样会引来一群群鲤鱼和草鱼疯狂般地抢食。

3. 鱼的嗅觉

鱼的整个嗅觉结构十分庞杂,鱼脑的绝大部分都是用来处理嗅觉机能的"远程侦察器"。鱼的嗅觉器官是鼻子,鱼的鼻囊内密布嗅觉细胞和嗅觉薪液,因此鱼的嗅觉十分灵敏。但鱼类高度灵敏的嗅觉,已成为它致命的弱点,因此垂钓时投撒诱饵或钓饵的味香十分重要。只要用鱼喜欢的气味饵料,垂钓必有好的收获。

4. 鱼的味觉

鱼的味觉多数分布在口腔外部的唇、吻和触须上,有的甚至在鳍、鳃上也有味觉,比如:鳃鱼全身布有约几万个味蕾,海鳗的背部及鳃也布满了味蕾。大多数鱼类只要用嘴稍触一下钓饵,就知道好吃不好吃了,如果钓饵不新鲜或不对胃口,鱼会立刻游走。

(二)判断鱼情

判断鱼情,可以通过看、听、闻、触来了解鱼在水下的情况。

1. 看

(1)看水纹

水纹能很好地反映鱼在水下的情况。一般来说,水面平如镜,看不到小鱼活动时,水下可能无鱼或鱼少或鱼不吃东西。如水波粼粼水面不时漾起涟漪,有鱼打出水花、漩涡或追逐嬉戏,时而跃出水面,表示水下的鱼很多;水面游动嬉戏的小鱼突然受惊,四处逃散,或水面有隐约的波纹,多是大鱼活动觅食所引起的;如果有鱼群浮在水面嚼水,这是水里缺少氧气,鱼儿不会进食。

(2)看水色

俗话说:水清无大鱼,浑水好藏鱼。水过清多是无鱼或鱼少,在沟河中垂钓,适合垂钓的水色多为淡绿色、淡蓝色或淡青色,如果水草较多则水色比较清淡。池塘中最适宜的水色是淡白色、淡褐色、淡绿色或清中略带点浑(围田、围垦养鱼),色泽越深越难垂钓。水色太浑,鱼看不见食饵,不宜垂钓;水色太清,如果水浅又没有浮萍水草等隐蔽,鱼容易看见人和鱼竿的影子,不敢前来摄饵,极难钓获。

(3)看水泡

水泡是鱼类呼吸、觅食、触动泥土或从鱼嘴里吐出的水泡。水泡是反映鱼类游动的方向、品种、数量、大小、密度高低的重要标志,鱼的种类不同,出现的鱼星也不同。

①鲫鱼的鱼星:水泡细小而密集,一次连续两个或多个,大小基本相同,有时一大一小。水泡的大小决定鲫鱼的大小,50克的鲫鱼鱼星细如绿豆大,500克的大鲫鱼鱼星有蚕豆般大。

②鲤鱼的鱼星:水泡成团,大大小小,一次连续数十个同时向上冒,持续不断向前移动,水泡越多越大,说明鲤鱼也越大。

③草鱼的鱼星:水泡比鲫鱼的泡多且大,但又不如鲤鱼的多而成团,一般先冒一两个较大的水泡,尔后陆续冒一些小的水泡。

(4)看水草

看水中有无水草长出,水草多鱼少,食草性鱼少。看水草的痕迹,如果水草头残缺不齐,草茎漂浮,表明食草性鱼类较多。水草的草叶震动,草丛中必有鱼栖聚,是垂钓的理想场所。

(5)看水鸟

垂钓者来到湖泊、河流,如果见到栖息在水草边的水鸭、白鹭等突然起飞,或看到白鹭在水面的上空盘旋、翱翔,鸬鹚、水鸭在水面戏水,说明此处的鱼儿较活跃,适宜下钩垂钓。

(6)看岸边有无小鱼活动

如果岸边有小杂鱼游动,则也有其他鱼类。小鱼多,其他鱼儿也多,可以垂钓。

2. 听

听水声判断鱼情是具有一定垂钓经验的人都知道的垂钓技巧,根据鱼跳跃时伴随的击水声,可以判断鱼情和鱼的种类,听鱼儿吃草发出的"嚓嚓"声和大鱼追捕小鱼发出的"扑通"声,

有声则有鱼,无声则少鱼或无鱼。

3. 闻

垂钓之前,迎风站或蹲在岸边(俗称下风口),闻一闻从水面上吹来的风有无鱼腥味,或用手捧水闻闻有无鱼腥味。鱼腥味越浓,表明鱼群留下的黏液分泌物所形成的泡沫就越多,鱼也就越多;反之则无鱼。

4. 触

不同的水温可影响鱼在水下的活动,在一天之中,由于太阳的照射,昼夜温差不一样,使水温发生变化。而水温的变化,是鱼儿是否出来活动觅食的主要原因。鱼儿生长的最佳水温是15℃~30℃,在这个水温范围内,鱼儿活跃,食欲旺盛,贪食易钓。如果水温低于5℃或高于30℃,鱼儿就极少觅食活动,不宜垂钓。冬夏两季只要不是骤冷骤热的天气仍可垂钓。

(三)手竿钓鱼

1. 打窝

垂钓者在选择好钓点后就要下诱饵打窝。一般水面大的,窝子打远些;水面小的,窝子打近些。春天宜打在近岸的浅水区,夏天应打在阴凉的深水区,秋天可打在较远的深水区,冬天则要打在向阳背风的地方。

2. 投饵

一般来讲,投饵多少要看诱饵质量、水面大小和深浅而定,质量好的要少投些,质量差的要多投些。水深水面宽的宜多投,水浅水面小的可少投。诱饵投放要适量,过多则鱼只吃诱饵,咬钩率差,过少则鱼聚集的时间太短。

3. 装饵

常用的钓饵有荤素之分,以蚯蚓为例,正确的装钩方法有二:一是用钩尖从其一端穿入,剩下0.5~1厘米长的部位不穿到,使其能摆动,以引鱼抢食;二是用钩尖从背部中间穿入留头尾不穿,在外摆动,这样更显活蹦乱跳的效果。特别应该注意的是,钩尖都不能外露。

4. 下钩

正确下钩要注意4个字:"轻、准、动、避"。"轻"就是不要有太大的声响,否则不但惊跑鱼群,而且容易使饵脱钩。"准"就是要把钓钩抛在窝点上,不要偏离。"动"就是要轻轻抖动钓线,引起鱼儿的注意。"避"是指要避开小鱼的干扰与抢食。

5. 看钩

鱼的咬钩动作因鱼的种类而异。鲫鱼吞饵一般是头朝上,尾朝下,这时浮子的现象是先下沉一两厘米,然后浮子上送。青鱼、草鱼游动快,吞饵也快,浮子浮沉一两次后就出现"拖漂"现象。黑鱼吞饵凶猛,咬钩拖劲大。

6. 提竿

鱼咬钩后应该及时提竿。提竿有很多技巧,这也是能否钓到鱼的最关键一环。提竿首先应该掌握正确的姿势,一般来说,正确的姿势为鱼竿透出肘后30~40厘米,提竿时,手腕向上一翘,同时肘部往下一压。既要用力,又不能大翘大压。在鱼竿处只需上翘5厘米左右,就能使渔钩钩住鱼嘴内的软肉。

需要注意的是,提竿时不能用力过猛,不能死拉硬拽,用手提渔线想强行使鱼上岸。这样做,会把鱼嘴拉裂或只钓了个鱼唇上来,或者造成线断、钩断,鱼逃走的后果。此外,提竿要顺着鱼浮拖的方向提或斜向提,不可向后提。

四、垂钓运动的注意事项

(1)注意防晒。整天暴露在阳光下,皮肤一定会被灼伤,出门带伞是必需的;无论是阴天还是晴天,一定要穿长袖(高领)外衣(衬衫)和裤子,不要穿凉鞋,因为穿凉鞋走路很不方便,尤其渔具都很多,坡路也特别多,易发生危险。也可以让裤子把脚脖子给遮盖住。衣服能挡住紫外线照射,脚和小腿的皮肤都很嫩,最容易灼伤。帽子和毛巾也很关键,毛巾可以搭在脖子上,防止脖子和胸前被晒伤。

(2)做好防雨准备,在雨季垂钓要防雨防雷电,带好雨衣和伞,下雨的时候一定不要到大树下避雨。

(3)夜钓的时候,注意防蚊子,防蛇,特别是在水库边钓鱼,要穿厚的牛仔裤,晚上可防寒。

(4)到水库或大水面,注意不要滑落到水里,还要注意渔具设备的安全,做到渔具安放好,渔具设备摆放要有顺序,有条理。一定要记得带失手绳,把杆都绑上失手绳。在垂钓时,不用的渔具收拾好。

(5)不要在水库下游夜钓或搭帐篷。搭帐篷一定搭在距离水面高很多的地方,不要在岸滩上搭,防止山洪冲走渔具,甚至给自己带来生命危险。看好身后的山坡是不是安全,不能在有石头滚落或滑坡地带搭帐篷。

第三节 飞 镖

一、飞镖运动概述

飞镖运动源于英国,关于飞镖运动的起源目前还没有定论,具有代表性的主要有3种起源说,一种说法称,古罗马军团的士兵被罗马皇帝派到遥远的不列颠岛,英国多雨的气候不便于这些士兵长时间在户外活动。于是,古罗马军团的士兵在板棚中,把箭投向用柞树横切面制成的靶子,由此逐渐发展成现代飞镖运动。另一种说法认为飞镖运动是由英国的弓箭手在近距离作战时使用的一种10英寸长的投掷武器演变而来的。第三种说法和具体的历史人物有关。英国王亨利七世体质较弱,考虑到打猎既危险又辛苦,决定不再进行打猎,制作了一种短柄镖枪向柞树的横切面投掷以达到健身的目的,不久,皇宫大臣们也喜爱上了这种运动,逐步流传到民间,并广泛发展开来。

飞镖运动诞生后,这项运动得到了广泛的推广并很快风靡全球,成为广大民众喜闻乐见的健身运动。

现代飞镖运动出现在19世纪末,英国人贝利恩·甘林首次发明了如今的飞镖计分系统。1902年英国选手约翰·雷德第一次创造了单轮180分的纪录。

飞镖运动于21世纪初传入我国,距今有近10年的时间,由于其技术简单易于掌握,不需要专门的场地和设施,且运动量适宜,不受年龄、性别的限制,经济实惠,正逐渐被中国大众所接受。空闲时间扎扎飞镖,不仅可以舒展筋骨,消除疲劳,增强人们的身体协调能力,还能磨练人的意志和提高心理素质。客观上还能最大限度地吸引各阶层的人士参加,不分男、女、老、幼皆可上场参赛。

飞镖运动所需场地不大,随便一个空间,靶盘往墙上一挂即可进行娱乐或比赛,而且人人都可参加。飞镖的器材简便,花费经济,几支钢制的飞镖,甚至用钢针捆上尾羽也可进行娱乐。此外,飞镖运动对运动者的技能要求不高,掷飞镖时,3个指头捏一把钢镖,不需很大气力,身体采取一定的姿势站立,用手臂投掷,运动量远比其他体育项目要小,非常适合年长及身体较弱者参加。长期坚持可使身体在轻松的娱乐中得到充分的锻炼。顺手拿起飞镖到靶盘前掷上几镖,活动一下筋骨,顿觉浑身轻松。此外,投掷飞镖时要求全神贯注,做到手、眼、身、法、步协调配合,达到镖随心,动随意,指哪扎哪。所以经常从事飞镖运动,不仅可以锻炼集中注意力的能力,增进手臂力量,提高动作准确性和空间判断能力,而且还能培养良好的心理稳定性,不急不躁,以及办事果断,坚毅、自信的品质。玩飞镖是体验一种气氛,品尝友情,它的奇妙在于一静一器。试想在家庭、餐厅或酒吧,人们可边饮酒,边掷飞镖。扬手出镖,正中靶环,同伴及观众齐声叫好,可谓张弛有道,可以调剂情绪和提高工作效率,这也是飞镖深受人们欢迎的原因之一。

二、飞镖的场地和器材

飞镖运动的场地与器具主要有靶盘、投镖场地,内容如下。

(一)靶盘

飞镖靶盘有大小尺寸不同规格的靶盘,一般常用的有460毫米、305毫米、380毫米等规格的靶盘。

飞镖运动的靶盘有纸盘、植绒盘、琼麻盘等,我国飞镖运动常见镖盘主要有以下几种。

(1)木质镖盘:早期的飞镖运动所用的镖盘多是由软木或榆木制成,在欧美一些酒吧里,还能够看到木质镖盘。木质镖盘的保养很麻烦,一般每晚都要把它在水里泡一泡,以防止其干裂变形。

(2)纸质镖盘:纸盘是把纸一圈圈地卷起来,外加铁箍制成。纸盘可以说是最便宜的镖盘之一了。

(3)植绒镖盘:植绒镖盘的主要衬垫材料也是纸,只是在其镖盘植上一层纤维,其特点是经济和美观。

(4)磁性飞镖:磁性镖盘是铁质的,所用的飞镖并没有镖尖,顶端是一块磁性很强的平头磁铁。其特点是安全性好,不会伤人或毁坏家具、墙壁。

(5)麻质镖盘:麻质镖盘是现代最流行、质量最好的镖盘,也是各项正规比赛的指定用盘。镖盘是用麻纤维制成。麻质镖盘的制作相对其他镖盘更复杂,要用超过 10 吨的压力将纤维挤压成型,然后外圈用铁箍固定。因此,好的麻质镖盘硬度适中,待飞镖从盘上拔出后,小眼会自动闭合,使得其使用寿命远远高于其他种类镖盘。英国出产的高级麻质镖盘是用非洲(主要是肯尼亚)剑麻为材料制成的。中国生产的飞镖原料多来自海南岛,所以很多人习惯将麻质镖盘称为琼麻盘。琼麻盘是国际比赛指定用盘,国际标准靶盘的直径是 54 厘米。靶面设计如图 7-9 所示。

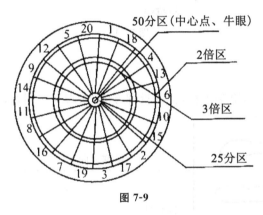

图 7-9

(二)投靶场地

靶盘悬挂于墙上,靶盘中心到地面的高度为 1.73 米。投掷线到靶盘的距离是 2.37 米,如图 7-10 所示。

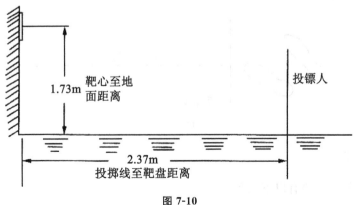

图 7-10

三、飞镖运动的基本技术

(一)投掷姿势

1. 侧向投镖

投掷飞镖前,侧向站立,脚尖向前,身体直立,双脚与肩同宽,脚尖与投掷线成直角,如图 7-11 所示。

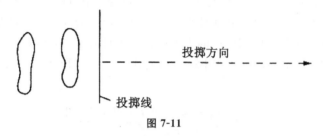

图 7-11

2. 正向投镖

投掷飞镖前,正面站立,脚尖平行,指向投掷方向,双脚与肩同宽,如图 7-12 所示。

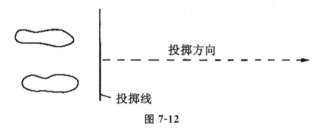

图 7-12

(3)斜向投镖

一般来说,飞镖运动的初学者可一脚在前一脚稍后,身体旋转一个角度,以站立姿势较舒适为宜,如图 7-13 所示。

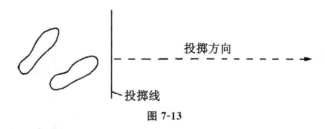

图 7-13

(二)持镖技术

常用的持镖技术主要有以下几种。

1. 拿毛笔式握法

拿毛笔式的握法是以拇指、食指、中指的末节指腹握住镖筒,镖尖向前,前臂屈起,镖的高度与眼齐平。这种方法稳定性最佳,是许多优秀投掷者常采用的一种方法。

2. 拿钢笔式握法

拿毛笔式的握法是以拇指、食指指腹握住镖筒,中指在下抵住镖筒,镖尖向前,前臂屈起,镖的高度与眼齐平。

3. 全握法

用拇指、食指、中指、无名指握住镖筒,小指指尖在下轻抵镖筒。这种握法稳定但不灵活。

(三)掷镖技术

投掷时上体微向前倾,两眼平视靶盘,持镖手可预摆几次,以肘关节为轴,前臂迅速向前挥动,手臂接近伸直时掷镖飞向靶盘。

投镖时,手和前臂要随镖前送,保证镖的飞行路线,切记不能短促出镖,这样会使镖飞行不稳,影响命中率。

初学者由于距离感、空间感及准确度有较大差距,特别是投掷动作要有一个适应过程,所以可采用近距离投掷方法,如分别采用1米、1.5米、2米、2~5米逐步加大距离反复练习。练习到一定次数后要注意距离变化,长、短距离交叉练习,这样能较好地控制发力,达到理想投掷力度。

知识拓展

飞镖运动的 501 分比赛规则

国际比赛一般采用 501 分制,"直接进入""双倍结束"。501 分制比赛规则如下。

(1)双方比赛选手以猜币字、图案对否或投红心远近方式决出"先手"。
(2)双方选手开始的基本分数各为 501 分,即从 501 分开始递减。
(3)每轮 3 镖,每人每次投一轮,交替进行。
(4)最后一镖必须投在所剩分数的"双倍区"并刚好减到零,先减到零者为胜。
(5)只差一分或减为负数,称为"爆镖",此轮得分为零。下轮仍继续完成上轮所剩分数。
(6)若投掷的镖不能附着于靶面,或未投中任何有效分数区,则此镖得分为 0,不再重投。

四、飞镖运动的注意事项

(1)镖针不可朝下。握镖一定要保持镖尖略朝上。
(2)不可两指握镖。运动学指出 3 点能保证稳定,因此至少要 3 根手指握飞镖,用 5 根也

没关系。多用手指,在加速时能控制得更好,但在释放时会困难一些。

(3)避免握拳。不握镖的手指一定不要习惯性地握起来,可以把它们伸开,或保持与其他手指一样的位置。握拳会使其他手指过分紧张,释放时比较困难,还容易蹭到飞出去的镖,影响精度。

(4)避免紧张。握镖必须稳定,但不能紧张。如果指尖因压力过大而发白,或者镖筒上的纹路已印到指尖上,就是你过分紧张了。记住握镖只要飞镖不会滑动就够了,这就能保证在加速过程中能很好地控制飞镖。

第四节 飞 盘

一、飞盘运动概述

飞盘运动在1946年发明于美国,是一种投掷盘形器具的运动,盘呈圆形,有卷边,用手指和手腕发力,使之旋转,在空飘飞。1970年前后,飞盘运动风行欧美,1973年起由美国每年举行一次飞盘锦标赛。日本是亚洲最早推展的国家,中国的台湾地区最早接触飞盘运动。

2001年,飞盘运动被列为世界运动会的正式项目。目前具有10余种国际比赛项目,最受欢迎的项目是:争夺赛(Ultimate)、飞盘高尔夫(Disc Golf)、自由花式(Freestyle)和勇气赛(Guts)4大项。

飞盘运动具有良好的锻炼价值,足够大的臂力是将飞盘反复抛出的首要条件,在抛飞盘的过程中,一定会感到微微的肌肉酸疼。当将飞盘抛给同伴时,首先要目测距离,然后反应到大脑,再由中枢神经系统将命令传给手臂肌肉的效应器,手臂发挥用力,以使飞盘准确到达目的地。飞盘运动还能锻炼运动者身体的灵敏性,飞盘不可能每次都百分百地到达目的地,所以就要求跑、跳、扑、卧,采取各种动作把飞盘抓到,这种灵敏性是在小脑的支配下得以完成的,能发展人的平衡能力。此外,飞盘运动虽然看似简单的运动方式,对于脑力劳动者而言,却是一项非常适宜的运动,它可以消除疲劳,使僵化了几个小时的大脑重新充满活力,而且这种户外活动还能呼吸到户外清新的空气,真是一举两得。

知识拓展

极限飞盘(Ultimate Frisbee)

极限飞盘是一种7人制飞盘比赛,只需要简单的技巧就可以上场,但是要好玩需要很多实践,极限飞盘的场上攻防技术类似篮球和足球,这项运动不允许故意的身体接触,不分男女队。极限飞盘是一项很好的户外运动,非常有趣,简单易学,具有挑战性,并且投资很少,喜欢户外阳光的朋友可以尝试一下这项运动。极限飞盘在国外非常流行和普及,在中国,了解和接触它的人很少。

二、飞盘运动的场地器材

(一)飞盘运动的场地

在众多户外休闲体育活动中,飞盘是一项非常容易上手的健身运动,不管是清晨或傍晚,不管是在公园还是在郊外的绿地、学校校园、沙滩或绿地,几乎到处都可以是练习飞盘的场地。

练习飞盘没有年龄及人数的限制,既可以三五成群地结伴玩,也可以一个人自娱自乐,要要个人花式技术。

(二)飞盘的种类与特性

飞盘的种类与特性,如表 7-2 所示。

表 7-2 飞盘的种类与特性

品名	直径	重量	特性
迷你盘	10 厘米	10 克	可弹、搓、转、拍、绕及当作名片收集纪念用,小巧玲珑,人见人爱
传接回收两用盘	23 厘米	100 克	盘面凸起,漂浮力好,适合初学者传接练习及高手回收比赛用
练习盘	23 厘米	120 克	适合传接及勇气赛练习用
掷准盘	24.5 厘米	140 克	重量适中,稳定性好,适合高手传接练习掷准比赛
掷远盘	20~24 厘米	150~170 克	破风力强,穿透力佳,可轻松投掷 100 米以上
高尔夫盘	20~24 厘米	146~175 克	直线飞行,左湾飞行,右湾飞行
敲杆盘	20~24 厘米	145~171 克	近距离接近用
勇气赛盘	23 厘米	110 克	为进口勇气赛专用盘
争夺赛盘	29 厘米	170 克	够重,较稳,飞行好,可练花式争夺赛

三、飞盘运动的基本技术

(一)反手投掷

飞盘投掷中最常用也是最重要的一项技术,掌握这项技术具体要求如下。
(1)侧对目标,双脚开立与肩同宽(正确姿势)。
(2)手掌贴盘缘,拇指在上,食指顺着盘缘,其余 3 指置于盘沟(最佳握法)。
(3)手腕微弯(旋转动力)。
(4)直线助援(前进动力)。
(5)飞盘外缘略低于手握处(平衡作用)。

(二)腰射

两脚自然站立,左脚前,右脚后,右手持盘(握盘与反手投掷同),置于右方腰际,再用腕力将飞盘振出。

(三)丢射

和其他投掷技术相比,丢射动作小、速度快的投掷法,以盘缘顶住虎口,中指、食指拨着盘沟置于右腰际,再用腕力由后往前振出。

(四)掷射

飞盘的掷射技术又称扬手投掷法。握盘完全与反手投掷法相反,即拇指放在盘沟,食指贴于盘缘,其余3指置盘面,然后在头部上方运用腕力由后往前振出。此投掷法是旋转最强的投掷方法之一,通常用于花式旋盘之供盘。

(五)投射

投射又称拇指推掷法。拇指顶住盘沟,4指微握盘缘,由腰际下方往上掷出。因为力道较强,通常应用在飞盘勇气赛中。

(六)衣捕

判断对方飞过来的飞盘大约在腰际的高度时,就可以使用衣服来捕接飞盘。其动作要领为双脚开立与肩同宽,当飞盘飞近时,双手拉开衣服让飞盘飞进衣服,再将衣服盖住。

(七)颠倒盘

颠倒盘的握法和丢射完全一样,不同的是出手时飞盘在头上方约跟地面成45°(盘底朝上),再往前往上掷出。通常这种方法用于飞盘高尔夫遇到前面有大障碍不方便使用左右弯盘时。

(八)三明治

"三明治"是飞盘运动最基本接法之一。具体方法为两手5指微张,一手在盘面,另一手在盘底,合住飞盘。

(九)追接

追接具体是指让飞过来的飞盘超过自己的身体时再抓住飞盘后缘。

(十)指接

指接是一种花式接盘动作,用食指或中指迎接飞盘底部,接时须看准飞盘的旋转重心,顶住飞盘后可接着做绕盘或旋盘动作。

(十一)碰接

反手盘(顺时针)来的盘,以左手碰盘,再以右手接盘。如果是正手盘(逆时针)来的盘,以右手碰盘,再以左手接盘。总之,碰盘的手要高于接盘手,这样可以较顺利地接到盘。

(十二)抬腿接

判断对方投掷过来的飞盘大约在大腿高度时,就可使用抬腿接。其动作要领是:侧对目标,右手腕应该过左大腿(或左手腕过右大腿)接飞盘。

(十三)背后接

判断飞过来的飞盘,大约在腰部高度时,可以右手绕到左腰际接住飞盘,切记接盘时眼睛视线要盯住飞盘。

四、飞盘运动的注意事项

(1)练习飞盘运动的投法与接法都必须先学习基本的反手投法再迈向正手投法,接法,要先学习左右双手的单手接盘,再进而学习花式接法,但唯参与争夺赛的玩者,使用的是175克或其他密度较高之盘,得认真学习三明治接盘法。

(2)学习花式投或花式接,应先从轻盘学起(90～110克),否则学习者不易体会投掷时的飞行力学是由手臂加手腕两股力投掷而出,接盘时花式接宜由左右单手学起,待两手具能灵敏反应感应接盘时,再升级学习各种花招。

(3)花式的传接与传统争夺赛或极限飞盘十分不同,学习者切莫以140克甚至更重的飞盘学习花式传接。

(4)学习变化的花式传接应由教练员作指导,以获得正确的辅导与教练指示。

第八章　户外拓展训练运动

户外拓展训练是一种综合了体育锻炼、休闲娱乐、旅游探险等内涵为一体的运动形式。它不仅可以陶冶情操、增长见闻、扩大胸怀、锻炼身体、休养身心，同时也是对自我的一种挑战。通过参与户外拓展训练，人们可以更好地认识自身潜能，增强自信，直面挑战，勇于克服困难。本章主要就户外拓展训练运动中的登山、攀岩、漂流、滑雪、山地自行车等运动进行研究。

第一节　登　山

一、登山运动概述

登山，通常指的是借助登山装备攀登雪山的活动。登山运动作为体育运动中的一种，是指登山运动员徒手或使用专门装备攀登各种不同地形的山峰或山岭。它可以分为金字塔形站式登山、阿尔卑斯式登山和技术登山等。

登山运动开始于18世纪80年代。1786年6月，一位名叫帕卡德的山村医生和法国一位名叫德·索修尔的著名科学家登上了勃朗峰（阿尔卑斯山的最高峰），这是登山运动的开始。后来，人们把登山运动称为"阿尔卑斯运动"，并把1786年作为登山运动的诞生年。在1850—1865年的15年间，阿尔卑斯山区的登山运动发展极为迅猛。世界上第一个国家性的登山组织——英国登山俱乐部，于1857年宣告成立。这一时期阿尔卑斯山的西欧第二高峰杜富尔峰（4 638米）、埃克兰风峰（4 103米）、芬斯特拉尔霍恩峰（4 275米）等20多座海拔4 000米以上的山峰先后被征服。1865年7月，英国登山运动员文培尔等人又登上了当时被人们认为无法登顶的玛达布隆峰（海拔4505米，其岩壁陡峭，平均坡度为65°，有的地方达90°），至此，以阿尔卑斯山为中心的登山运动达到了顶峰，出现了所谓的"阿尔卑斯黄金时代"。

自1950年到1964年的14年间，是人类高山登山运动一个重要的发展阶段。1950年6月3日，法国运动员莫·埃尔佐和勒·拉施纳尔付出了"血"的代价（一人冻掉了双脚，另一人冻掉了一只手），在人类的登山史上首次成功登上了海拔8 091米的安纳普尔那峰。1953年5月9日，英国登山队的依·希拉里（新西兰人）和藤辛·诺尔盖（尼泊尔人，后入印度籍）从南坡登上珠穆朗玛峰（这是人类登山史上首次成功登上世界最高山峰）。在这14年间，地球上海拔8 000米以上的高峰，有14座先后被各国运动员所征服。

与此同时,新中国登山运动员也以崭新的面貌,生气勃勃地跨进了世界高山登山运动的行列。1964年5月2日,中国登山队许竞(队长)、王富洲等10名运动员首次成功登上海拔8 012米的世界第14高峰——希夏邦玛峰,创造了一次10名队员集体登上8 000米以上高峰的世界纪录。因此,世界登山史上将1950年到1964年这段时间称为"喜马拉雅黄金时代"。

二、登山运动的装备

(一)竞技登山装备

岩石衣裤是竞技登山活动中穿的服装,原料是结实、耐磨又富于弹性的毛制品。选购时一定要紧身合体,裤口、裤脚较小且有弹性。岩石鞋是攀岩运动的专用鞋,鞋帮用结实、通气的皮革制成,鞋底为较硬的橡胶,且鞋底较厚,有利于摩擦固定。

(二)探险登山装备

御寒服装用于登山活动中的保温御寒服装。其保温层优于优质羽绒,面料轻、薄、密实、防水、防风。衣服颜色以鲜艳为主,以便吸热和山上、山下的识别观察。除衣、裤外,还可选择羽绒袜、羽绒手套和羽绒背心。风雪衣用优质的防水尼龙原料制成。上衣连帽,帽口、袖口、裤脚都能调整松紧,具有良好的防风、保暖性能。高山鞋又称登山鞋,是攀登冰雪高山的专用鞋。外壳是塑料,内有毛毡,其用料质轻,并具有良好的保暖、防水、通气等性能,还可配绑腿和鞋套,以提高其保温、防水和保护作用;在冰坡上行走时,还要在鞋底绑上冰爪。装备还有行囊,包括背包、背架和行李袋。另外,还有防护眼镜,用以遮挡强烈阳光和冰雪反射光,防止紫外线对眼睛的伤害,一般配茶色镜片较好。在海拔7 000米以上的高山地区,应配备专防紫外线的防风雪眼镜。

(三)露营装备

帐篷可分为低山帐篷和高山帐篷两种。低山帐篷一般用单层材料制成,高山帐篷要用双层材料制成,中间有空气层,以增加其保暖性能。一般每个帐篷内约有3~4米的空间,能居住2~4人。如队伍规模较大,大本营的帐篷可分别制成更加实用的住宿帐篷、炊事帐篷、医务帐篷等。各种帐篷的顶部形状以弧形为好,因为这样可增加其稳固性和实用性。帐篷的要求是防水、绝缘和通气,并要求色彩鲜艳、出入口要开闭方便。

睡袋用料与羽绒服装相同,只是保温层更厚。睡袋根据不同的登山环境,有不同的保温设计,从-45℃到0℃都有。

防潮垫是一种塑料泡沫制品,主要用于铺、垫,以免潮湿对登山者有影响。

炊具用于烧水做饭,也可取暖,主要包括炉灶、炊具等。炉灶有汽油炉和煤气炉两种,在海拔7 000米以上空气稀薄的高山上,后者的效果较好。常用的煤气炉体小、质轻,每个重270克,可燃烧3小时。炊具有锅、碗、勺等。大多为不锈钢制品。

三、登山基本技术

对于登山者而言,熟练掌握登山基本技术是开展登山运动的前提和基础。登山运动的基本技术主要包括以下几个方面。

(一)结绳

结绳技术是登山者必须掌握的基本技术之一。结绳技术,即利用打结使绳索之间、绳索与其他装备之间互相连接的方法。在登山途中,登山者的互相保护、越过障碍、攀登岩石或冰雪峭壁、渡过山涧急流都离不开绳索,因此,绳索是登山运动中使用的最重要装备。然而只有通过与大学生登山者身体或其他物体的相互连接固定,绳索才能起到辅助行进和保证安全的作用。绳结运用是否得当,直接影响使用效果;因此,按其不同的用途,结绳技术可分为固定、接绳、保护和操作绳结4种类型。

(二)保护

在登山过程中,做好保护措施十分有必要。保护技术的主要目的是为了避免登山中因动作失误而引起的意外险情发生。登山者在攀登、下降、渡河、救护等技术操作中,为保证安全,需要各种保护技术同时配合。在不同条件下,保护技术可分为固定、行进和自我保护3类;固定保护是对行进者或攀登者预设的专门保护,保护者将主绳做某种固定,然后选择有利位置专门负责保护。固定保护多用在攀登岩石峭壁、冰峭壁等技术操作复杂、危险性大的路段。

(三)攀登

登山者应掌握正确的攀登技术,在上山和下山时应注意采用不同的攀登技巧。

在上山过程中,登山者应注意身体稍前倾,重心适当下降与前移,以便有效地带动身体向前向上行进。上山的步子要小一点,脚的落点离身体重心垂直投影点要近些,脚掌先着地。坡度较陡时,上身前倾应加大,膝盖要抬高一些。前脚踩稳后,后脚再登离地面,注意不要憋气。如遇陡壁,可盘旋而上。上山途中应不时抬头看路,以免迷失方向。

在下山过程中,登山者应注意上身直立或稍后仰;坡度不大时,步子可放大,而步频可适当放慢些。用脚跟先着地,脚落地时,膝关节应稍屈,降低身体重心,借以缓冲。一般坡度较大时,切不可快速跑下,可采用侧身和脚横着着地的方法向下,或采用S形的路线向下慢跑。

(四)下降技术

下降技术主要包括三点固定下降法和利用器械下降两种。

1. 三点固定下降法

三点固定下降法是岩石作业下降技术的基本方法,所用工具简单,便于开展。其方法是利用双手、双脚握或蹬牢3个支点,然后移动第4个支点。这种下降法比三点固定攀登更加困难,因此一定要设上方固定保护。

2. 利用器械下降法

该技术主要包括下降器下降、单球结下降、坐绳下降和缘绳下降4种。

四、普通登山活动

由于受登山装备和技术等各种条件的限制,广泛开展探险登山和攀岩比赛是不可能的,但是,与旅游和群众性体育活动相结合,组织一些难度较低、装备条件要求简单的登山活动和攀岩比赛还是很有意义的。

(一)旅游登山

旅游登山。旅游登山是一种旅游和登山相结合的活动,20 世纪 70 年代初随着登山运动的发展而兴起,19 世纪 80 年代以来,西欧、日本、美洲各国和港台地区的登山旅游活动非常活跃,据统计,每年登上西欧最高峰——勃朗峰的人数多达 10 余万人,而日本的最高峰——富士山每年也有多达 250 万人前往攀登。

在中国,这一活动也已逐步得到开展。中国闻名中外的"五岳"[东岳泰山(山东)、南岳衡山(湖南)、西岳华山(陕西)、北岳恒山(山西)和中岳嵩山(河南)]、著名的四大佛教名山[峨眉山(四川)、普陀山(浙江)、九华山(安徽)和五台山(山西)],以及其他雄伟秀丽的山峰,吸引了无数登山旅游爱好者。

旅游登山活动形式生动活泼,内容丰富多彩,深受广大青少年喜爱。在节假日,学生可在教师的带领下(大学生可自己组织),带上食品、燃料和帐篷、炊具以及其他登山装备,有目的地开展一些登山活动。这不仅可使学生学习有关登山、行军、露营的知识,还可增强他们的组织纪律性和团结互助精神。在开展旅游登山活动的过程中,还可以搞一些科学考察和其他文体活动,使青少年在广阔的大自然中陶冶性情、增进身心健康和学习科学知识。

(二)定向登山比赛

定向登山比赛在欧洲、日本等国开展得较为普及,它与旅游登山的不同之处在于它是一种比赛性的登山活动。开展登山竞赛要事先选定一座山峰(攀登难度不宜大),以登顶为目标。参加比赛的运动员分为若干个小组,从一个出发点同时出发,按事先规定的路线越过草坡、山间河流或小溪、冰雪坡,选择宿营地点,攀登岩石峭壁等,登上顶峰后下山返回原出发地点或指定地点。

在路线上,每一段特殊地形,如渡河点、峭壁、宿营地等处,都设有裁判员。裁判员对各组通过特殊地形时的路线选择、通过方式、技术装备的使用、攀登技术的运用、宿营地点(是否安全、生活方便与否、帐篷搭设是否合理等)的选择进行评定。这种登山比赛多半在大专院校的学生和军队中进行,参加者一般要经过比较系统的训练。

第二节 攀 岩

一、攀岩运动的概述

攀岩运动是攀登者借助于技术装备和同伴的保护,能够在不同高度和角度的岩壁上,在有限时间内选择自己认为最佳的、最合理的线路准确地完成腾挪、蹲跳、引体等惊险的技术动作,依靠自身顽强的意志、体力和思维能力，直至完成整条线路的攀登。

攀岩运动是由登山运动中派生出来的现代竞技体育运动项目。它起源于18世纪末期的"阿尔卑斯运动"，即登山运动。曾有一个美丽的传说：在欧洲阿尔卑斯山区海拔3 000～4 000米的悬崖峭壁上，生长着一种珍奇野花——"高山玫瑰"，采摘这种野花是很困难的。据说很久很久以前，阿尔卑斯山区一直流行这种风俗：当小伙子向姑娘求爱时，为了表示他对爱情的忠诚，必须战胜重重困难和危险，勇敢地攀上高山，采来"高山玫瑰"献给自己心爱的姑娘。直到今天，阿尔卑斯山区的居民仍然保留这种风俗。攀岩运动也就由此而来。

由于攀登高山对于普通人来说是相当困难的，为了让人们了解登山运动，体会登山运动的魅力，让人们有更多的机会去参与这项运动，一些热爱登山运动的登山家把惊险、刺激且具有非凡观赏性的攀登悬崖峭壁的技术、方法移到郊外的自然岩壁，室外、室内的人工攀岩壁。攀岩运动作为一项体育项目起源于20世纪50年代的欧洲，主要以攀登自然岩壁为主。20世纪60年代末，世界攀岩运动兴起并得到迅速发展。在此之前，1947年举行首届世界杯攀岩比赛，1948年举行首届攀岩锦标赛。这期间举行了各种形式的攀岩赛事，都是以自然岩壁为主。但由于场地、天气、交通等因素的限制，攀岩运动没有得到很好的发展，直至1985年法国人弗兰西斯沙威格尼发明了可以自由装卸的仿真沙子、石头、玻璃纤维和其他原料混合制成的岩壁，实现了人们要把自然中的岩壁搬到城区的设想。

早期的攀岩比赛形式是结组攀登，以速度为主。随后，发展到以个人速度赛为主，采用上方保护。人工岩壁出现以后，主要是以技术为主的难度赛。1987年，国际攀登联合会（UIAA）规定，国际比赛必须采用人工岩壁，同年在法国举办了首届人工岩壁比赛。1989年，首届世界杯攀岩分站赛分别在法国、西班牙、意大利、保加利亚和苏联举行。1991年举行了首届攀岩锦标赛，1992年举行了首届世界青年攀岩锦标赛。在亚洲，攀岩运动开展较晚，1991年1月，"亚洲竞技攀登联合会"在中国香港成立，标志着亚洲攀岩运动进入一个新的阶段。1992年9月，在韩国汉城（现改名为"首尔"）举办了第一届亚洲攀岩锦标赛。

知识拓展

按照不同的方法，可将攀岩运动分成很多种，具体如下。

1. 按保护方法分类

按保护方法分类可分为先锋攀登和顶绳攀登。

（1）先锋攀登：从岩壁底端开始，一边攀登一边把保护绳挂入保护点。

（2）顶绳攀登：保护绳从上端已经挂好，只有上方一个保护点的保护方式。

2. 按攀岩场所分类

按攀岩场所可分为人工场地和自然场地。

（1）人工场地攀登：在人工制作的攀岩墙上进行攀登。

（2）自然场地攀登：在天然形成的岩石上进行攀登。

3. 按使用器械的不同分类

按使用不同的器械可分为以下几种。

（1）运动攀登：在有非常安全保护点的线路上进行攀登，危险性很低。

(2)自由攀登：只利用手脚握踩支点进行攀登，绳子等器材只用于保护。
(3)器材攀登：要借助绳子、铁锁、上升器等器械进行的攀登。
(4)传统攀登：自己设置途间保护点的攀登。
(5)无保护攀登：不用任何保护的攀登，如果脱落会有生命危险。
(6)岩壁攀登：通常要连续几天进行攀登。
(7)抱石攀登：非常难的短线路攀登。

4. 按比赛形式分

按比赛形式可以将攀登分为：难度赛、速度赛和攀石赛。

二、攀岩运动的技术装备

(一)个人装备

1. 攀岩服装

能防风是攀岩运动对服装的基本要求之一。另外，服装的透气性也很重要，这一切可使穿着者保持身体的干爽和舒适；攀登岩壁时服装的耐磨性也不可忽视。为了既吸汗又透气，快干衣、裤是不错的选择。这类服装的材料是由一些导水性极强的材料制成，这些材料具有独特的速干性，有些材料在洗后 10~15 分钟即可变干。在攀岩过程中，衣服里面会积聚大量的汗液，很容易着凉而引发感冒，在登山或极地探险活动中还会造成冻伤，这类材料在很大程度上解决了这一问题。

为了解决保暖问题，人们可以穿上抓毛绒材料制成的夹克和背心。抓毛绒的材质轻，而且保温性好，同等重量的抓毛绒和同等重量的羊毛相比，抓毛绒的保暖性要强于羊毛。抓毛绒材料的导汗性也很不错，缺点是防风性较差，在有些地方不能直接穿着，还必须加上一层防风外套。抓毛绒夹克加上防风外套这样的组合已成为户外运动中比较流行的穿着方式。

为了应付多变的天气，我们在出发的时候还必须配备一件好的外套。外套层服装习惯上也称为全功能外套，它是户外运动服装中非常重要的一部分，能为身体减少一切不必要的损失。它们的款式有短风衣或束腰夹克式样，大部分还带有帽子。内里服装的不足都可以靠这一层来弥补，像保温层服装大都耐磨性较差，抓毛绒夹克的防风性也不好。而全功能外套则完全弥补了这些不足。

2. 攀岩鞋

攀岩鞋的选择是穿起来舒适且不痛，趾尖部分要合脚。为了让攀岩鞋寿命更长，应保护好鞋底：使用后将鞋底上的黏土、灰尘、小沙粒清理干净，放在凉爽的地方风干，绝不要曝晒或放在高温处烘干。

3. 头盔

头盔可保护头部，防止落石等东西及坠落时的意外撞击。

(二)技术装备

1. 主绳

绳子长时间使用后,应注意绳子的安全性。攀登绳寿命最简单的判断方法是:室内训练攀登绳,大约几个星期;每个星期数次攀登,2~6个月;一个星期一次,大约用2年;当绳子已经变硬,或局部区域有变软或变扁的现象,表皮损坏就应该换掉。当绳子任意一端变得毛糙,就剪掉这一节并继续使用剩下的部分绳子,但使用时一定要谨慎,一方面它同样已经承受了多次下降的考验,另一方面,确保它在线路上放下时仍足够长。

在攀登线路时脱落或下降后,应在重新攀登前让绳子休息几分钟,使其恢复一些弹性和承受压力的性能。

2. 绳套

绳套在保护系统中的作用是作软性连接,主要有机械缝制和手工打结两种。一般机械缝制的绳套可抗拉力达22千牛,而手工打结就很难达到20千牛。

3. 安全带

安全带主要是为攀登者和保护者提供一种舒适、安全的固定。安全带分为可调式和不可调式。每次使用安全带时,应对安全带的安全性能进行检查,尤其是长时间使用安全带,造成安全带磨损,保护套起毛或断裂,就应及时更换。使用时避免灰尘、曝晒、脚踏等。

4. 镁粉及粉袋

镁粉的使用主要是在室内攀岩,以防手出汗时出现手滑现象或吸收岩壁表面的水分,以增大摩擦力。为了方便使用,镁粉一般存放在粉袋里,粉袋系在安全带上,在攀登难度大的岩壁或线路时使用。

5. 保护器

在保护和下降过程中,通过它与保护绳之间产生的摩擦力来减少操作者所需要的握力。保护器有很多种,但只有几种适用于攀岩。常见比较好的保护器有8字环、管状保护器和自动保护器"GRIGRI"。

6. 上升器

在单绳技术中解决向上运动的方法可分为左手握和右手握两种方式,适用于不同用手习惯的攀登者。

7. 铁锁和快挂

用于连接主绳与安全带。

8. 螺栓

现代竞技攀登一般用直径 0.95～1.27 厘米的膨胀螺栓,这是一种拉起式螺栓,也是现有最好的岩石作业用螺栓之一,适用于各种岩石表面,其安装容易、简便而且牢固。

9. 挂片

随着竞技攀登的迅速流行,出现了大量新式螺栓挂片,从初级的、手工制作的到光滑而结实的专用挂片都有。经常使用者应注意挂片上是否有裂痕或变形。

10. 岩锥

金属做的钉子在攀登的时候可以敲进岩缝做成一固定点。

11. 绷带

绷带的使用是保护疼痛的手指或关节,保护擦伤或破皮的指尖以及其他一些用处。

12. 保护垫

在岩壁的下面,都会放一块保护垫,在下降或脱落时可以起到减震和保护作用,减少脚后跟和脚踝扭伤的危险。

三、攀岩运动保护技术

为了防止攀登者在攀岩过程中脱落或其他意外险情的发生而采用的保护措施及保护方法,称为保护技术。它是根据岩壁的条件,运用相应的保护装备、结绳方法、保护装置进行各种安全保护操作程序及解决办法。

(一)攀岩保护装置的安装

1. 保护点的设置

要在保证生命安全的前提下享受攀登的快乐,岩壁上固定点的设置安装是相当重要的。保护点的设置就是将保护的绳索固定好,绳索固定的好坏直接影响到攀登者的生命安全。因而,保护点的设置是避免攀登者与保护者因坠落而发生不必要的意外伤害事故,是攀登者在攀登前必不可少的重要环节,必须引起攀登者的注意。

保护点的设置与进行保护的第一步就是自我保护。保护者用绳索与合理的固定点连接,一旦攀登者坠落或其他状况发生时,保护者才不致发生危险。

2. 保护点装置系统的安装

设置保护点所需的装备主要有:绳套、铁锁、挂片、膨胀螺栓、岩石锥、机械塞等。使用辅助绳来安装保护系统。

3. 天然固定点的选择与安装

(1)天然固定点的选择

决定受力方向后,在受力方向上找出适当、牢固的物体,一般选择树干、大石头、岩角等。选择时应注意树根、树干是否牢靠,岩石根基是否牢固,岩石大小是否可以承受坠落的重力,岩角基部是否有裂纹,用手敲击岩石判断其发声频率是否正常。

(2)固定点的安装

固定点的安装应防止岩石的棱角割断绳索,必要时要加上垫布。固定点的测试,注意安全第一。操作时一定要把绳结系住。

当安置了保护点后,可尝试进行撤卸。

①首先用快挂钩住铁锁,与自己的安全带连接。

②解开连接在自己安全带上的绳结,并将绳子穿过铁锁或将绳子从铁锁里穿过。

③将穿过铁锁的绳子重新与自己的安全带连接或将从铁锁里穿过的绳子打一个8字结,用铁锁把绳子与安全带连接。

④解开原来与安全带连接的8字结,然后请保护者准备好,将绳子收紧,再解开与安全带和铁锁连接的快挂。

⑤进行自我保护下降或顶绳下降。

(二)保护注意事项

(1)快挂与攀登方向:注意攀登方向,使绳子靠在远离开口端,而且身体这端要在钩环外侧。

(2)快挂方向:快挂要放好,勿转折;钩环要正;绳子要挂对方向。

(3)挂绳方式:有两种方法,一种是 Roll Clip(卷夹);另一种是 Pinch Clip(捏夹)。

①Roll Clip:快挂方向面对时最好用此方法。用中指和无名指固定铁锁,然后用大拇指和食指将绳子放入。一般来说,快挂位置较高时,挂绳会比较顺手,不过快挂低到腰部以下的位置也可以用。

②Pinch Clip:快挂方向背向时最好用此方法。用大拇指和小指固定铁锁,用食指和中指将绳子放入。

四、攀岩运动中手和脚的动作

(一)攀岩运动的基本原则

(1)手脚协调统一,平稳地移动。

(2)平衡性、灵活性、柔韧性的统一。

(3)保持身体重心平衡,将身体重心放在脚上。

(4)保持自己的能量,将重力作用在脚上而不是手臂上。

(5)合理运用耐力,减少不必要的能量消耗。

(6)放松肢体。

(二)手的动作

1. 开握

开握就是平常所说的 Open(开放式)抓法,四指并拢抓住支点,四指与支点充分接触,整个手掌不用紧握支点。在这个动作中,拇指一般不协助发力抓握支点,其主要特征为手指的第一和第二关节弯曲程度均未达到 90°。

2. 抓握

同开握抓法近似,但通常需要拇指协同发力,可以用手掌去握住它。因不仅仅依靠手指,整个手掌的抓握可以增加抓握的稳定性。

3. 紧握

就是平常的 Crimp(闭锁式)抓法,四指并拢把拇指搭在食指上,通常只有第一指关节受力,紧扣支点;四指第一指关节弯曲程度超过 90°;此时大拇指的力量很关键,因为大拇指要锁住食指。如果支点过小,这样紧握时你会感到手指的肌腱被压迫得很疼。

4. 半紧握

抓点方式与紧握相似,只是拇指并未压在四指上。同样只有第一指关节受力,而且第一指关节弯曲程度超过 90°。

5. 曲握

曲握就是把手掌弯曲,四指并拢,用手掌的外边缘握住支点,这种方法很省力,通常是一个休息动作,这样可以给其余手指一个很好的放松机会。有时根据线路上支点的分布,还可以用手的虎口部位夹住支点,这也是曲握的一种,同样可以达到休息的目的。

6. 手腕扣点

在大支点上,要放松前臂,可以通过弯曲手腕去握支点。手腕的这种弯曲,在很有限的条件下可以做,但是,它可以把前臂的力量转移到骨头上,所以这种手腕的弯曲动作是很好的休息姿势。在有比较大突出的支点上,这种动作应用很多。

7. 捏握

当一个支点无法用开握或紧握方法时,考虑一下捏握。注意要点:四指和拇指发力方向相对,捏住支点。有时由于支点的限制,可能四指无法同时发力,只能使用食指或中指的前两关节按住支点。

8. 侧抠

有些可捏住的点可以用四指侧向拉住支点,而大拇指压在支点的边上。其压的方向与四指方向成 90°。对四指起到辅助作用,使抓握支点更加稳定。

9. 侧握

和侧抠点和捏握手法很像,只是拇指几乎不发力。此动作通常只用于维持身体平衡,或用于一些侧身动作中。

10. 口袋点

可以将手指伸进去的支点。大的口袋点可以将四指的前端全部伸进去,小的只能使用一个或两个手指。这种口袋通常称之为指洞点。

11. 反扣

支点的可抓握方向朝下或与身体移动方向相反。这个动作是靠手与手或手与脚之间的反作用来实现的。

12. 抓点

有些支点是向外或向下的柱状点,此时可以使用抓点的方法,使整个手掌充分与支点接触,以达到稳定的目的。

13. 前臂勾点

用于非常大的支点,用肘关节夹住支点,主要使用大臂的力量,通常要配合脚部的动作,也是一种很好的休息动作。

14. 拇指扣点

通常情况下,有水平抠槽的支点要使用开握或紧握抓法。但有时也可以用拇指扣住支点,其余四指辅助发力,使其得到休息,这时拇指为主要发力手指,顺应支点的可发力方向拉住支点尽量放松其余4指,以达到休息目的。

15. 手掌按点

有些特别大的圆形点可能要使用整个手掌的摩擦力才可以按住。这时要将手掌和手腕弯曲成一定的角度,用整个手掌按住支点,以达到增加接触面积,从而增大摩擦力的目的,通常这种方法在野外自然岩壁的攀登中用得更多。

16. 指甲抠点

这是非常极端的抓点方法。对于可抓握部分非常薄的支点可以采用,手指指尖部分垂直顶住支点,利用手指第一指关节的力量支撑,手指甲和手指尖部要承受很大的力量,需要非常好的忍痛能力,但非常危险,可能造成指甲的损伤。

17. 换手

在攀登过程中有时可能需要在一个支点上进行换手操作,即由左手抓支点换成右手抓支点,或由右手抓支点换成左手抓支点,这时就需要用到换手技术。整个动作过程是比较简单的,重点是不要心急,但应注意换手之前要控制好身体的重心,将身体置于一种平衡状态,同时保证换手动作结束后身体也要保持同一平衡状态。

还有几种动作也可归入换手技术,就是碰到比较大的支点,两手可以同时抓握。这时可以先用一只手抓住支点,并给另一只手留下可以抓握的空间,以便于另一只手抓握支点,以省去换手的麻烦。

18. 交叉手

主要动作是当一只手抓握一支点时,用另一只手去抓握线路中下一支点,且双臂形成交叉。应注意的是,交叉手的下一步通常要移动身体的重心,所以交叉手抓握下一支点时要掌握好抓法,以便于下一步移动重心。同样,有一种同支点交叉手技术,即一只手抓握一比较大的支点时,为另一只手留下抓点的空间,使另一只手可以交叉抓握此支点的剩余部分。交叉手可以分为内交叉和外交叉两种,应该选取哪种可以视情况而定。

(三)脚的动作

1. 正踩、侧踩

在一般小的脚点上主要有3种踩法。

(1)正踩

使用鞋尖内侧边拇指处踩点,正蹬动作的特点是靠增加攀岩鞋与支点之间的压力来增大摩擦力,抬高脚跟可以尽量将身体的重心转移至脚尖从而达到这个目的,所以做正蹬动作时应尽量抬高脚跟以增加支点的压力。

(2)侧踩

用攀岩鞋的前脚掌外侧边四趾部位踩点。侧蹬的原理与正踩一样,都是靠增加压力来增大摩擦力,所以做侧踩动作时也应尽量抬高脚跟。

(3)鞋前点踩

这种踩点的方法是使用攀岩鞋的正前方部位踩点。通常情况下一些比较小的支点或指洞点无法使用正蹬或侧蹬,而只能将前脚尖部塞进去,这时就要使用前点踩法。

2. 摩擦点

用鞋底的大部分压在岩面上尽可能产生摩擦力,主要用脚的大趾头发力。这种踩点方式不只用到攀岩鞋的外侧边和内侧边,可能还要用到整个前脚掌,以增加接触面积,通常用于踩踏一些向下倾斜的支点。这种脚法的特点是踩点时脚跟要向下倾,尽量增加攀岩鞋与支点的接触面积,以达到增加摩擦力的目的,使踩点时更加牢固。这点正好与正踩和侧踩相反。

3. 脚后跟勾

脚后跟勾就是指用脚勾住支点。这种动作通常出现在屋檐的翻出部位上,一般是把你的鞋后跟放在一些适合做这种动作的支点上,脚的后跟挂住支点。在勾的过程中,伸腿、屈胸,向上直到你的脚能勾到支点,腿部发力将身体勾向支点的方向,以减少手部所受的力量,达到省力的目的。脚后跟钩的动作需要攀岩者具有良好的灵活性、柔韧性和胆量,它的动作多种多样,需要不断地去实践,但它最终的目的是获得"第三只手",以保持身体平衡。

4. 交换脚

岩壁上数目较少时,可能会经常用到换脚技术。

(1)在移动脚之前确定所要的脚点,脚点的大小、方向和位置决定了它的实用性,如果有可能,脚点应低于手点,以减轻上体的紧张。

(2)把脚准确放在脚点的最佳位置,要把脚集中放在一点上。

(3)将重心平稳过渡到另一个脚点。

(4)当站立或移动时保持脚的绝对平稳,移动时以脚踝为中心减少上身的运动。脚的移动可能会使脚滑出脚点,集中力量保持脚的平稳,保持平稳移动重心至两支点之间。

5. 叉脚

当一只脚踩踏支点时,另一只脚从身体内侧或外侧交叉穿过,踩踏线路中下一支点。需要注意的是交叉脚后要移动身体的重心,所以做这个动作的时候要想好下个动作的处理。同支点的交叉也是交叉脚的一种,当到一较大的脚点时,可以用脚踩踏支点的一侧,另一只脚交叉踩踏支点的剩余部分,完成交叉脚的动作;同样,交叉脚也分内交叉和外交叉,采取哪种方法可以视情况而定。

6. 顶膝动作

顶膝动作是一个很好的休息动作,动作要点是用脚部踩住支点的同时用膝盖顶住另一个支点,形成脚部和膝部的互压,达到平衡,可以让手臂进行很充分的休息。

7. 膝盖勾点

这个动作主要用于翻出屋檐地形,当翻屋檐的手点和脚点很近时,可以用膝盖内侧勾住支点,以达到平衡的状态。

8. 挂腿

挂腿是个对技术要求很高的动作,当一只手抓握一个比较大的支点时,将这只手的对侧腿抬起,挂在手腕上,并依靠手腕和手臂和力量将身体抬升,另一只脚作辅助的发力,以控制平衡。

这个动作对手腕的力量要求很高,而且比较危险,但对于喜欢静态攀登的攀登者最合适不过了。

五、攀岩技术

(一)平衡攀登技术

1. 平衡攀登技术

(1)平衡攀登的基本原则

①用脚:每次向上移动时,应利用脚来支撑体重,不要用手拉单杠一样用力,手仅用来维持平

衡。因此,攀登时不要一味往上寻找着手点,而是让自己的眼光下移,好的脚点是成功的一半。

②三点固定:要移动手或脚时,应将重心移至其余3点,保持平衡后才可将该点的力量移动。

(2)平衡攀登的基础

①找到脚点后应依据技巧平稳地站住,切忌因姿势改变而任意变动。

②着手点一般使用推压方式,比上拉方式更为省力。

③不可在一个费力的姿势上停留过久,应保持攀登的连续性。

④使用较有力的部位,也就是能用脚站立,就不要用手去拉。

2. 徒手攀登

(1)途中休息方法

在徒手攀登过程中,动作是否合理、有效,对体力的保存起到关键作用。在攀爬途中如果能有效地休息,紧张的肌肉会得到放松,体力就能迅速得到适当的补充。

①站立直臂休息动作

站立直臂休息动作是最常用的休息动作之一。其动作要点是上身外倾,远离岩壁而腿部和臀部尽量贴紧岩壁,两脚一般分开踩于两支点上,将手臂放直以达到休息目的。

②蹲点休息动作

蹲点休息动作是指一只脚采用半蹲姿势正蹬支点,将身体重心放在所踩支点之上,腿部和臀部尽量贴紧岩壁,上身稍向后倾或向侧面倾斜,放直手臂形成休息姿势。这也是一个很好的休息动作,比较常用于垂直岩。

③双脚对侧踩点:此动作的要点是两腿呈一定角度分开,两脚以正踩方法踩点,使身体重心放在两腿之间,这样起到很好的休息作用,有利于放直手臂。这个动作经常出现在内角形岩壁攀岩中。

(2)攀岩基本技术动作

①侧蹬

侧蹬是一项很重要的技术动作,它能极大地节省上肢力量,在过仰角地段时被大量采用。其基本技术要点是身体侧向岩壁,以身体对侧手脚抓握和踩支点,另一条腿用来调节身体平衡,靠单腿力量站起,抓握上方支点。以左手抓握支点为例,身体朝左,右腿弯曲踩在支点上,右脚应用脚尖踩住支点,且脚跟立起来,把身体重心的大部分放在右脚上,左脚只用来维持平衡。这时,右腿蹬起,靠腿部力量让身体站起来以节省手臂的力量。左手可做辅助性发力,右手向上抓握支点,动作最后一步右脚应保持用脚尖踩住支点,且脚跟立起来,这样可以使右手能够抓握住更远的支点。

②扭身锁定

这个动作的特点是将身体扭转,使身体侧对岩壁而不是正对岩壁。通常靠一只手锁定身体,另一只手去抓握下一支点。扭身锁定的动作只是上身动作,下身经常配合扭膝动作或侧蹬动作,尤其在斜面或屋檐地形被广泛使用,因为这个动作可以非常省力抓住下一个支点。

③侧拉动作

侧拉动作是一个在野外攀登裂缝时常用的技术。动作要点是双手侧向拉住支点,而脚部与手部的发力方向正好相反,向反方向踩蹬岩壁或支点,形成身体的互压状态,达到平衡。

④同手同脚

同手同脚动作是一个很费力的动作,有时候还会非常不平衡,有时还会出现人们常说的开门动作。例如,当左手抓握一个支点,在这个支点下方有一个脚点,由于脚点位置的关系,无法将动作变成侧蹬,而下一个手点在现在所抓握支点的上方,这时就需要一个同手同脚动作。这个动作主要由左手发力去抓握下一个支点,所以会感觉比较费力。需要同手同脚的时候是很多的,需要注意的是如果手点脚点在一条直线上的话,就很可能出现开门动作,造成脱落,这时就需要良好的手指和手臂力量去维持身体平衡。

⑤脚上手点

脚上手点通常用于垂直岩壁或支点稀少的路线。当要将脚抬至腰部附近的支点而没有其他支点可以辅助时,通常要用到这种技术。以将右脚抬至右侧靠近腰部的支点为例(这时左手已抓握住一个较高位置的支点),先将腰部向左并向岩壁外侧作少许移动,为右脚空出一定空间。右手扶住腰部的支点,这时抬起右脚放在右手的支点上,靠左脚蹬起把重心压至右脚上。这时左手应辅助发力,右手不要离开支点,也要辅助发力,直到左脚抬起,重心已完全移至右脚上。这时抬起右手,去抓握下一支点。

⑥扭膝

扭膝动作是攀岩中最重要的技术之一。这个动作可以最大程度地节省上肢力量,而且使攀登动作看起来十分优美。但扭膝动作的意义还远不止于此,在没出现扭膝动作前,蛙步动作一直是攀岩克服难点的唯一选择,这样使很多柔韧性不好或展髋能力很差的攀岩者对某些特殊的线路简直无法攀登。但扭膝动作出现后解决了很多问题。扭膝动作的姿势为两脚分别踩于两支点上,两支点可以等高或不等高,开始时双脚均采用正蹬方式,做动作时一条腿保持不动,另一条腿以所踩支点为轴顺时针或逆时针旋转,使所踩脚点由正蹬变为侧蹬,同时身体变为侧向岩壁,靠一只手锁定身体,另一只手向上抓握支点。这个动作在斜面和屋檐地形使用非常广泛,尤其在屋檐地形配合扭身锁定动作更加完美。

⑦蛙步

蛙步动作是攀岩中比较难的一种技术,因为其对身体柔韧性和展髋能力要求较高。由于近年扭膝动作和动态动作的出现,现在已经很少使用,但也还有人坚持采用蛙式攀爬。其动作要领是双手抓握两支点,双脚尽量抬高踩住胸前或腰部的一个或两个支点,使身体缩成一团,像青蛙一样,然后伸手去抓握下一支点。

⑧摆腿

摆腿动作是一个维持平衡的动作,通常配合同手同脚动作一起使用。当做同手同脚动作时,有时可能感觉不太平衡,这时将辅助腿摆向受力腿一侧,以维持身体平衡,达到完成动作的目的。根据脚点位置的不同,有时可能会出现辅助腿与地面平行的情形。

⑨高抬脚动作

高抬脚动作是指脚点位置很高时所做的动作,遇到脚点很高的情况通常有两种高抬脚方法:一种是双手抓握同一支点,将身体稍微向所要抬到的脚点转,身体向后倾,腰部向与所要到达脚点的相反方向扭曲,让出空间抬脚。当将脚抬到所要到达的脚点时,双手同时发力将身体拉起,同时抬起另一只脚,将身体重心压到所踩支点上。另一种方法是双手抓握同一手点,身体向后微倾,用将要踩踏下一脚点的脚踩现有的脚点,另一只脚蹬一下岩壁,同时身体借力向上,将所要抬的脚迅速抬到所要到达的脚点上,以完成高抬脚动作。

⑩动态动作

动态动作可以分为两种:完全动态动作和不完全动态动作。不完全动态动作指动态抓握下一支点时,发力脚并未离开原来的脚点,通常是用一只手动态抓握下一支点,身体上至少有两点仍固定在岩壁上(将双手、双脚算作4点)。完全动态动作指动态抓握下一支点时,发力脚已经完全脱离原来的支点,身体上3点甚至4点全部脱离岩壁去抓握下一支点。完全动态又可分为两种:一种是3点脱离岩壁,即一只手动态抓握下一支点时,另一只手仍抓握原来的支点做辅助性的发力,但两脚均脱离岩壁的动作;另一种是4点脱离岩壁,即双手、双脚在做动态动作时全部脱离岩壁,靠一只手或双手同时抓握下一支点,控制住身体平衡。

3. 器械攀登

当一些岩面用正常方法无法进行攀登时,可以考虑利用器械进行攀登。利用器械攀登的方法很多,本书着重介绍以下几种。

(1)上升器攀登:将主绳一端在上方固定好,另一端扔到岩壁下方。将上升器扣入主绳,然后通过保护绳套、铁锁、下降与安全带连接。检查安全后,开始攀登。攀登时手和脚要协调配合。

(2)抓结攀登:抓结是一种绳结,利用抓结攀登是在没有上升器的情况下采用。其连接的方法是用两根辅助绳在主绳上打成抓结(手握端),另一端打成双套结(连脚端),不断向上攀登。其攀登的方法及要领与用上升器攀登方法一样,都是抬腿提膝使拉紧了的辅助绳松弛,将上升器沿主绳向上推进到不能再推为止,脚随之下蹬,身体重心一侧上移,另一侧也如此动作,反复进行,直到要到达的地方为止。在操作过程中,注意保持身体平衡,始终保持面向岩壁的姿势,动作要协调、有节奏。

第三节 漂 流

一、漂流运动概述

漂流是极限运动的一种,也是奥运会运动项目之一。它起源于欧洲。

中国内地的漂流运动起源于长江探险漂流、雅鲁藏布江科考漂流等一系列探险体育活动。如1998年的"雅漂"和"珠漂",都是中国人在精神和肉体上对自身的"极限挑战"。2000年8月,在内蒙古海拉尔市举行了"中国首届漂流大赛"。

目前,我国已有营业性漂流场所150多家,而各种群众性、自发性的漂流探险活动更是无法统计。由于漂流所具有的独特魅力满足了人们特别是青少年喜欢冒险、勇于进取的精神追求,漂流正越来越受到大众的喜爱。

如果河流足够宽广可以航行,漂流会比沿着河岸走更容易、进程更快一些。长期野外生活的生存者可能会有制作独木舟的经验——把一截粗壮树干中央部分烧空,或者在上面钉牢桦树皮或兽皮柳木构架,也可以仿制古欧洲人建造用芦苇扎成的漂艇。要想造得很好,经得起波浪敲打,就不那么容易了,即便在将制造它们作为传统手艺的群落中,也还是需要专业的手艺人。

对于探险者来说,建造木筏还是比较切合实际的。即便材料不是很好,也不会轻易倾覆。在出征之前,每只浮艇和木筏都应在宿营地附近的安全水域进行充分的试航。尤其是在丛林地区,在季风性的河水中借筏漂流是完全可行的,在丛林中有足够的船木或理想的竹林,也可以用连根拔除的树木,它会结实坚固,不会腐败。如果必须砍伐船木,可以选择那些倾斜的树木,会容易一些。顶端有死枝的树干通常仍很结实,可以用来扎筏。

可选用油桶或其他漂浮物支撑木筏漂流。如果找不到坚实的船木,一块防水帆布或其他防水材料也可以用作柳木船上的运载工具。

不要用轻薄脆弱的木筏在任何水域中碰运气。在崇山峻岭之中的河水流速通常很快,只有真正坚固耐牢的结构才能幸免于难。在下游宽阔的河面,如果木筏散了架,落水者必须游很远才能到达岸边。

根据扎筏所用的材料可以分为竹筏、木筏、独木舟、皮筏等。

二、漂流运动的基本知识

(一)扎筏

1. 筏各部位名称

(1)筏身:漂流主要依托的部位。其材料主要由坚韧的竹、木构成。现代漂流借助的材料很多,可以是兽皮、油桶等。

(2)固筏木:它是指将筏身固定的木条、藤条或其他材料。

(3)舵筏:为了便于掌握筏前进的方向,通常用一根长篙,前端绑牢一片舵板,长篙绑在筏尾端固定交叉成"A"字形的构架上。构架底部钉入筏身上已钻好的孔洞中,顶端分别用绳索或藤条拉紧,系牢在筏上。

(4)移动撑篙:一根或两根材质较好的长竹、木,主要用于避开危险的情景,如暗礁、漩涡等。

(二)筏的种类

1. 竹筏

竹筏(或称竹排)一般不宜在急流险滩中使用,容易被卡住或翻沉,但在风平浪静时漂行,却韵味十足。手持长篙,一边深深浅浅地撑着,一边观赏河岸景观,悠哉游哉。

单层竹筏可能无法支撑身体重量,或者过长难以操纵,所以最好制成双层竹筏。将粗壮的竹竿砍成3米长的一段,两端与中央分别钻孔,利用坚韧的树棍穿过竹孔,再用藤条把每根竹竿与树棍绑牢。双层竹排间更要相互压紧绑结实。

2. 木筏或夹筏

制作最迅速的一种。圆木作筏身,用4根足够长度的厚实木棍,分别在圆木柄端将其固定成木排。

3. 混合筏

混合筏是借助可漂浮的油桶、兽皮等,依据竹筏和木筏的构造方法建造而成的漂流工具。

4. 独木舟

把一截粗壮的树干中央部分烧空或挖空,或者在上面钉牢桦树皮或兽皮柳木构架,也可以仿制古欧洲人建造用芦苇扎成的漂艇。

5. 皮筏

一般来说,皮筏实用性范围最广、最普遍、最常用。它采用橡皮或高分子材料制作,有3个或多个独立的气室,在正常使用时不会有漏气问题。皮筏的适应性很强,因为其材料柔韧性很好,又有充气囊可以以柔克刚,即使遭到落差较大的瀑布或险峻的河谷,也几乎总能化险为夷。

三、漂流技术的要领

(一)扎制要领

选材要结实、坚固、柔韧;结绳固定要紧密。

(二)漂流要领

试航要充分可靠;"读河"要专心密切;遇险要沉着、机灵;救护原则要清晰,先我—后人—再装备;分工协作要具体明确;"水手"角色(漂流的主要负责人);上岸不要掉以轻心。

四、漂流运动所需的装备器材

漂流是一种冒险,但绝对不是玩命。必要的漂流用具是爱好者从事这项户外休闲活动的前提,尤其是在比较"凶"的河流上。漂流的方法、用具很多,这里只介绍部分单人漂流用具。

防水上衣:漂流者如遇又湿又冷的情况,运动衣是穿不住的。一件好的防水上衣就可以使漂流者不受从河里溅入的冷水侵扰。这种上衣使用粗纤维和坚固的胶乳帆布来御寒。

(1)漂流手套:除了在热天,手套通常都很受漂流者欢迎的。一副好手套能让手保暖,不致起水泡,同时使划桨更有力。

(2)背包:应该选购对有桨或无桨漂流探险都极为理想的,既能保持包内物品干燥,又有方便的肩带和拎手使得在短途的陆路上或背或提都很方便的背包。

(3)水上运动头盔:对于激流探险来说,高质量的头盔非常必要,可以起到保证人身安全的作用。

(4)收口包:对于短程旅行,此包可装大量物品而不太占地方,而且能使包内物品不会被水弄湿。

(5)漂流靴:3毫米厚的氯丁橡胶靴垫能帮助脚即使在冰冻的水中也能充分保暖,同时耐磨的靴底即使在岩石上行走也能保护好脚。

(6)戴格尔(Dagger)转转船:这种特别好玩又有点刺激的游戏船是为漂流好手、喜爱高难度漂流的初学者或专业初学者设计的,适合于旋转、冲浪和空翻。

(7)救生衣:救生衣的功能都相同,但舒适性这一重要指标却各有差异。由于肩部、腰部和两侧都可调,腋部开口宽松,萨波救生衣穿着更舒适。

(8)艾尔(Aire)爱斯基摩式可充气划子:艾尔是一位世界著名的充气式筏子漂流高手。艾尔公司改进了其传统型的漂流筏,从船尾到船头渐渐变窄的构造有助于克服空气阻力,加快船速及增强破浪感。这种小筏子重量轻,便于携带。

(9)沃纳(Werner)交叉桨:这种易于储藏的拆装式船桨,无论在惊险的激流中,还是在悠闲的湖面上都能提供足够的动力,而且价格优惠,对初学者也很适合。

(10)NSR爱斯基摩式可充气划子:这个不足3米长的可爱小家伙名叫"鸭子",对于初学者最适合,它在水中稳定性极佳,在洞中和浪峰上反应敏捷。

五、漂流的紧急措施

(1)游过急流。应该平静地面对急流,用脚避开前面的岩石。向后轻轻斜靠,让桨为自己把握方向。在通过大的波浪时深呼吸,然后屏住呼吸面对泡沫状的浪尖,一直等到通过急流靠近岸边或退回船上。

(2)与岩石碰撞。如果发现不能避开岩石(这种情况确实存在),可以在碰撞前调转船头或让船头撞上岩石。掉转船头,轻轻旋转船,有时可绕开岩石;让船头撞上岩石会令船立即停下来,可通过一些旋转来调整航线,离开岩石。如果船侧有岩石,全体船员最好在碰上之前,立即跳到离岩石最近的船侧。这个重量将会让顺流船绕开岩石,而逆流船将会翘得更高。否则,船头的水将升起抵挡逆流,并吸住船,在岩石旁平整地包住它。

(3)沉陷。如果以上的情形(与岩石相撞)导致沉陷,就应用绳子从岸上寻求帮助。用一条粗绳绕成D形环,穿过水道(有必要可在前面打个孔),或船后面的框,可以用一个拉力系统(由蝴蝶状的环或卡宾轮组成)帮助提升。

(4)陷在旋涡里。船员应该立即进入顺流的水中以避免可能发生的倾覆,措施是用桨或橹划动顺流的水以从旋涡中脱身而出,尽管旋涡表层的水通常都是逆流,其实在其下层及旋涡的旁侧都有顺流,万不得已,用岸上的绳子也可把船从旋涡中拖出来。

(5)倾覆。试着跳开以避免撞击到障碍上,如果确定不会陷入船与石头之间的逆流中,应该尽量地浮在水面上,另外还可上岸避开这一段急流水域。尽量保持与同伴一起行动。

六、漂流运动的注意事项

(1)漂流只能在白天进行,黑夜里绝对不要冒险。夜间应将木筏系牢停泊,早晨醒来时要确保木筏仍在那里。在远离水边的高地上暂时露营。

(2)最好携带一套干净的衣服,以备下筏时更换,同时最好携带一双塑料拖鞋,以备在船上穿。

(3)漂流时不宜携带现金和贵重物品上船,若有翻筏或其他意外事故发生,漂流公司和保险公司不会赔偿游客所遗失的现金和物品;若感觉机会难得一定要带相机的话,最好带价值不高的傻瓜机,并事先用塑料袋包好,在平滩时打开,过险滩时包上,而且要做好掉进水中的思想准备。

(4)上筏的第一件事是仔细阅读漂流须知,听从水手安排,穿好救生衣,找到安全绳。

(5)在天气气温不高的情况下参加漂流,应在漂流出发时购买雨衣。

(6)漂流筏通过险滩时,要听从水手指挥,不要随便乱动,应紧抓安全绳,收紧双脚,身体向筏体中央倾斜。

(7)若遇翻筏,完全不用慌张,要沉着,因为穿有救生衣。

(8)不得随便下筏游泳,即使游泳也应按照水手的意见在平静水面中游,不得远离筏体独立行动。

(9)如果船只发生意外,应举起船桨,以向附近水域的船只求救。

(10)由于游泳者在冷冰的水中不到10分钟时间就会耗尽力气,应对经过远程游泳的人实施针对体温过低和受到冲击的救护。

七、漂流运动中如何"读河"

有经验的桨手每到河流的转弯处或险滩面前,总会盯住河面仔细观察,这就叫做读河。在有险滩的地方,水急浪大,礁石众多。读河就是要找出那些隐藏的陷阱,并找出一条穿越险滩的最佳通道。要弄明白险滩是怎样形成的,对行船有什么危险,首先要搞清楚水流的几个基本形态。

(一)险滩的舌部

河水受阻而降低流速,这样便形成了中间水流较快的现象。并且,中心较快的水流力量较大,进一步冲走了石块泥沙,清除了阻力和障碍,并形成了一个"V"形的舌部,"V"字的顶端通常指向障碍最少、阻力最小的通道。

(二)倒卷浪

当水流过礁石的顶部,汇入礁石后面的憩流(止水)时,河水形成反向流动(向上游方向流动)。这种现象称作倒卷浪,出现在半隐半现礁石的下游处。当礁石恰好处在水面之下,由于看不到水花,从上游方向很难发觉。要注意激流中较平静的地方,因为水下的礁石会使激流分流,而且水流过礁石表面时是平稳而不起浪花的。

(三)直立浪

河水在陡峭下降的河床中流速较快,在较平缓的河床中流速就较慢。当流速快的水流遇到流速慢的水流,水流量无法及时排走,就会叠摞起来形成高高的直立浪。如果直立浪很高但坡度平缓,最好的办法就是让船头对准浪尖,直接骑过去。如果直立浪看起来很陡,依旧对准驶过去则很可能会翻船,应该选择从浪的边缘部分通过。因为边缘部分往往角度较缓,高度也低些。

(四)转弯

通常,最深和最快的水流在转弯处的外道。河水的趋势是把船推向转弯外道,正是礁石和其他危险情况较多的地方。一般要求在转弯时要把船头往里道调整 45°角,并保持在里道的位置上。

(五)洄水

在礁石后面或两崖突出部分后面,河水的流向与主流相反,向上游方向流动,这称为洄水。河流转弯处里道的憩流也会成为洄水,尽管此处的水不流向上游方向,在主流和洄水交错的地方有条洄水线,需要特别注意的是,在洄水处有两股不同方向的水流"打架",遇到强劲的洄水线,万一不慎也会"平地"翻船。洄水对行船是非常有用的,可以利用洄水停船上岩、侦察急流险滩,但那些旋转涡流状的洄水应该注意避开。

第四节 滑 雪

一、滑雪运动的概述

滑雪运动是指人们成站立姿态,手持滑雪杖,足踏滑雪板在雪面上滑行的运动。其中,"立""板""雪""滑"是滑雪运动的关键要素。

早在几千年前,当人们的生产条件还很落后的时候,人类为了在恶劣的自然环境中生存,发明了可以代替行走的滑雪板,它的应用使得人们可以在浩瀚的森林中任意驰骋追寻猎物。滑雪运动起源并发展于斯堪的纳维亚国家。1924 年,国际滑雪联合会成立,并将北欧滑雪项目列入了 1924 年在法国沙莫尼举行的第一届冬季奥运会。在世界滑雪运动中居领先地位的国家有斯堪的纳维亚各国,如挪威、瑞典、芬兰,还有西欧的阿尔卑斯山脉周围的国家,如法国、意大利、奥地利、德国和瑞典,以及美国和俄罗斯等。一般说来,斯堪的纳维亚国家在北欧滑雪项目上占据优势,阿尔卑斯山脉国家在高山滑雪项目上占据优势。

滑雪是一项既浪漫又刺激的体育运动。滑雪是运动员把滑雪板装在靴底上在雪地上进行速度、跳跃和滑降的竞赛运动。滑雪板用木材、金属材料和塑料混合制成。滑雪竞赛主要有两种:北欧滑雪和高山滑雪。高山滑雪由滑降、小回转和大回转(障碍滑雪)组成。回转(Slalom)是一个挪威词,意思是在倾斜的路面上滑行。高山滑雪混合项目就是由上述 3 个项目组成。北欧滑雪(比赛)包括个人越野滑雪赛、男子接力赛和女子接力赛。此外还有跳台滑雪赛,以及北欧混合项目比赛,包括越野赛和跳台赛。Ski(滑雪)是一个挪威词,意思是雪鞋。

滑雪运动从历史沿革角度可划分为古代滑雪、近代滑雪、现代滑雪;从滑行的条件和参与目的可划分为实用类滑雪、竞技类滑雪和旅游类(娱乐、健身)滑雪。实用类滑雪用于林业、边防、狩猎、交通等领域,现多已被机械设备所替代,逐渐失去昔日的应用价值。竞技滑雪是将滑雪升华为在特定的环境条件下,运用比赛的功能,达到竞赛的目的。娱乐健身(旅游)滑雪是适应现代人们生活、文化需求而发展起来的大众性滑雪。

以上3类滑雪运动,从其所要求的器材、场地、设备及运动技术的形式来看,要达到的目的虽基本雷同,但作用和其他一些方面还是有很大差异的。下面重点谈谈竞技滑雪和旅游滑雪的特色。

滑雪运动(特别是现代竞技滑雪)发展到当今,项目不断在增多,领域不断在扩展,目前世界比赛正规的大项目分为:高山滑雪、北欧滑雪(越野滑雪、跳台滑雪)、自由式滑雪、冬季两项滑雪、雪上滑板滑雪等。每大项又可分为众多小项,全国比赛、冬奥会中几十枚耀眼的金牌激励着人们去拼搏、去分享。纯竞技滑雪具有鲜明的竞争性、专项性,相关条件要求严格,非一般人所能具备和适应。旅游滑雪是出于娱乐、健身的目的,受人为因素制约程度很轻,男女老幼均可在雪场上轻松、愉快地滑行,饱享滑雪运动的无穷乐趣。由于高山滑雪具有惊险、优美、自如、动感强、魅力大、可参与面广等特点,故高山滑雪被人们视为滑雪运动的精华和象征,更是旅游滑雪的首选和主体项目。通常情况下,评估人们滑雪技术水平的高低,多以高山滑雪为尺度。

近几年来,在旅游项目中又出现了单板滑雪、超短板滑雪、越野滑雪等。其中,单板滑雪和超短板滑雪比高山滑雪更具有刺激性,技术更灵活;越野滑雪是在低山丘陵地带(平底、下坡、上坡各约1/3)长距离滑行,虽然远不及高山滑雪的乐趣和魅力,但从安全和健身角度来看,更具有广泛的参与性。

高山滑雪的规范竞赛项目有:滑降、超级大回转、大回转、回转、全能等。高山滑雪的技术种类很多,如不同的滑降技术,多变的转弯技术,应急的加速、减速、停止技术,惊险的跳跃技术及特殊技术等。一般初学者应根据自身的体育素质、年龄、滑雪基础、场地条件,可投入的时间等因素,选取滑雪入门的最优方案。初学者切忌:求急、随意、莽撞,因滑雪运动是在滑动中操纵技术,重心不易控制,易形成错误动作,故应在入门的第一天起,就应在专业教练员的严格指导下,在姿势、要领、动作方面做到"三正确",从练习基本动作起步,扎实掌握技术功底,为以后的提高奠定基础。要高度认识到,滑雪错误的姿势和技术一旦形成,极难纠正,会留下深深的遗憾。

二、滑雪运动的装备

滑雪器材主要有滑雪板、滑雪杖、滑雪靴、各种固定器、滑雪蜡、滑雪装、盔形帽、有色镜、防风镜等。通常滑雪场有器材出租,游客不妨租借。滑雪板价钱有别。一般滑雪板有木质、玻璃纤维和金属之分,木质的轻而价格便宜,但易受潮变形,故使用前宜涂抹特制油脂,使之不易粘雪及防止雪水浸入。玻璃纤维滑雪板适合于任何雪质的雪地,但价格较高。铝合金的金属滑雪板在轻而燥的深雪及冰面上回转轻便,价格也较高。目前有将这3种材质混合制成的滑雪板,最受滑雪爱好者欢迎。

(一)滑雪板

高山滑雪板的种类很多,由于功能及种类的不同,高山板间的档次及价位差别很大。

(1)按竞技滑雪项目分为:回转板、大回转板、超级大回转板、滑降板。

(2)按滑雪水平分为初学者板、中级板、高级板、竞赛板、世界杯用板等。
(3)按雪质分为适于滑硬质雪的板、适于滑粉状雪的板、适于特技的滑雪板等。
(4)按年龄、性别分为男性雪板、女性雪板、儿童雪板等。
选择滑雪板的注意事项如下。

初学者最好选用弹性好、长度短、雪板头较大些、轻便的滑雪板。如果经济条件允许,滑雪者应考虑选购一套自己专用的滑雪器材(包括滑雪板、固定器、滑雪鞋、滑雪杖)。选购器材时主要应考虑厂家与商家的诚信度、雪板的质量与性能、售后的维护服务等方面,一定不能购置和使用糠心滑雪板。

(二)滑雪杖

滑雪杖,简称雪杖,其作用是帮助滑行及维持身体平衡。选择时以质轻、不易折断、平衡感好、适合身高为原则。一般由拦雪轮起算,最长不过肩,最短不低于肋下。可将手穿过皮手环,握杖挥动称手为佳。

(三)固定器

固定器:所有的滑雪板上都有将滑雪靴固定在其上的装置,在滑雪者跌倒时固定器会迅速松脱,因此它是避免滑雪伤害的重要防护器具之一。

(四)滑雪装

滑雪装应以保暖、防风雪、舒适合身、不妨碍行动及尽量减少风的阻力为原则。专业的滑雪装虽质量精良,但价格昂贵,因此一般只需购买实用的普通衣物即可。

(五)滑雪靴

初学者和业余者选择保暖合脚及防水的滑雪靴即可。最好选择靴筒较低的短靴,以免影响足踝的屈转。

(六)有色眼镜

雪地上因阳光反射强烈,必须戴上有色眼镜来保护眼睛。镜架以塑胶制品较为安全,镜片颜色以黄色或茶色为佳。

三、滑雪运动的技术

(一)步行

穿上滑雪器最初的动作就是步行。其动作与一般的走路并没有两样,开始时也许不习惯,可先穿上一只滑雪器来回走动两趟,尔后再两只一起穿上,一步一步地适应平衡。

(二)跌倒

以侧身着地最为安全,亦即以大脚外侧、腰下侧着地,同时举起双雪杖并用力地将两脚伸直,以防不必要的受伤。

(三)方向变换

以滑雪器之前端或尾端为圆心,将欲转变方向内侧的滑雪器,向欲转换方向分开成"V"字形,再将外侧滑雪器靠拢过来。本方向变换仅适合于平坦的雪地上进行,若是在斜坡上则不适用。

(四)登行

最简单的方法就是坐缆车上山。可是有的滑雪场通常没有缆车,此时最方便的做法就是把滑雪器脱掉,扛着滑雪器走上去。若是再懒惰一点,也可以穿着滑雪器往山上走,要领就是保持滑雪器与斜坡呈90°,以防止滑雪器自动滑下去。

(五)平地滑行

两脚平行站立,利用手腕力量将两雪杖向后推动,使身体和两滑雪器同时向前滑行前进。身体重心不可置于后,否则会有身体后倾的情况发生,那可是会导致后坐跌倒。

在学习滑雪的基本技术时,应首先掌握4种滑降技术、两种转弯技术,并了解转弯技术的要领,这主要是因为滑降是滑雪技术的基础,转弯是滑雪技术的精华。

在学习滑降技术时主要要求学员在高速运动中学会掌握重心;学习转弯技术时则能使滑雪轻易绕过障碍物。高山滑雪是一个加速运动的项目,如果速度太快,滑雪者很难控制滑雪板,而转弯过程本身就是减速运动,通过转弯,可以使滑雪者将滑雪板控制在匀速状态下滑行。

学员应掌握的滑降技术主要有直滑降、斜滑降、犁式滑降和半犁式滑降;应掌握的转弯技术是犁式转弯、半犁式转弯,并了解犁式滑降和半犁式摆动转弯的技术要领。

犁式滑雪:犁式是一种简单易学的滑雪方式,它的动作是,双脚成内"八"字形,立于雪道之上,双膝稍弯,身体重心在两雪板之间。不要努力把滑雪板平放在雪地上,这时滑雪板与雪地之间应自然地形成一定的角度,滑雪板的边刃切在雪地上,如果这时在坡度很小的雪地上,用犁式可以站在原地不动。

下面选择坡度不大的初级滑雪场,记住犁式滑雪的动作要领,开始滑行,记住一定要让两脚保持内"八"字形,滑雪板与雪地保持有切入角。从开始滑行直到停下来始终保持这个动作。顺着雪道滑过一次后,你会发现,滑到雪道的下端平缓地形时,速度会降下来,这说明犁式滑雪能降低速度,达到了控制程度的目的。回头再看一下滑过的痕迹,不是两条直线,而是两条滑雪板横刮的痕迹,反复练几次后。再开始学转弯,在刚才学过的动作基础上,把身体重心由原来的两脚中间,移动到左脚或右脚,先做原地练习,重心移到左脚(或右脚)时要稳定动作几秒钟,在身体重心左右移动时,滑雪板始终保持"八"字形和与雪地间的角度。

再来到滑雪道上,在下滑时,将重心移到左脚上停留一会儿,会发现向左转弯;再将重心移至右脚,这时会向右转弯。(重心移到哪只脚上,身体就会沿这只脚的雪板方向滑行。)转弯动作不是重心移动后就能完成,而是移动后,要将重心保持在一支滑雪板上一会儿,才会完成一个转弯动作。也就是说,转弯是持续用力完成的动作。这个滑行动作需要经过多次反复练习。

在这个练习过程中,容易出现的错误就是在滑雪转弯过程中速度增加处,由于面向坡下速度增加,心理紧张而没完成动作,就失去了平衡而摔倒。这时重要的是记住动作要点,保持动作,完成转弯。

在反复练习多次后,可以在速度减缓处使两条滑雪板平行滑行,在转弯时变为犁式滑行转弯。初学者开始滑雪时,会觉得很累,这主要是掌握不好平衡,身体紧张造成的,学会了犁式滑雪,能熟练滑行以后,便会觉得像散步一样流畅、轻松、自如。

知识拓展

滑雪登山,在英文中是"Ski Mountaineering",顾名思义,与登山相结合的一项运动。滑雪登山运动要求运动员运用特定的雪具和登山装备,以滑雪的方式进行登山,运动员既要具备登山技巧和体能,也要掌握滑雪技能。

相对于高山滑雪(Alpine Skiing)而言,滑雪登山更侧重于登山。高山滑雪依赖拖率、缆车或直升机等工具到达路线顶端,滑行而下。而滑雪登山则是一项更加纯粹的冰雪运动——完全依靠自身的能力在自然环境中进行攀登,然后下滑。这意味着,只要地形和雪况适合于滑雪,可以完全摆脱对其他工具的依赖,开展滑雪登山运动。

与越野滑雪(Cross-country Skiing)相比,滑雪登山的路线高差更大,往往在一天之内攀升一两千米。上升与下滑的地形坡度也更为陡峭,而且在某些地段需要使用登山技巧,如穿着冰爪通过,使用绳索下降等,在线路设置上也突出体现了登山技术的应用。

第五节 山地自行车

一、山地自行车运动概述

双轮自行车自被发明以来,其使用范围不仅仅局限于好的街道。20世纪初期越野赛跑应运而生,随着20世纪30年代初期第一个大车轮的制造,自行车在街道旁边行驶就容易得多了。直到20世纪70年代初期,山地自行车运动才在农村逐渐发展起来。如今,山地自行车已发展成为一项单独的赛事,在山地户外比赛中也少不了山地自行车赛段。

盖瑞·费西、查理·凯利、祖·布瑞斯和汤姆·瑞奇,作为山地自行车运动先驱,他们把这种乐趣逐渐发展为大众体育项目。盖瑞·费西为了能在上山时有更多的选挡可能,第一个改变了链条的装置,但结果只达到了预想的1/4。最让人难忘的还是骑车行驶塔玛帕斯山的壮举。1976年,查理·凯利第一次组织了颇具传奇色彩的"重新组装自行车"下山活动。每次骑车之后他们都要拆掉倒轮闸,重新涂上润滑油,因为润滑油由于多次刹车而耗尽,所以才有"重新组装"这个名字。1979年凯利在《外面的世界》杂志发表了第一张山地自行车的风景照,这对新的体育潮流的出现起到了决定性的作用。祖·布瑞斯是结盟中的第三人,当旧的车架不能满足不断提高的要求时,他于1977年研制出了新车架,这种车架在结构和外形上与现在的山地自行车架很相似,当他于1978年年制造出更新的款式时,他的同伴也为此激动不已。21岁的汤姆·瑞奇在车架构造方面享有了很高的声誉。在这个领域,他有相当丰富的经验,因为当他只有14岁时便设计出了第一个车架。受祖·布瑞斯的鼓舞,他于1978年底制造出了自己的第一辆山地自行车,1979年一家以"瑞奇山地自行车"冠名的公司成立,这就是山地自行车这个名称的来历。山地自行车产生的同时,山地自行车比赛也被国家运动协会所接受。在加利福尼亚卖出第一辆山地自行车之后不久,第一届比赛也应运而生,与富有传奇色彩的"重新组装自行车"下山相比,80年代初,其弯道长达50公里的项目被称为"下山越野"。1983年举行了美国山地自行车冠军赛。当时一位女运动员因为在比赛中与男运动员紧紧相随,并轻易地获得女子冠军而引起轰动。为此,她得到一个"山地车女士"的外号。

随着山地自行车市场的繁荣,逐渐成立了职业车队,1987年在欧洲举行了第一次大型比赛,即在法国举行的一次非正式的山地自行车比赛。1988年便正式在欧洲举行比赛,德国的根德电气制造公司组织的全欧"根德挑战杯"赛,紧接着又于1991年举办了"根德世界杯"。山地自行车运动有如此迅速的发展势头,应归功于根德公司。

通过电视机构的专业组织提供精彩的画面,越来越多的媒体开始关注山地自行车运动,在欧洲有女子自行车和全欧自行车赛,这两项比赛的冠军赛都是在瑞士举行的。而在美国也由此发展了如山地障碍、爬山、平地以及下山等一系列新项目。近年来又发展成为山地车表演特技项目。1990年接受了公路自行车的国际自行车联合会也接受了山地自行车。1990年9月,24支国家自行车队在美国科罗拉多州多伦哥市参加了第一次正式的世界比赛。在越野和下山比赛中分别设置了3枚奖牌,越障碍、爬山项目的获胜者并无头衔。同年,材料方面的进步也引人注目,罗克·效克斯为在比赛过程中能够通过带望远装置的摇摆车把看到沿途的风景而高兴。西曼多带上可双面活动的脚踏,并且在跑车车把上面安装了小喇叭,经过欧洲与美洲的各5次比赛后,1991年举行了首届"根德世界杯"。

由于1993年在法国举行的世界冠军赛一举成名,奥委会正式接受山地自行车越野赛成为1996年亚特兰大奥运会的正式比赛项目,这就意味着山地自行车最终在体育界有了一席之地。"山地自行车只是昙花一现"这种批判的声音突然消失了,当初被人嘲笑的运动员现在成为著名的运动员。紧接着,不仅仅是媒体,还有许多爱好者,对山地自行车的兴趣再次大大增加,就连不喜欢自行车运动的节目主持人也在报道与此有关的消息。

越野与下山两个项目在1994年引起了人们的关注。整个车身都要弹起来的自行车下山运动,今天仍令人不可想象。而这种具有冒险性的骑行技术需要进行特殊的训练和采用专门制作越野车的材料,而这一切又给山地车手进行下山比赛造成很大的困难。因此,下山的山地车运动员则越来越愿意参加平地障碍比赛。

1996年在亚特兰大举行的越野比赛,是山地自行车历史中的一个里程碑,比赛在观众巨大的欢呼声中举行,并向全世界进行了转播,在那天,山地自行车骄傲地出现在大众面前。

二、山地自行车运动的装备

山地自行车运动的装备主要包括两部分:个人装备和山地自行车。

(一)个人装备

1. 能防风、防雨的服装

在山地自行车运动中随时都会遇到恶劣的天气,因此,必须准备能防风、防雨的服装,尤其要注意防御寒风。中医认为风是最危险的,风使毛孔张开,大多数情况是在一段时间之后让人生病。例如,慢性关节炎、肩痛、背痛、支气管和呼吸系统疾病都是典型的由风引起的疾病。如果骑行时没有充分的保护来抵御骑行中的寒风,其后果是不堪设想的。有经验的运动员深知风的危险,并学会了怎样避开它。只有那些没有经验的运动员在寒冷的天气穿短裤训练。下山的时候要穿上随身携带的风衣,积极防雨也很重要。遇上恶劣的天气时,如果有好的雨衣也能照常进行训练。这种雨衣由内外两层高级合成的纺织纤维构成,内层吸汗,外层存热,因此它能使体温总是保持恒定。一件透气性好的雨衣是每个山地自行车运动员所必备的。

2. 头盔和护肘

头盔和护肘是山地自行车运动员的必需装备,因为只要进行山地自行车运动就必然会摔跤。虽然大多数时候摔跤对身体不会造成很大的损害,但有时还是会出现头被擦破或肘部脱臼的情况,因此头和肘部尤其需要保护。

3. 其他装备

(1)手套、帽子和额头饰带

就像游泳运动员戴泳帽是为了防止热量散失一样,骑行时戴上手套、帽子和额头饰带能调节体温。当训练进行到后半段,身体比较虚弱并开始发冷时,它们的作用就更大了。

(2)过踝的鞋袜

只要脚暖和,就能应付各种天气,也不会轻易着凉。冬季穿的运动鞋不要太小,应让脚有足够的活动空间,保持顺畅的血液循环。鞋袜应高于脚踝,以保证运动的稳定性。

(3)运动眼镜

一副好的运动眼镜虽然不便宜,但能有效地防风,防止脏东西进入眼睛以及阳光照射。特别是在高速行驶的情况下,好的运动眼镜就显得尤其重要。

(二)山地自行车

1. 构成车架的材料

超过90%的自行车的车架都是由钢条制成的,但其他的材料也逐渐用于车架生产。铝车架的使用量急剧增长,铁、碳或两者的混合物则用来生产名贵车架。大多数钢车架是由钢、铝混合和经过加压处理的不裂钢管构成的。生产这种车架对技术有很高的要求。钢的优点是易加工、牢固、坚硬,缺点是重量大、易腐蚀。钢是构成车架的最古老却又最可靠的材料。铝车架从20世纪80年代初期开始出现以来,就受到越来越多人的喜爱。铝车架的重量轻、抗腐蚀,但硬度不够。为了提高铝车架的硬度,车管的直径便被加大了。

2. 车架的构造

(1)车座和操作控制梁的角度决定自行车的行驶状态。对于山地自行车和旅行专用自行车而言,其角度是在71°~74°之间。通常情况下,人们在骑车时需要一个大的倾斜角度,而自行车的最大倾斜角只能达到74°,而在72°时会让人感觉骑起来很舒适。因此,车把与主梁之间的角度会影响自行车的转向节和行驶状态。转向节是由车把的弯度和控制角度来决定的:角度越大,控制越难;而角度较小时,无论运动员在做任何控制动作都会做出迅速反应,便于操纵。

(2)轴心距(前、后)同样影响行驶状态。车轮距大(如荷兰的自行车)会让人感到骑起来很舒适。轮盘是指中轴到地面之间的距离。高度越低,车轮越容易发生颠簸。轮盘高度达到一定的高度可以使自行车在行驶中更加稳定。

(3)外伸梁的长度和倾斜角决定车座的位置和行驶状态的特征。倾斜角小的外伸梁可以保持车座在一个很舒适的位置,而长且平的外伸梁更符合运动式车座的需要。

3. 车架与其他部分的组装

职业自行车运动员对车架的要求很高,大多数车架都是为运动员量身定做的,不好的车架很容易让人疲倦而影响运动成绩,更为严重的是可能使运动员出现背部肌肉疼痛,最终对自行车运动丧失兴趣。不要让人去适应车,而应让车符合人的要求。

4. 一步的长度

要选择合适的车架,测量车手一步的长度是很必要的。

两腿之间的车座坐点与地面之间的距离就是一步的长度。最简单的测量方法是光脚贴住墙,在双腿之间放一个水平仪,用双腿轻轻贴住。水平仪上缘和地面之间的距离就是一步的长度。用这个数据可以计算出合适的车架及其各部件相应的数值。

因为车架与鞋都不能随便购买,而应该根据自行车的型号来计算并选购。有两个公式可以使用,理想的山地自行车车架大小可以用一步的长度乘以0.61,这个公式要求车架大小精确到厘米。这个尺寸就是主梁与座梁的交叉点同踏板轴中心之间的距离。举一个例子:运动员一步的长度为82厘米,那么,这个车架的大小为82乘以0.61即50.02厘米,精确到厘米即50厘米,所需车架也就是从踏板中心到前面提到的交叉点的距离是50厘米。目前制造商提供的山地车车架数据大部分是指踏板中心到主梁与座梁之间的距离。

三、装备保养

(一)快速清洁

快速清洁需要的时间极短,并且相当方便,运动员在恶劣气候下参加比赛时经常会使用这种服务。准备好刷子、海绵、水、内胎、擦车布和润滑油,训练结束后马上进行这种保养能使自行车各部件始终保持良好的性能,延长使用寿命。如果车上沾有潮湿的脏东西,应在它变干之前用水直接冲洗,最好不要进行高压清洁,因为这样会把细小的脏东西压入裂缝。

(二)全面清洁

通常经过一个赛季或一年才对自行车进行全面清洁。运动员一般都不亲自进行这种清洁活动,而是到专修店找有经验的修理工人帮忙。

(三)驱动装置的保养

驱动装置由链条和空转装置组成,它的性能会受到骑行技术、地形以及天气的影响,因此很容易被磨损。其中,链条的使用频率最高,最先被磨损,因而使得驱动装置的性能降低。正确选挡、定期检查清洁和润滑链条、控制链条所受的负荷能有效减轻驱动装置的磨损。

(四)轮胎的保养及更换

对器材进行定期的保养以及过硬的骑行技术能在很大程度上防止自行车的磨损。但是,磨损现象始终是不可避免的。在山地自行车比赛和训练中,大约80%的损坏都是由内胎爆裂引起的。气压很低时,自行车以巨大的冲力撞向障碍物,内胎撞到轮缘上,内胎壁随即爆裂。备用内胎、修补工具、打气筒和打电话所需要的零钱是进行山地自行车远行所必需的。如果技术熟练,要不了5分钟便可更换坏掉的轮胎。

四、基本骑车技巧

(一)山地自行车的操作

1. 调整自行车的构造

要很好地控制自行车,自行车的大小必须适合车手的身材和骑车水平的高低。因此选择大小合适的车架和高度适中的鞍座非常重要。车座高低的调整,以坐稳车座后,用脚跟蹬住脚蹬,当脚蹬到最低点时,腿应正好伸直,既不感到过分伸脚,也不使膝关节有弯曲。骑跨在自行车上,如果感到车座与车把之间距离不合适,可以将把立管换成稍长或稍短一点的。如果改变把立管的长度,自行车的操作特点也会随之改变。比较短的把立管能够减轻前轮所承受的重量,这样在高速转弯时会减小车轮与地面之间的摩擦力。这样的车需要调整,以增加作用于前轮上的负重。把立管比较长,下坡时会影响车手骑车水平的发挥,而且车手也极有可能从车把上方栽过去。闸把、变速杆、车把握手处和把套的构造应该以方便操作,使车手感到舒服为宜。

脚蹬、车把、变速杆、闸把和鞍座都是自行车上非常重要的调节装置。

鞍座是一种调节装置。通过调节,车手可以使身体获得合适的倾斜角度。将踏板位置踩至斜角45°处,然后调整座垫前后,以能配合脚之最大出力位置为原则,从膝盖中心的垂直线刚好通过踏板的中心。

调节刹车装置时,应该调节到只用双手中指就能简单制动。闸把倾斜的角度应以手指搭在闸把上时手腕伸直、胳膊展开为宜。最重要的是熟练掌握自行车,在遇到紧急情况时,不用思考就知道哪一个闸把控制前闸,哪一个控制后闸。如果操作不当就有把自己从自行车上甩出去的可能。变速杆调整灵活便于使用,在加速和减速时都不应该出现任何问题。

脚蹬是车手同自行车之间传送能量的直接媒介,必须处于最佳状态。如果使用不带踏脚套的脚蹬,骑行鞋必须保持良好的状态;如果想把脚从脚蹬上拿开,则应保证脚蹬能轻松地同骑行鞋上的防滑钉分开。

把手的高度:上翘型把手约比座垫高出3~5厘米,平型把手则与座垫等高。车把的宽度应与运动员的肩宽大体相同,一般为38~41厘米。如果宽于肩,会增加风的阻力,窄于肩,胸腔会受到挤压,影响正常呼吸功能。左右车把手处的距离应以双手能够轻松地交换握为佳。车把如果要加长,除了部件配套之外,其角度还必须要合适。这样可以调整车把的整体几何构形。

2. 齿轮调节、变速装置

(1)齿轮调节

山地自行车较高的齿轮传动速比为自行车以较高的速度行驶提供了条件,而在爬比较陡的斜坡时则又能保证自行车以较低的传动速比行驶。为了充分利用这一特点,车手需要掌握齿轮的工作原理。

车架中央有3个链轮,通过车架底部的托架固定在曲柄上。链轮的尺寸、大小也不一样:大轮42~48个齿;中轮32~36个齿;小轮只有20~26个齿。车架后部,在后轴上还有一组飞轮,最小的只有11个齿,最大的则有36个。前面的链轮同后面飞轮的组合不同,车手每踏蹬一圈,不同飞轮转动的圈数也完全不同。

(2)变速装置

山地自行车不仅有前变速器,还有后变速器。前变速器由车把左侧的变速杆制动,后变速器则由右侧的变速杆制动。变速器的作用就是把链条从一个齿轮移动到另一个齿轮上。

①拇指变速杆:这种变速杆通常位于车把顶部,用拇指和食指推动变速杆就可以调速。

②"快火"变速杆:这种变速杆通常位于车把下方,可通过老式的按钮或新式的推拉杆制动。把链条从大齿轮向小齿轮拨动时,后变速器的变速杆一次可以拨动1~3个齿轮,而从小齿轮向大齿轮拨动时,一次则只能拨动一个。前变速器的变速杆在两种方向上每次都只能拨动一个齿轮。有些型号的自行车还安装着显示器,车手可以看到所选择的齿轮。

③握式变速杆:这种变速杆可以绕着车把转动,而不是把它们固定在车把上绕着轴杆转动。握式变速杆构成车把握手处的一部分。该部分就像摩托车的节流杆一样,是可以转动的,从而能够制动变速器。

变速、齿轮调节注意事项:

①要学会预测前方的地形特点,以便能够提前变速。但最好是先释放动力传动系统的张力,然后再平平稳稳地调换速度。否则,很容易损坏链条,使齿轮或齿轮齿发生弯曲,还有可能使齿轮脱落。

②当动力传动系统的张力最大时不要变速。变速刚刚完成以后,暂时不要用力踏蹬。

③变速时要一点一点地加速,不要从最低速突然跳到最大速度,反之亦然。

④防止链条形成"U"形。调整齿轮的传动速比时,一定不要使链条形成"U"形。如果把

后面两个最大的飞轮和前面最大的链轮组合在一起,或者把后面最小的两个飞轮同前面最小的链轮组合在一起,链条就会形成"U"形。

⑤如果前面选择中号链轮,那么它就可以同后面任何两个飞轮组合。

3. 热身

骑车前的热身运动可使肌肉得到适当伸展,在运动中不易受伤。骑车是一项锻炼心血管承受能力的运动,热身运动有利于相关肌肉和肌腱做好运动前的准备。先伸展一下身上的肌肉,慢慢地骑行一段时间,然后再逐渐加速,随之增大运动强度。骑车结束以后,则需要做与此相反的运动:从高强度运动慢慢地过渡到低强度运动。

4. 身体姿势

正确的骑车姿势是:上体较低,头部稍倾斜前伸;双臂自然弯曲,便于腰部弓曲,降低身体重心,同时防止由于车子颠簸而产生的冲击力传到全身;双手轻而有力地握把,臀部坐稳鞍座。

如果骑姿正确,站在比较平坦的地面上时,身体60%的质量要落在后轮上,40%的质量落在前轮上。身体质量的这种分布,一方面能够保证爬较陡的斜坡时比较灵活,自行车不会向后翻;另一方面又能保证下坡时自行车不会向前翻。

下坡时,身体重心要始终靠后。如果坡度允许,车手胸部的重心应该落在鞍座上。上坡时,要把重心移到鞍座后部,使双腿获得最大的杠杆作用。同时,上半身放低,要趴在车把上,以固定车位。

5. 手的姿势

手握车把的姿势由车手自己决定,其要领为:

(1)轻轻地握住车把,肘部稍微弯曲,肩部放松,后背伸直。

(2)车把不要抓得太紧。不然,上半身会一直处于紧张状态,很容易失去控制,而且手臂也容易感到疲劳。

(3)骑车过程中,拇指和其他几个手指分开成空拳状握住车把,拇指和其他几个手指一起放在车把上面。这样碰到什么障碍物,手会从车把上滑下来。

6. 踏蹬技巧

脚蹬是用来传送能量的。踏蹬动作是自行车运动中关键的技术动作,良好的踏蹬技术可使运动员以最小的能量消耗得到尽可能大的功率,达到高速度。车手应该掌握能够最大限度传送能量的踏蹬技巧。

脚掌应平稳地踏在脚蹬上,脚蹬应在脚掌中部和脚趾之间,也就是脚掌正好踏在脚蹬轴上,脚掌的纵向与脚蹬轴保持垂直。鞋的前端可伸出脚蹬3~6厘米。

踏蹬动作是周期性运动,即在一个固定范围内,以中轴为圆心,以曲柄为半径,重复地进行运动。为了能连续、平稳地把能量传送到动力传动系统,车手应该学会如何连贯地踩动脚蹬做环形运动,不可上下猛踩脚蹬。注意踏蹬的4个阶段,如下。

第一阶段：脚蹬在上临界区。向下蹬动脚蹬，脚趾和脚踝用力。

第二阶段：脚蹬在工作区。脚向后运动，车手应积极向后撤脚，感觉就像要刮掉鞋底泥一样。

第三阶段：脚蹬在下临界区。脚踩在脚蹬上，用力向上拉，持续时间要长些。

第四阶段：回转阶段。脚用力向前蹬动脚蹬。

一般认为，每分钟内脚蹬转动的圈数越多，传送出的能量也就越多。因此，"自转式"踏蹬很受车手欢迎。不过，在自行车越野运动中，要想持续保持某一节奏是根本不可能的。请记住要定期自查，如果发现自己骑车时总是上下猛踩脚蹬，而不会平稳地蹬动脚蹬使之绕中轴旋转，一定要及时调整踏蹬的方法。

自行车运动的踏蹬方法有自由式、脚尖朝下和脚跟朝下式3种。

（1）自由式踏蹬方法：目前，一些运动员大都采用自由式踏蹬方法。这种踏蹬方法，就是脚在旋转一周的过程中，根据部位不同，踝关节角度也随着发生变化。自由式踏蹬，符合力学原理，用力方向与脚蹬旋转时所形成的圆周切线相一致，减少了膝关节和大腿动作幅度，有利于提高踏蹬频率，自然通过临界区，减少死点，大腿肌肉也能得到相对放松。但这种踏蹬方法较难掌握。

（2）脚尖朝下踏蹬法：其踏蹬特点是在整个踏蹬旋转过程中脚尖始终向下。这种方法踝关节活动范围较小，有利于提高频率，容易掌握，但腿部肌肉始终处于紧张状态，不利于自然通过临界区。

（3）脚跟朝下式踏蹬法：脚跟朝下式踏蹬方法是脚尖稍向上，脚跟向下8°～15°角。这种方法在正常骑行中很少使用，只是少数人在骑行过程中作过渡性调剂用力时才使用脚跟朝下式踏蹬方法。它的特点是肌肉在短时间内改变用力状态，得到短暂休息，达到消除肌肉疲劳的目的。

7. 变速的技术

变速装置是为更省力、更舒适而设计的，以免除因出力不均而产生的疲劳。变速的时机为上坡、下坡、路面凹凸不平、逆风以及疲劳的时候，也可以说当踩踏感觉吃力时，即为变速的时机。

8. 刹车技术

刹车提供了非常好的制动力，车手只需要一两个手指就能操作刹车装置，锁住车轮，其他3个手指用于握住车把，控制自行车。一般来讲，前闸的刹车效果比后闸好。但是，根据地形和车闸刹车效果的不同，两个车闸应该谨慎使用。在短而急的斜坡上向下骑行，或者在土质疏松的地面上转弯时，除非骑车的技术非常娴熟，尽量不要使用前闸。

长距离的下坡途中，不能按住车闸不放，那样很容易使车圈和闸皮升温，而影响刹车效果。在到达斜坡底端之前，车闸要时紧时松，能保证闸皮充分发挥其刹车效果，并且有助于车手控制好自行车。

使用前刹的时候，身体重心会因为惯性而自然前移，必须练习当开始刹车时，有意识地将重心向后移动，重心往后移得越多，就可以使用更多的刹车力量。

在下坡的急转弯,需要使用到刹车时,尽量使用后刹车力量。如在平地上,在最后一刻刹车时将重心往后降低以前面30%后面70%的刹车力量来做刹车动作,不能过度压下前刹。

在险峻下坡的转弯中使用前刹,必须同时控制前后刹车,不可过度用力一直按着,可将刹车作一放一按的动作,以防止刹车锁死的现象发生。

9. 山地自行车骑行注意事项

(1)骑车时眼睛目视前方,不能总是盯着路面,也不能只盯着自己自行车的前轮和前面的自行车后轮。

(2)不要盲目跟着前面的自行车走。不然,很容易碰到前面车手突然避开的障碍。

(3)遇到大面积沙地、泥浆和水时,要保证身体重心离开前轮,落在鞍座后部。让前轮从沙土、泥浆和水面上方轻轻"飘"过去。

(4)刹车的力度应适中,刹车时不要挺直后背,否则会失去控制。

(5)骑车时应把自行车调到比较省力的齿轮上。

(6)在沿着比较陡峭的河岸或斜坡向下骑行时,始终要把身体重心放在鞍座的后部。一旦失去控制,从自行车上向后摔要比从车把上方向前栽倒安全。

(7)沿着斜坡向上骑行或向下骑行,应观察远处地形,提前认真选定路线,一旦选定路线,就不要再犹豫,否则肯定会摔倒。

(二)应对不同地形的骑行技巧

在不同地形骑行时,车手的骑行技巧。

1. 岩石的地面

在石头较多的地方骑车,平衡性不好把握,自行车很难控制,骑在车上的时候尽量要放松,挑好走的路走。在多岩石的地面上骑车,最好的办法就是要像冲浪一样"随波逐流"。

下行时根据路况,以较高的速度,迅速穿过。车速越快,地面也就显得越为平坦。但是,在这之前必须仔细研究地形。在多岩石的地面上骑行,车手会随着自行车左右摇晃,如果距离不是太长,采取俯卧的姿势,站在脚蹬上,降低身体重心,把自行车控制住。这样,一方面能够比较灵活地使自行车保持平衡,同时双腿还能更好地发挥杠杆作用,使前轮保持平稳。肘部下垂还可以防止前轮上翘。要想改变骑车的方向,车手只需要把身体的重心从一侧移动到另一侧,再轻轻地推动自行车朝着某个方向前进就行了。

2. 沙地

大面积的沙地通常很难穿过,车手一般要扛着自行车步行前进。但对于面积较小的沙地,车手可以借助较高的车速,成功穿过去。进入沙地之前,自行车要达到一定的速度。把链条调到小一号或小两号的飞轮上,同时身体重心后移,减少前轮上的重量,保证前轮不会陷在沙土中。用足力气,保证脚蹬以平稳的节奏转动,以保持自行车前进的速度,同时不要转动车把。这么做的目的是用最快的速度穿过沙地,不至于被沙土困住。如果在其他质地比较硬的道路上遇到沙土,通常沿着路边没有沙土的地方骑过去。比较潮湿的沙地,只要身体重心不在前轮上，并且用力均匀，一般能够成功穿越。

3. 泥泞、杂草丛生的地形

在旷野骑车随时会遇到满是泥浆的路面、杂草丛生的地形，车手要有思想准备，也要掌握一定的技巧。遇到这种情况，应勇敢面对。在下坡或爬坡的过程中，滑倒不足为怪，扛着自行车走也是经常的事。车轮与车架接合的地方很容易积满泥巴，使自行车很难骑行。如果有水，从水中骑过去，可以冲掉泥巴。

如果所经过的地方植被比较浓密（如森林中铺满树叶或小草的地面），自行车骑起来会比较费劲，但一定不要用力太大，以免弄得自己心跳加快，筋疲力尽。有时这种地形还会使轮胎同地面之间的摩擦力减小，车手要像对待泥泞地形一样来对待这种地形。在这种情况下骑车，需要对自行车及其相关部件的操作规程作一些调整。安装适于在泥泞环境中使用并能增加与地面之间摩擦力的轮胎。

如果使用的是不带踏脚套的脚蹬，应该及时除去鞋底上的泥巴。否则，双脚会粘在脚蹬上动不了，也有可能在脚蹬上保持不住。有些车手常常把不带踏脚套的脚蹬换成普通的半板式脚蹬或者带踏脚套脚蹬；还有些车手使用带有内套的平板式脚蹬。

遇到这种情况，安装盘式刹车装置的自行车比安装普通悬臂闸或"V"形车闸的自行车更占优势。

4. 坡路

爬坡时，车手要牢牢记住一句格言：如何开始并不重要，重要的是如何结束。既然是山地自行车运动，爬坡、下坡是不可避免的。上、下坡骑行技术是山地自行车的一项重要基本技术。

（1）上坡骑行技术

山地自行车运动是在山地中骑车，因此爬坡成了不可缺少的一部分。正确的骑车技巧有助于车手成功应付各种各样的山道。能否驱动自行车向前、向上运动，取决于两个关键性的因素：一是动力传动系统运转与力量大小；二是车轮与地面之间的摩擦力。动力传动系统运转与力量大小同车手身体强健程度和力气大小直接相关。摩擦力则与骑车技巧、自行车轮胎类型、车手身体重心位置以及轮胎压力有关。

对于短而陡的坡，运动强度很大，高强度运动持续的时间比较短，车手要保持正确的骑车姿势，并保持正常的踏蹬动作。如果有条件，在上坡前可以加速以积累足够的冲力，利用物体运动惯性原理来节省体力，轻松地踏蹬。同时，上坡骑行时要保持相当的牵引力，快到坡顶时可采用站立式骑行，把速度尽可能提高，给下坡加速创造有利条件。

上坡骑行应保持正确的骑车姿势，把身体重心移到后轮上，前轮也要保留足够的负重，以防自行车后翻。

遇到很长的上坡，由于运动强度和骑车技巧与爬陡坡时不同，应根据自己的体力状况及时调整传动比，也就是调节蹬踏用力时省力的齿轮来保持车子能快速前进，不能等到骑不动车和速度完全降下来时再改变传动比，应坚决避免重新起动的现象出现。坡路较长或有陡坡时，可适时使用站立式骑行方法，调节用力部位，让部分肌肉得到休息。

上坡时，前面有车，跟车不要太近。由于上坡用力的原因，行车常常左右摆动，跟车过近，可能发生碰撞。再者,上坡时速度显著下降,跟车反而会使自己的骑行方法受到限制。

不论是长坡或短陡坡都须遵循以下原则骑行。

①采取比较舒适的骑车姿势,并在爬坡过程中保持这一姿势。

②开始时的速度要合适。使用省力的齿轮,过一段时间以后再提高速度,并把齿轮调换到比较快的一档上。这样在加速的同时就能越过坡顶。

③把身体的重心放在鞍座上,这样双腿在脚蹬上可以更好地发挥杠杆作用。

④上半身要放松,集中精力爬坡。

(2)下坡骑行技术

下坡时,车手应该牢牢记住的一句名言是:骑得越快,路面显得越平坦。下坡骑行要勇敢机智,胆大心细,精力集中,两眼密切注视前方路面,随时准备果断处理路面上出现的任何情况;不仅要充分利用车子运动惯性滑行,而且要敢于主动踏蹬,加大速度。下陡坡时,技术要求:身体重心应要尽量后移,以手臂完全伸直为宜。同时,上体前倾、下压使胸部降到鞍座的高度。

下坡骑行过程中,免不了出现车速过快或有意外情况出现要使用刹车,这时应主要使用后闸。如果后闸达不到理想的刹车效果,可以轻轻按动前闸,但不要把前轮完全锁住。在下坡时最好不使用前闸,因为一旦摔倒,从自行车上往后摔要比从车把向前甩出去安全得多。

5. 弯道

弯道对于任何车手都是一个比较棘手的地段。但如果掌握了最基本的身体平衡技巧和心理技巧,并认真练习与研究,就能掌握如何顺利通过弯道,尽可能少地摔跟头。

过弯道时技术要求:转弯前要控制车速。用点刹的方法逐渐减速,尽可能前后闸同时使用,进入弯道后将闸放开,转弯时,身体和车子要保持一致,向里倾斜,上体和车子保持一条直线,以克服离心力。倾斜角度根据速度和弯道大小而定,但一般不得超过28°角,否则就有滑倒的危险。

转弯方法主要有倾斜法和把向法。

(1)倾斜法:车体为一线,往弯内倾斜。

①身体重心基于车上往弯内倾斜,人车保持同样的倾斜角度。

②伸直外侧的膝盖并且下意识的稍加力度,就好像要把脚踏踩下来似的。

③用内侧的膝盖顶着横梁,这是一个调节轨迹的好方法,减少压力就可以缩小弯度。

④外侧的手稍稍拉起车把。

(2)把向法:车子保持直立,身体往弯内倾斜。

①向前挪动,直至鼻子和刹车把成一行。

②保持车子直立,身体往弯内倾斜(足以让外侧的手臂伸直)。

③把车把往弯内一侧斜。

④弯曲内侧手臂的手肘把车把拉回,同时外侧手臂把车把推出以转动车把方向。

⑤保持两边膝盖内扣,继续蹬踏。

快速转弯所需要的主要是果断和勇气,在转弯之前选择自己感到比较合适的速度,进弯道后则应加速前进。同时,还必须选择合适的骑车路线,然后一口气骑过去。

第九章 心智休闲娱乐运动

本章主要介绍围棋、中国象棋、五子棋与桥牌4种心智休闲娱乐运动,主要概述它们的起源与发展以及特点,重点介绍这几类运动的技术,通过学习本章,学生要对这4类运动的历史有大概的了解,主要是能够全面掌握这几类运动的基本技术,从而提高技能水平。

第一节 围 棋

一、围棋概述

围棋也称"弈""弈棋"等。围棋起源于4 000多年前的我国原始社会末期,有"尧造围棋,丹朱善之"之说。到春秋战国时期,民间已广泛流行围棋,当时的围棋名手弈秋,被誉为我国棋类活动的祖师。围棋棋盘也由13道演变为15道、17道。东汉时期有了我国现行的19道棋盘。南北朝是我国围棋发展的重要时期,今存最早的围棋论著《弈经》是北周时所著。围棋盛行于唐代,乾隆中期为鼎盛时期。

古代围棋也称座子棋,即在对弈之前,双方各自先在对角星上放上两子。座子棋阻碍了角上的变化,进而阻碍了布局的变化。乾隆晚期,古代围棋趋向衰落。清末民国初,我国围棋界开始认真研究日本围棋技术。

新中国成立后,在陈毅等党和国家领导人的关怀下,于1962年11月在北京成立中国围棋协会,围棋这一传统文化得到发扬和光大,特别是十一届三中全会后,广泛开展群众性围棋活动,并涌现出一大批优秀的棋手,他们承前启后,继往开来,在国际各类围棋赛中均取得了优异的成绩。

根据历史记载,我国的围棋在东汉前后传入印度和朝鲜等邻国,隋唐时传入日本。之后,日本废除了"座子",产生了新的布局理论,成了世界围棋坛的霸主。19世纪80年代,围棋传入欧美各国,到20世纪80年代,已遍及世界各洲的40余个国家。1982年3月,国际围棋联盟在日本东京成立。

目前,围棋运动在亚洲广泛流行,欧美各国也有很大发展。围棋普及最广泛的国家是日本,其次是韩国。据统计,日本的围棋爱好者有千余万,围棋几乎家家户户都有。目前,世界围棋坛已形成了中、日、韩三国相争、三足鼎立的局面。

围棋具有高度的艺术性、战斗性、科学性和趣味性。围棋对弈充满着矛盾斗争,并有内在的辩证规律,变化无穷,妙趣横生,惊险迭起。对弈必须高瞻远瞩,机智而又勇敢,善于运用科学的思维方法,辩证地处理攻与守、先与后、轻与重、虚与实、舍与取,全局与局部等关系,并运用高超的技艺,通过短兵相接的搏杀夺取胜利。因此人们称它为数学的艺术、趣味的科学、战斗的游戏、智慧的化身。

二、围棋的基本技术

在介绍围棋的基本技术之前,先对围棋的棋具作简单介绍。围棋主要棋具有棋盘和棋子。

围棋的棋盘也称"棋局""棋枰""棋枰"等。标准的围棋盘略呈长方形,棋盘上画有横竖19条平行直线,横线的等间距为2.25~2.35厘米,纵线的等间距为2.4~2.5厘米,盘面外侧留有2厘米,横竖的19条平行直线构成361个交叉点(图9-1)。

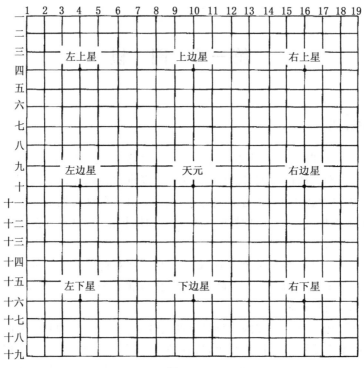

图 9-1

为了便于判定棋盘上各点的位置,横线用汉字依次编为一至十九路,竖线自左向右用阿拉伯数字依次编为1~19路。棋盘上有9个黑点,中间的黑点叫天元,四周的叫星,以星为参照,棋盘的各部分分别称为右上角、右边、右下角、上边、左上角、左边、左下角及中腹。棋盘上的4条边线称一线(路),向中腹方向推进一线称二线(路)。四线以下算边,五线以上算中腹。

围棋的棋子形状为扁圆形,用玻璃或塑料等制成。围棋直径为2.2~2.3厘米,厚度小于等于1厘米,我国流行的优质棋子主要有云子和玉石子。围棋的棋子分黑白两色,黑子为181枚,白子为180枚,黑子、白子加起来等同于棋盘上的点数。

(一)围棋的死活

1. 眼

不懂得棋的死活同样无法下围棋。在死棋、活棋的基础知识中,首先要明白眼的概念。用棋子围成的一个或若干个点,这个点或若干个点就叫做眼。眼分真眼和假眼两种。在图9-2中,黑棋围住一个交叉点,而且连接完整,是真眼。在图9-3中,黑子的6个子在中腹围住一个交叉点做成了一个眼,由于棋子连接不完整,这个眼是假眼,当白棋在外围紧气后,黑棋必须在假眼位连接,否则将被提掉。

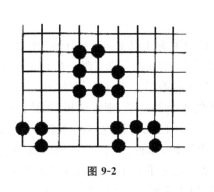

图 9-2

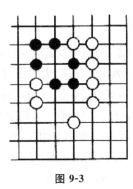

图 9-3

2. 两眼活棋

一块棋如果没有眼,一般是死棋,仅有一只眼,也只有一气,对方投一子就被提掉。因此,一块棋要有两只以上的真眼,才是活棋。图9-4中,白棋有A、B位两眼,黑方不能在A位或B位投子,是活棋;图9-5中,A位为假眼,白棋在A位提掉一黑子后,下一步即可吃黑棋。

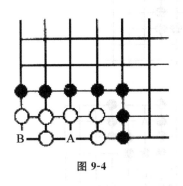

图 9-4

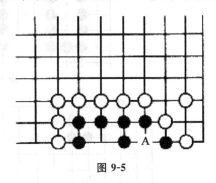

图 9-5

3. 公活

一般地讲,一块棋应具备两只眼才能成为活棋,但在特殊情况下,单眼、假眼或无眼也可成为活棋,这种特殊的活棋形式称公活或双活。如图9-6所示,互相纠缠在一起的双方,谁都不能在位A位或B位打吃对方,这样就形成了无眼双活。在图9-7中,双方各有一只眼,双方均不能在A位下子,这就构成了有眼双活。

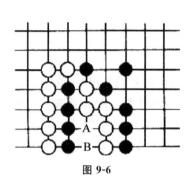

图 9-6

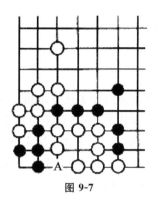

图 9-7

4. 死活棋形状

棋子围住一个交叉点,可以做成一只眼,如果围住两个以上交叉点,就叫做大眼。这块棋是否是活棋要看大眼中能做出几只眼,大眼内对方可下子,破坏眼形,称点眼。在大眼中,由于形状不同,有的可以点死,有的不点也是死棋,有的不能点死,有的眼形特殊,要根据外围形状,来确定它的死活。

图 9-8 中,(a)直三,(b)曲三,如果黑棋在 A 位补一子,则可活棋;如被白棋先手点在 A 位则变成死棋。可以被点死的形状还有图 9-9 所示的几种情况:(a)丁四,(b)刀板五,(c)梅花五,(d)梅花六,A 位是死活的要点,黑先手为活棋,如被白点中,只能做成一只眼,变成死棋。在图 9-10 中,(a)直四,(b)曲四,(c)聚六,黑无论先手后手,A 位、B 位可得其中一点做两眼,为活棋。在图 9-11 中,(a)曲四,(b)聚六,若黑先手则为活棋,若白点 A 位,则要看外气情况,如无外气则成为打却活,如有两口外气,可做成活棋。

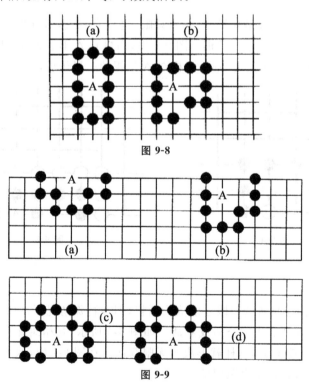

图 9-8

图 9-9

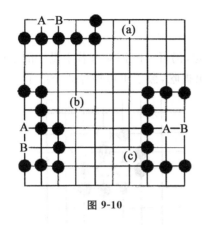

图 9-10

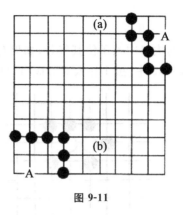

图 9-11

(二)吃子

1. 双打

下一着棋同时打吃对方的两棋子,形成两者必得其一的棋形称双打。如图 9-12 叫双打,双打对方逃掉一边,可以吃到另一边。

2. 征吃

下一着棋打吃对方,以后能够步步追吃到底并提掉对方棋子的手段叫"征吃",俗名也叫"扭羊头"。如图 9-13 吃,白 2 逃,黑 3 再打吃至黑 15,白子全部被提掉。征子时要注意,如征子方向相邻的 6 条斜线上有白子,则可能形成引征,使被征吃白子有接应而造成失败。因此征子时要细看清楚,不可贸然征吃。

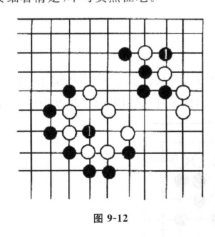

图 9-12

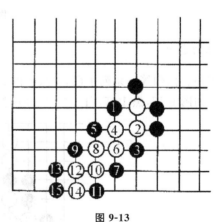

图 9-13

3. 枷吃

下一着棋能封住对方,使其不能逃脱的手段叫枷吃或封吃。如图 9-14 中,黑 1 枷吃,白子无论怎样也逃不出。

4. 扑吃

在对方的虎口中入子使其气紧,如果对方提吃,仍可再吃掉对方若干棋子的手段称扑吃或倒扑。如图 9-15 中,黑 1 扑入对方虎口,自子如果提吃,黑子仍可提掉 3 个白子。

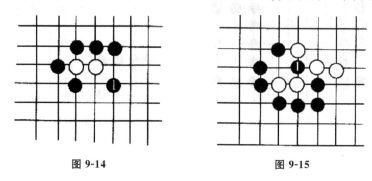

图 9-14　　　　　　　　图 9-15

5. 接不归

若干棋子被追杀,通过紧气后,最终不能完整连回,而被吃掉一部分的着法称接不归。图 9-16(a)中,黑 1 打吃白子有两处断点,白棋两子来不及连回而被吃掉;接不归时,往往要和扑等着法结合起来,如图 9-16(b),黑 1 扑,白 2 提,黑子 3 再打吃,白四子就接不归而被黑子吃掉。

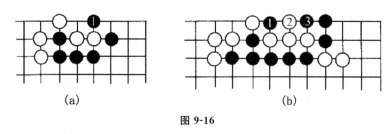

(a)　　　　　　　　(b)

图 9-16

6. 滚打包收

采用扑、打、枷等一系列手段,将敌子围成凝重棋形,再从外部将敌子围紧吃掉的着法称滚打包收。如图 9-17,黑 1 打,白 2 提,黑 3 再打吃,使白四子连成一团,下至黑 9 即征吃白子。

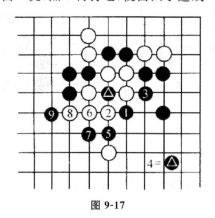

图 9-17

(三)布局

围棋的对弈通常分布局、中盘及官子3个阶段。一般起手二三十着为布局阶段,布局是一盘棋开始的部署。双方根据各自的战略意图,争先选择认为有利的要点,进行地域上、形势上的分割,为中盘战斗摆下阵势。布局也称序盘、初盘,是决定一局棋骨骼、动向的重要因素。高手对弈,往往在布局阶段投入较多时间进行全面思考。所以学习和掌握布局的基本知识和理论是提高棋艺的重要环节。笼统地讲,在布局阶段要有全局观念,充分发挥每一个棋子的作用,保持每一子之间的适当配合,不可偏重某一方面而使大局失掉均衡。布局时要注意以下几点。

1. 布局行棋的次序应是先占角,次占边,然后向中腹发展

从图9-18中可以看出围住十二目地:(a)角上只需8子,(b)边上要12子,(c)中腹要18子。无论从建立根据地或从围地来看都是角上所用的子最少,其次是边,中腹所用棋子最多。有句俗语叫"金角、银边、草肚皮",形象地概括了这一特点。

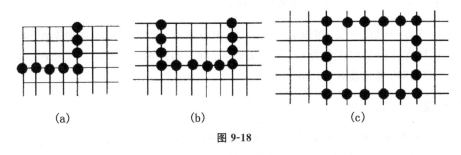

图 9-18

2. 合理选择和运用定式

定式一般是指在角部战斗中双方比较固定的下法,是历代高手苦心钻研后,选择角部变化中比较合理、利益大体均等、双方可行的定式。围棋的定式有星位、小目、3·三、高目、目外等。每一定式又有若干变化,因此,布局时要能掌握其基本要点,熟悉普通的变化,才能保持布局的平衡。

3. 棋子要布开,稀密要适当,争取立体成空。

布局阶段,应当使棋子分布在全局的各个部分,不要把棋子集中在一个角或一条边上,更不能一子挨着一子走。如图9-19,黑子与白子相比较,黑子最多得角,白子则可望成大空。

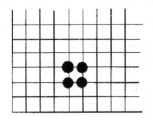 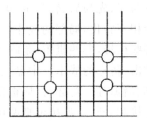

图 9-19

4. 步调要快,注意争占双方的要点

布局阶段有利于开拓己方形势或阻碍对方展开"要点",通常所说的点称大场。围棋有俗语叫"敌之要点,我之要点",布局时如不能先手抢占要点,就会处于被动落后的局面。如图9-20,黑1是双方非常希望占到的要点,白2只能拆三,黑3跳起,做成十分理想的模样。

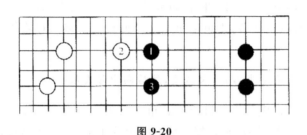

图 9-20

5. 注意二三线和四线的配合,避免被压在低位

布局时,双方一般在三线、四线上下子,三线叫占地线,比较容易建立根据地和占地;四线叫取势线,比较容易控制中腹和外势,争取主动。因此,布局时,要注意三线和四线的配合,在建立根据地的同时,避免被对方压在低位。

(四)中盘

布局与中盘紧密相联,一般双方疆界大体确定,盘面上没有明显的大场可占时即进入中盘。如果说布局阶段是排兵布阵,那中盘就是战斗的过程。中盘战斗十分复杂,变化多端,是全局的最高峰,是决定胜负的最重要阶段。

进入中盘后,必须再次制定自己的作战方案。首先,必须判断自己在布局中是领先还是落后,子力部署及其利弊等。通过分析,重新确定战略部署,战术应用。如果布局中处于领先地位,就应采用稳重的下法,巩固领先地位,不给对方以可乘之机;如布局落后,就应采取积极的措施,力求扰乱对方的阵营,瓦解对方优势。中盘战斗大体可分为攻击和防守两种。中盘战斗时应注意以下几点。

(1)攻击时应找准要点。要点即是攻守矛盾转化的焦点,因此攻击时不能毫无目的,必须找准要点。

(2)正确处理攻与守、先与后、轻与重、虚与实、舍与取、全局与局部等关系。随着中盘战斗的进行,攻守矛盾会相互转化,局部的战斗会涉及全局。因此,中盘时要随棋局的进行,不断进行中盘分析,明白哪些棋轻,哪些棋重,是吃子还是弃子争先等。

(3)正确运用攻击、防守的战术。中盘攻击常用的战术有直接攻击、缠绕攻击、虚攻、打入等,防守战术有腾挪、治孤等。对弈时,应根据实际情况,灵活运用。

(4)注意棋子连接和分断。连接可把两块孤棋或两个孤子连接在一起,分断则相反。中盘战斗应特别注意棋子的连接。

(五)官子

经过中盘的激烈拼杀,大局既定之后,双方进一步划分疆界的最后阶段称收官或官子。对局中除有明显的优势或劣势外,一般胜负都和官子技术有直接关系。双方水平接近又正常发挥,盘面往往会形成细棋,官子技术的高低,将对最后的胜负起决定作用。

按先后手可把官子分为双方先手官子、单方先手官子、双方后手官子3种。按先后手可把官子分为双方先手官子、单方先手官子、双方后手官子3种。图9-21中,不管是黑子在A位扳,还是白子在B位扳都是先手,为双方先手官子。图9-22中,是黑方单方先手官子,黑1扳到白4,黑得先手,一方的先手官子被另一方强占到的官子方法叫逆收官子。图9-23中,为黑先手官子,白1为逆收官子。图9-24中,无论黑走A位或是白走B位都要落后手,为双方后手官子。

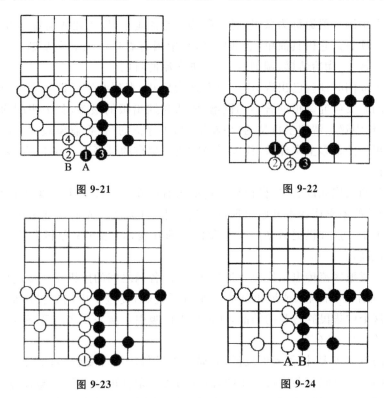

图 9-21　　　　　图 9-22

图 9-23　　　　　图 9-24

收官时,通常是按双先、单先及逆收、双后官子的次序进行,实战中,官子的数目有多少之分,因此应按官子的价值大小来进行。官子的计算单位是"目",一个交叉点就是一目。计算官子价值的简单公式如下。

  双先官子——实际目数×2
  单先及逆收官子——实际目数×2
  双后官子——实际目数÷2

除上述以外,收官时要注意以下几点。

(1)要注意边角上的官子。有些边角官子,开始看不大,细一分析,多半是大官子,收官时要特别注意。

（2）要注意双方杀气的官子。要随时计算气数，注意每走一步的情况变化，防止因收官不慎而导致失败。

（3）要注意双方棋形的弱点。一方面要随时观察对方的棋形弱点，抓住时机，及时破空；另一方面要注意自己棋形的毛病，提前补棋，防止对方破空。

第二节　中国象棋

一、中国象棋概述

中国象棋在中国一般通称为象棋，是一种两人轮流走子，以将死或困毙对方将（帅）为胜的健智性体育娱乐项目。它棋具简单，老幼皆宜，在中国有着广泛的群众基础。通过下象棋，人们可以达到提高智力、陶冶情操、调剂身心、增进交流的目的。

象棋于春秋战国时期就已出现，唐宋时期称为象戏，直到北宋后期才定型成如今的样式。古代流传至今的有关研究象棋的著书和棋谱，明清时期出版的最多，其中明朝徐芝的《适情雅趣》、朱晋桢的《桔中秘》、清朝王再越的《梅花谱》和张乔栋的《竹香斋象戏谱》等尤为著名。它们保全了我们祖先的很多宝贵经验，代表了当时我国象棋的最高研究水平，是我国象棋艺术中不可多得的文化瑰宝。

中华人民共和国成立以后，象棋得到了前所未有的发展。1956年起象棋被列为国家体育运动项目，全国性的象棋比赛也开始出现，许多省、市、自治区还先后成立了协会、棋院、棋社、棋校等组织。由于群众性棋类活动的普及和比赛的开展，50多年来象棋名手辈出，大众棋艺水平普遍得以提高。

象棋在东南亚地区流传也很广泛。近年来，亚洲各国之间的象棋交往逐渐增多，尤其亚洲象棋联合会成立后，亚洲国家或城市间多次举行了比赛，促进了中国象棋向世界的推广。目前，中国象棋，这个中华民族智慧的结晶，在世界上已吸引了愈来愈多的爱好者，并已逐步成为世界人民共同的精神财富。

中国象棋的棋盘较大，棋子密度较低，开局和中局每步的分支较多，增加了对弈程式设计的难度。象棋的状态空间复杂度可达10^{48}，而赛局树复杂度可达10^{150}。整体复杂度介于日本象棋与国际象棋之间。国际象棋的残局比中国象棋相对复杂，因为王的移动不受限制，且没有"将帅不可照面"的限制，而且兵的走法更为多样。两者在和局的规定上有所不同。中国象棋中无棋可走的一方作负，但国际象棋中立即成为和棋。

二、中国象棋的基本技术

介绍中国象棋的基本技术之前，先对中国象棋的棋具有一个大概的认识，主要棋具有棋盘和棋子。

中国象棋棋盘如图9-25所示。

直线：棋盘上较长的平行排列的边称为直线，共有9条，其中7条被河界隔断。用黑色棋子一方的直线在红方对面也从右往左依次用阿拉伯数字1、2、3、4、5、6、7、8、9表示;用红色棋子一方的直线从右往左依次用中文数字一、二、三、四、五、六、七、八、九表示。

横线:横线就是棋盘上较短的平行排列的边。横线共有10条,用黑色棋子一方的横线则从黑方底线开始,依次用阿拉伯数字1~10表示;用红色棋子一方的横线从红方底线算起,从下往上依次用中文数字一至十表示。

交叉点:交叉点就是直线与横线相交的地方。整个棋盘共有90个交叉点,棋子就在这些交叉点上摆放和活动。

河界:河界就是棋盘中央没有画直线的地方。它代表弈战双方的分界线,确定了各自的地域。

九宫:九宫就是棋盘两端各画有斜交叉线的地方。将(帅)只能在各自九宫的9个交叉点上活动。

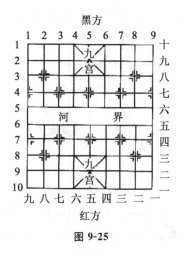

图 9-25

象棋的棋子共有32个,分为两种颜色:红和黑,每种颜色16个棋子,分为7个兵种,如图9-26所示。

黑子:卒5个,车、马、炮、象、士各2个,将1个。

红子:兵5个,车、马、炮、相、士各2个,帅1个。

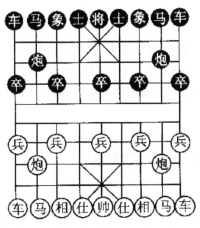

图 9-26

(一)走棋

走棋对局时,由红棋一方先行,以后双方轮流各走一着,直到分出胜负或走成和局为止。走棋一方将棋子从棋盘一个交叉点挪到另一个空着的交叉点上,或吃掉对方某一交叉点上的棋子后占领那个交叉点,都算走了一步棋,双方各走一步棋为一个回合。

各种棋子的走法如下。

1. 卒(兵)

在没过河界时,每步棋只能沿直线向前走一格,过了河界,则可以左右走一格。卒(兵)在任何时候都不能后退。如图9-27所示,没过河的红兵只能走到2号位上,过了河的红兵就可以走到两个标有"△"符号中的任何一个交叉点上,也可往前走一格。

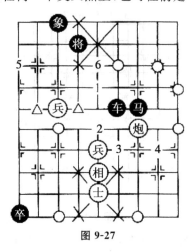

图 9-27

2. 将(帅)

只许在九宫内活动,每步棋前进、后退、横走均可,但不许走出九宫,一次只能走一格。

3. 马

只能沿着"日"字形的对角线走(俗称马走"日"字),可退可进。但在马行走的方向上,与马紧邻的交叉点有其他棋子时,马就不能跳过去(俗称"蹩马腿")。如图9-27所示,黑马可以跳到4个近临的交叉圆点上,但由于车、炮蹩住马腿,马则不能跳到1,2,3,4号位上去。

4. 炮

在不吃子时,每一步棋的走法与车完全相同。

5. 象(相)

不许越过河界,每一步棋可以沿着对角线斜走两格,俗称相走"田"字,进退均可。若"田"字中心有其他棋子时,则不能跳过。如图9-27所示,红相可以一步走到3个画有"○"符号中的任何一点上去。而另一个"田"字位置,由于红炮的存在,它就失去了走到红炮位置上的权利。黑象只能走到 5 号位上,而 6 号位由于黑将塞住象眼,黑象就不能走到 6 号位上。

6. 士

只许沿着九宫内斜线活动,每步只能走一格,进退均可。如图 9-27 所示,红士可以一步走到画有 4 个"×"符号的任何一个位置上去。

7. 车

可以沿着所有直线或横线随意行走,进退均可,但不可越过其他棋子跳着走。如图 9-27 所示,黑车可以横、直行走,但不可越过马或兵而走到棋盘边缘。在这里,它还可以吃掉兵后占据这个兵的位置。

(二)吃子

吃子除炮以外,其余棋子吃法与走法完全相同,也就是说,当棋子可以走到的位置上有对方棋子存在,就可以运用棋子走法把它吃掉而占领那个位置。而炮吃子与它的走法不同,它必须沿着所在直线或横线隔一个棋子(不论哪一方)跳吃。另外,将(帅)不可在同一直线上面对,主动将将(帅)与对方的帅(将)面对意味着送吃。

(三)将军、应将、将死、困毙

将军:一方棋子攻对方的将(帅)并在下一着将其吃掉,称为将军。

应将、将死:被将军的一方必须立即应将,即必须进行防护,如果无法应将则被将死。

困毙:轮到走棋一方,将(帅)虽未被将军,但被禁止在一个位置上无路可走,同时己方其他子也不能走动,称为困毙。

(四)杀法

1. 双炮重杀

双炮重杀(又叫重炮杀)是很厉害的杀法。下面是双炮重杀的典型局例(图 9-28、图 9-29)。

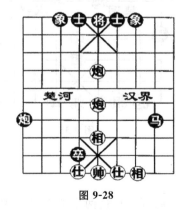

图 9-28

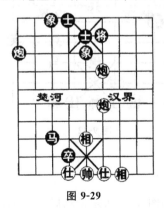

图 9-29

棋局千变万化,双炮重杀的内容绝不止以上典型局例,还有很多其他的条法。

如图9-30,红先胜:车九平四将6进1,炮七平四士6退5,炮五平四双炮重杀。红方车九平四弃车将军,把黑将逼上一步,为以后重炮杀创造条件,是这类杀法的重要特点。

如图9-31,红先胜:车一进八将4退1,马四进五象3进5。车一平六将4进1,炮二平六士4退5,炮五平六重炮杀。红方车一进八将4退1,马四进五弃马将军,使中炮有炮架,防正黑将进中,是获胜的关键要着,为以后双炮重杀创造了条件。

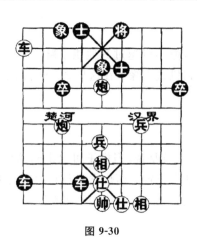

图 9-30

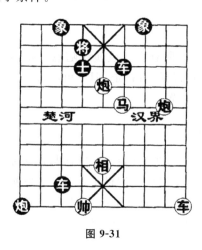

图 9-31

下面介绍双炮重杀的两个实战局例。

如图9-32(黑先),后炮进7炮五平六,后炮平5,炮七退三重炮绝杀胜。黑方后炮进7贪吃红车造成败局,应改走卒5进1,还可以坚持。

如图9-33,红先胜:马四进六将4平5,马六进七将5平4,炮一进四炮6进1,炮一平七绝杀胜。

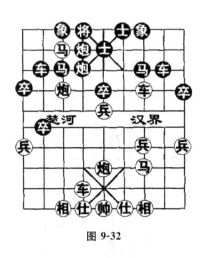

图 9-32

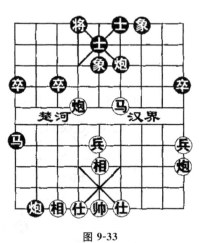

图 9-33

2. 马后炮杀

图9-34和图9-35所示是马后炮杀的两个典型局例。从这两个典型局例中,可以发现马

后炮杀法必须同时具备3个条件。

首先,炮在马的后面(或旁边)将军。

其次,马和炮之间对方无子可挡。

最后,作为"炮架"的马要控制将。

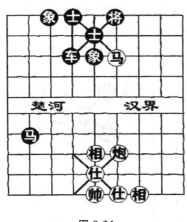

图 9-34

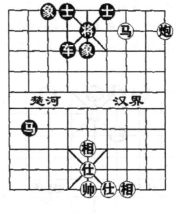

图 9-35

只要满足马后炮杀的3个重要条件,经仔细推算,马炮在正面竖线上(中路和肋道)可以走出9个不同位置的马后炮杀出来;而在横线上(一翼)底线、下二线,同样可以走出9个不同位置的马后炮杀,而另一翼也有9个。共计有27个点位的马后炮杀。取胜的机会多,而失败(被杀)的可能性也大,值得注意。

下面看看马后炮的运用。

如图9-36,红先胜:马六进七将5平4,车一平六,将4平5(如将4进1则马七退六马后炮杀),车六平四将5平4,车四进一马七退六杀。

如图9-37,红先胜:车六平五,将5进1,炮九进六杀。本局红车六平五车马双将,把黑将通上来,为进炮做成马后炮杀创造条件,是关键着法。

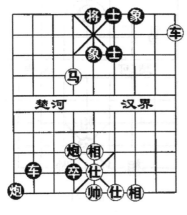

图 9-36

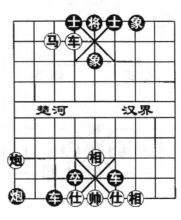

图 9-37

3. 闷杀

由于自己的子力阻碍,导致帅(将)被对方将死,此种现象称为闷杀。

如下面车、马、炮兵的闷杀。

如图9-38,红先胜:车三进五闷杀。本局双方都有一车士相(象)全,黑方本不会输棋,但由于车的位置不好,堵塞了黑方主将的进路,从而被红方将死。

如图9-39,红方先胜:车三平四闷杀胜。

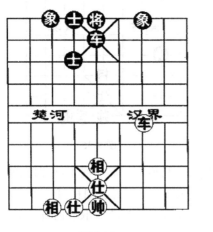

图 9-38

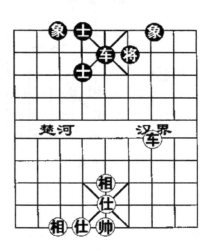

图 9-39

如图9-40,红先胜:后车平四士5进6,车四进一将6进1,车三平四闷杀。

如图9-41,红先胜:马八进七闷杀胜。

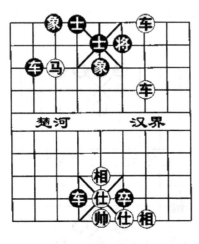

图 9-40

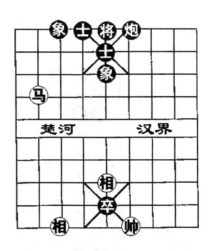

图 9-41

如图9-42,红先胜:炮七进三象5退3,马八进六胜。

如图9-43,红先胜:炮七进三闷宫杀。

第九章 心智休闲娱乐运动

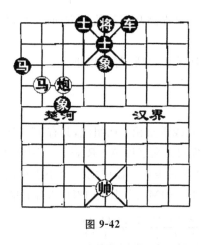

图 9-42

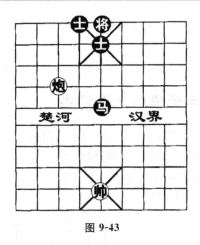

图 9-43

知识拓展

国际象棋(Chess)是重要的棋类运动之一,又称欧洲象棋或西洋棋(港澳台地区多采用此说法),是一种二人对弈的战略棋盘游戏。国际象棋的棋盘由 64 个黑白相间的格子组成。黑白棋子各 16 个,多用木或塑胶制成,也有用石块制作;较为精美的石头、玻璃(水晶)或金属制棋子常用作装饰或摆设。国际象棋是世界上最受欢迎的游戏之一,数以亿计的人们以各种方式下国际象棋。

第三节 五子棋

一、五子棋概述

日本是当今的五子棋大国。日本五子棋已有 100 多年的历史,全国有五子棋爱好者 3 700 万。五子棋是经朝鲜半岛传入日本的,称连珠。连珠第一世名人高山互乐先生对其进行了一系列改革。棋盘纵横 15 条线,黑白棋子共计 225 颗,其中黑棋 113 子,白棋 112 子。黑棋的双三、三成四、双成四、双四、四成五、双成五等为禁手,一经出现即判黑棋负。黑棋长连(五子以上)也为禁手。在禁手的判断上,又有真禁手和假禁手之分,假禁手不判负。白棋没有禁手限制。改革的结果使连珠变化更加复杂。日本每年都要举行各种名称的连珠比赛,并设有段位,水平最高者被奉为名人。在我国,近 20 年来五子棋运动方兴未艾,参加人数逐渐增加,各类比赛也连续不断,发展前景广阔。

五子棋是从围棋中派生出来的一个棋种,就名称而言,有"五子连"之说,也有"十八子"之说等。就下法而言,有限定子数下法和不限定子数下法,还有"吃子"下法和"移子"下法等。

五子棋具有以下特点。

(1)五子棋与围棋有许多相通的妙趣,但比较而言,五子棋更容易学习和掌握,并且对弈过程所需要的时间也比较短。

(2)下五子棋对于提高人们的思维能力,特别是对提高几何和数学方面的思维能力有很大的帮助。

(3)五子棋便于携带,在旅行的途中或者是任何偏僻之所,都可以进行。

二、五子棋的基本技术

五子棋的棋盘如图9-44所示。由横竖各15条直线垂直相交而组成,共有15×15=225个相交点(即投点)。竖线用阿拉伯数字1~15表示,横线用英文字母A~R表示(其中易与阿拉伯数字相混淆者被取掉)。这样,每一个投点都有自己固定的坐标。盘中的5个小黑点,正中的叫做天中星(坐标为8H),其余的分别为左上星(4D)、左下星(4M)、右上星(12D)和右下星(12M)。

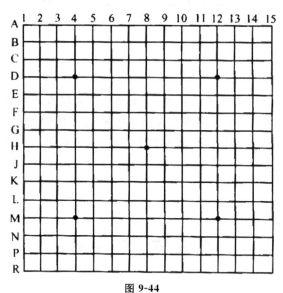

图9-44

棋子分黑、白两种,黑子113个,白子112个。图9-45中所示的是五子棋的4种棋形。

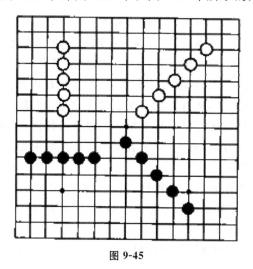

图9-45

(一)双杀

对于初学者来说,双杀是秘密武器。双杀是指在一子落盘之后形成两路三子、四子或五子,使对手处于绝境的一种着法。

由于是轮流投子,因此,一方想法走成五子,另一方设法破除并使自己走成五子。这样,就必须利用双杀来完成。下面介绍五子棋的几种双杀形式。

1. 双三、三成四

双三(图 9-46)和三成四(图 9-47)这两种形式是开局时常常使用的有效武器。这些是属于初学者的轻武器。对于入门的选手来说,他们追求的是重武器,是杀无解的秘密武器。

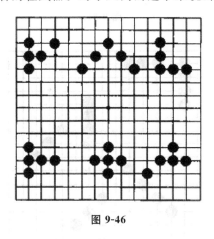

图 9-46

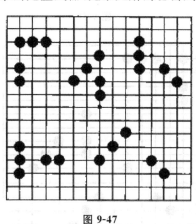

图 9-47

2. 杀无解

由图 9-48 到图 9-53 的棋形称之为杀无解,是最强硬的杀法。当然,这有一定难度,常常是需要计算才能加以利用。图 9-48 为三四,图 9-49 为四成四,图 9-50 为双四,图 9-51 为三成五,图 9-52 为成五成四,图 9-53 为四成五。

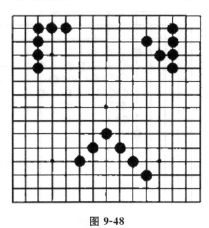

图 9-48

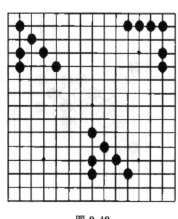

图 9-49

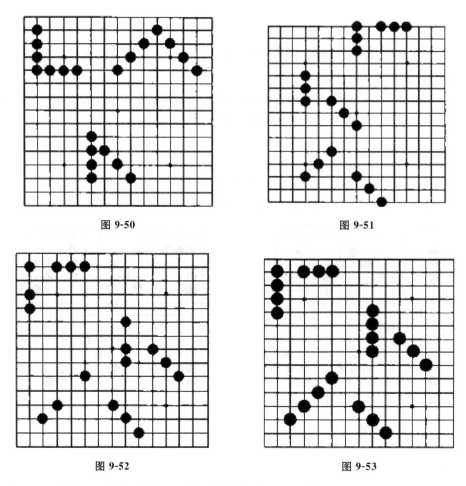

图 9-50　　　　　　　　　　　　　图 9-51

图 9-52　　　　　　　　　　　　　图 9-53

如图 9-54，白棋经过认真计算后，利用自身特殊的子力优势，由 2～10，一气呵成，以四三杀黑棋，无解。当然，白棋还有另一种走法，所用子数一样，也是连续追杀，结果是白棋成五成四杀黑棋，无解，图 9-55 为全局经过。

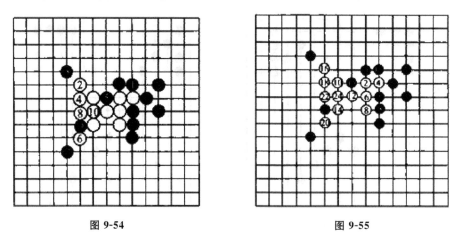

图 9-54　　　　　　　　　　　　　图 9-55

(二)子力

在五子棋的对弈中,子力是不容忽视的。

日本与中国在五子棋规则上的不同之处是:日本五子棋限禁手不限子数;中国五子棋限子数而不限禁手。虽然中日五子棋的根本目的都是完成5子连成一直线,但中国五子棋对子力的发挥及效率更重视。不管什么样的双杀,三是五的基础,因此,无论任何时候,都不要忽略三的构成。

走出1个只需要3颗子,但走双三却不需要6颗子,而是5颗子。在图9-56中,黑棋有8个三,却只用了9颗子。也就是说,黑棋平均只用了1.125子便走了1个三。这虽然只是理论上的算法,但怎样去提高子力却是人们必须去追求的目标。

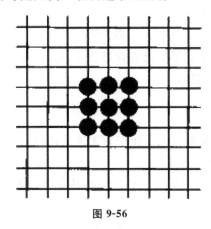

图 9-56

(三)筋和形

五子棋的筋和形有直接的筋和形与间接的筋和形之分。

当黑方(或白方)所走之子构成双杀,就说这是黑方(或白方)的形,而当白方(或黑方)所走之子破解对方的双杀威胁,就说这是白方(或黑方)的筋。

在五子棋对弈中,走出自己的形,走出破坏对方形的筋是极为重要的,也是最大限度地发挥棋子效率的关键所在。可以说,五子棋的对弈,实质就是筋和形之战、子力与子力之战。

以上所说的筋和形,是直接的筋和形,它简单且一目了然。但是间接的筋和形却复杂得多,需要图例加以说明。

在图9-57(a)中,白棋走△子便是间接的形。黑棋如果走F位双三杀的话,则白棋走A位冲四,黑棋挡,白棋再走B位三成五杀,白棋胜。黑棋如果走A位,则白棋走C位冲三,黑棋走D位挡反三,白棋走E位四三杀,白棋胜(黑棋破解的唯一手筋是走B位)。

图9-57(b)中,白棋走△子是形,为取胜的关键。它有3个取胜方案:顺序走A,B,C位,成五成四杀;走A,D,E位杀;走F,G位杀。白棋△子的形是取胜的根本,黑棋无论怎样走,均无解。

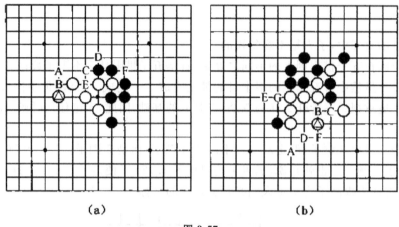

图 9-57

由此可以看出,以上白棋的△子虽没有直接杀着,却为以后的几种杀法奠定了基础。这样的形,常常因不容易发现而被忽略。

(四)走法及定式

在棋盘上,棋盘中心的星位叫天元。由于它无论从任何一个方向来看都是均衡的,所以黑棋开局的第一步一般都投子在天元上。

如图9-58所示,黑棋投子天元后,白棋有A位,B位两种走法。走A位,叫作为斜式;走B位,叫作为直式。

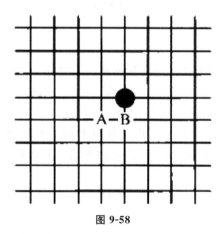

图 9-58

1. 直式走法及定式

直式走法见图9-59所示。下面就白棋走6位之后,黑棋的走法作一些介绍。

如图9-60所示,黑棋1位成四,白棋2位断,黑棋3位冲三,白棋4位挡。黑棋5位是形。白棋6位后,黑棋7位,9位冲三,白棋应。黑棋11位冲四,白棋12位挡,黑棋13位成五,白棋14位断,黑棋15位冲四成四,胜。黑棋9位冲三时,白棋10如走15位挡,则黑棋走完前面几步后,15在10位冲四,白棋挡后,黑棋17走A位成五成四,一样取胜。

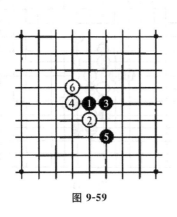

图 9-59

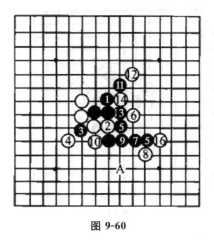

图 9-60

如图 9-60 中,如果白棋 6 走图 9-61 中的△位,黑棋 1 位冲三,白棋 2 位挡,黑棋 3 位冲四,白棋 4 位挡,黑棋 5 位四成四,胜。

在图 9-60 中,如果白棋 4 走图 9-62 中△位挡,黑棋 1 位走形,白棋走 2 位。黑棋 3 位冲三,白棋 4 位挡。黑棋 5 位冲三时,白棋 6 如走 A 位挡,则黑棋 B 位冲三再走 6 位胜。黑棋 7 位成四时,胜势已定。

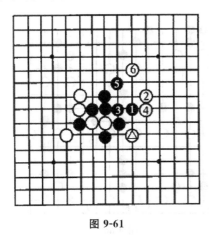

图 9-61

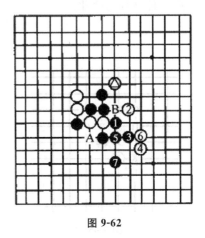

图 9-62

如果把图 9-62 中白棋走的 4、6 两步改走图 9-63 中的△位,黑棋 1 位冲三,白棋 2 位挡。黑棋 3 位冲四后,5 位摆杀,白棋 6 位解。黑棋 7 位冲三,白棋 8 如走 A 位挡,则黑棋有 G 位冲四、C 位成四后和 B 位的成五成四杀。黑棋 9 位冲三,白棋 10 不能 D 位挡,否则,黑棋有 C 位冲四,再 E 位摆杀。黑棋 11 是最后彻底解决问题的手段。一方面,黑棋 A、D、F 位的四三杀白棋;另一方面又有 C 位冲四后的 G 位四三杀白棋。

在图 9-63 中的黑棋 1 可以说是仅此一手的形,如改走其他地方均不理想。在图 9-64 中,黑棋走 1 位时,白棋 2 位是筋。黑棋 3 位断时,白棋走 4 位。黑棋 5 位走形时,先手丢失。白棋 6 位冲四,黑棋挡,白棋 8 位冲三时,黑棋 9 位应。白棋 10 位冲三,黑棋不能 C 位挡,否则,白棋走 A 位冲四后,B 位四成四,胜。黑棋 11 位挡后,白棋 12 位好形。下一步白棋 C 位冲四、D 位三成五杀黑棋。

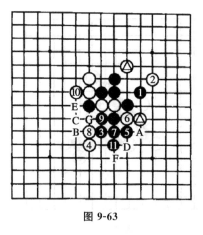
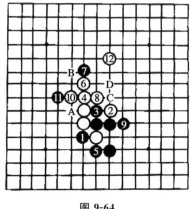

图 9-63　　　　　　　　　图 9-64

2. 斜式走法及定式

在图 9-65 中，黑棋走 1 位，白棋走 2 位后，黑棋 3 的走法有 A～L 共 12 种。

在这 12 种走法中，有几种开局走法已成为固定模式而为人们接受并经常使用，称之为定式。

所谓定式，就是一方占优势，另一方占先手的互不吃亏的开局。下面就图 9-66 中的 9 种开局介绍其中一种开局与变化。

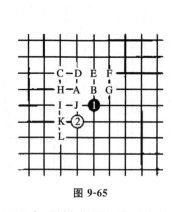
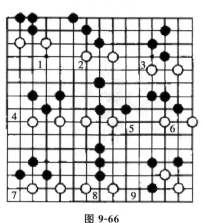

图 9-65　　　　　　　　　图 9-66

在图 9-67 中，黑棋有两个冲三优势，白方占先手。

在图 9-68 中，白棋 6 位冲三，黑棋 7 位挡。白棋走 8 位后，黑棋 9 位冲三，白棋 10 位挡。黑棋"位冲三，白棋 12 位挡后，黑棋 13 位形，妙杀白棋。黑棋走 A 位三成五杀，白棋如走 A 位则黑棋走 B 位冲四后再走 C 位四成四杀，白棋无解。

在图 9-68 中，如果白棋 12 改走 C 位，则变化如图 9-69 所示，白棋走△位后（即 C 位），黑棋 1 位冲三，白棋 2 位挡，黑棋 3 位妙形。下一步黑棋有 11 位的四成四和 10 位的三成五两个杀着。白棋 4 成五黑棋 5 位挡后，白棋 16 位冲四不能省，否则黑棋 11 位冲四后再走 14 位四三杀。白棋 8 位冲四将斜线杀着阻止，之后再走 10 位破黑棋三成五……但是黑棋仍然有妙手。黑棋 11 位冲四白棋挡，13 位成五白棋断，15 位冲四白棋挡，17 位成五白棋断，19 位四成四终于杀白棋。

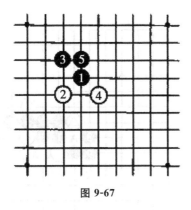

图 9-67

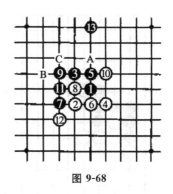

图 9-68

在图 9-68 中,如果白棋 10 改在 B 位挡,则变化如图 9-70 所示,白棋走△位挡后(即 B 位),黑棋 1 位冲三,白棋 2 位挡,黑棋 3 位冲三,白棋 4 位挡,黑棋 5 位,白棋 6 位应,否则黑棋走 6 位四成四杀。黑棋 7 位冲三,白棋 8 位挡,黑棋 9 位后,白棋无解。黑棋 A 位只成五杀和 B 位,C 位成五成四杀两者必得其一。在图 9-70 中,白棋 6 位如改走黑棋 7 位,则黑棋走 D 位冲只再走 C 位上方冲四,后 A 位成五成四杀。

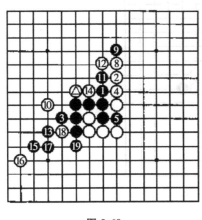

图 9-69

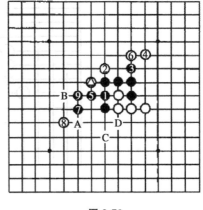

图 9-70

在图 10-70 中,白棋 2 如改走下方挡,则变化如图 9-71 所示,白棋 2 在下方挡,黑棋 3 位冲三,白棋 4 挡后,黑棋 5 位是漂亮的形。下一步,黑棋走 A 位的四成四或者走 B 位冲四再走 C 位三成五,两者必得其一。

在图 9-68 中,如果白棋 8 改走 9 位,则变化如图 9-72 所示,白棋走△位后(即 9 位),黑棋 1 位冲三,白棋 2 位挡,黑棋 3 位成四,白棋 4 位反成四抢先手,黑棋 5 位断,白棋 6 位冲三,黑棋 7 反冲四夺回先手。黑棋 9 位好形;A,B 两点的四三杀,必得其一。

在图 9-72 中,如白棋 2 改走 B 位,则变化如图 9-73 所示。黑棋 1 位冲三,白棋 2 位挡(即走 B 位)。黑棋 3 位冲三时,白棋 4 冲四交换一手。6 位挡后,黑棋 7 位摆杀,白棋 8 位解。黑棋 9 位是漂亮的形。黑棋走 A 位有四三杀,白棋如投子 A 位,则黑棋 B,C 位冲四后,D 位四三杀,白棋仍无解。

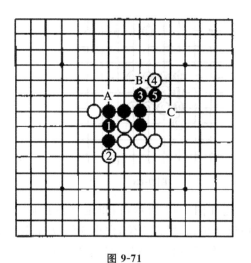

图 9-71

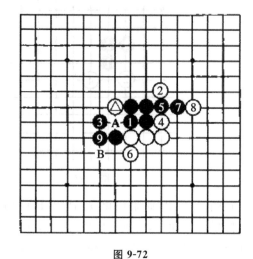

图 9-72

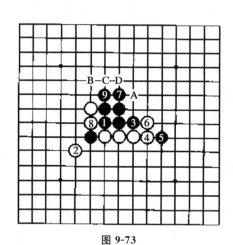

图 9-73

 知识拓展

  五子棋还有农村流传的一种玩法,也叫"进猪笼""五马飞""九子棋"。一方选石块,一方选树棍。每人九子,五子上阵,四子后备,吃对方一子则添加一子,最后 9 子围对方一子进侧方猪笼为赢。棋盘为四相连米字格,加侧面一田字格"猪笼",行棋可直线也可斜线,不限制步数,不能跳过棋子。吃子方式有:夹、挑、双夹、双挑、扫四。能看棋 2 步为熟练,3 步为高手。夹:两子单独夹住一子,同线上两子外不能有其他子。挑:一子走入两子中间,同线上两子外不能有其他子。双夹:走为四子对称夹住一子,同线上四子外不能有其他子。双挑:一子走入对称四子中间,同线上四子外不能有其他子。扫四:一子走到连续四子两头,同线上四子外不能有其他子。

第九章 心智休闲娱乐运动

第四节 桥 牌

一、桥牌概述

桥牌是一种扑克玩法，由4人分别坐在东、南、西、北的位置上，东西两人为一方，南北两人为另一方。比赛时，每人13张牌，通过叫牌达成定约。13张牌打完后，根据定约数清实际所得的墩数，然后计算这副牌的得分。

桥牌据说最早出现在16世纪英国莱斯特郡的达尔比镇，有两家人在一起玩一种叫做"凯旋"的牌戏，每晚轮流到对方家中去比赛。在两家之间有一座年久失修的古桥，激烈的比赛又吸引着两家人每晚冒险通过随时有坍塌危险的桥。凡过桥打牌的一家，回家走过桥后总要说一声："谢谢，明天该轮到你们过桥打牌了"，桥牌因此而得名。"凯旋"玩法逐步演变成为翻开第五十二张为主牌花色的"惠斯特"纸牌游戏，以后又发展为由发牌人看牌后选定主牌花色并可以将这种权利让给同伴的"惠斯特"桥牌。"惠斯特"桥牌于19世纪80年代起开始流行。为提高游戏难度和比赛兴趣，增加了"加倍"和"再加倍"的规定，出现了现代桥牌的雏形。1904年，竞叫桥牌开始出现，从此每一牌手均可以竞相叫牌，以确定主牌花色；1925—1926年，美国人范德比尔特在竞叫桥牌基础上创造了定约桥牌，增加了局况和满贯奖分，至此定约桥牌成为现代流行的社交游戏和世界范围的桥牌比赛。

在美国，定约桥牌得到了广泛支持，1928年，美国举办了第1届全国定约桥牌锦标赛（范德比尔特杯赛），一直延续至今。20世纪30年代，克柏森成为定约桥牌的领袖人物，1929年，他创办了第一个定约桥牌杂志——《桥牌世界》，并于1930年出版了著名的《兰书》。20世纪40年代，高伦推动了计点法，并发明了以计点为核心的高伦叫牌法，成为自然叫牌法的基础；1935年，在美国纽约举行了第一次世界桥牌比赛；1950年，在百慕大举办了第1届百慕大杯世界桥牌锦标赛，该赛事后来成为世界最高级别的桥牌比赛；1958年8月，世界桥牌联合会在挪威成立，从此定约桥牌在世界桥联的统一组织下广泛地开展并逐渐完善起来。

桥牌在我国开展时间比较晚，中国桥牌协会成立于1979年9月，1980年10月，我国加入国际桥牌联合会。尽管如此，国内众多桥牌爱好者被桥牌的高雅、文明、竞争、趣味性等特性所吸引，尤其是改革开放以后，桥牌在中国大陆非常普及，而且达到很高的水平。

桥牌运动具有如下特点。

(1)桥牌虽有定约，但同样非常充分地体现了尽量多得和减少损失等原则。

(2)桥牌有利于改善人际关系和提高协调配合能力。人际关系、协调配合在桥牌中的作用可以在"桥"中非常形象地表现出来。因为桥牌玩伴之间必须通过密切合作，齐心协力，才能取得胜利。

(3)桥牌可以看作是"一场无声的战争"，同时也是一种高雅、文明的棋牌运动。因而，桥牌有利于增长智慧，陶冶情操，完善性格，帮助人们更好地适应生活，遇事考虑全面、临危不乱，并能学会在复杂环境下处理人际关系等。

(4)依靠智慧而取胜是桥牌的主要乐趣来源。打牌过程中要运用许多数学、逻辑学的计算原理进行思考,同时对人的记忆能力有很高的要求。

(5)桥牌强烈的趣味性在于它的不确定性以及不可避免的"运气",完成有难度定约时的快慰和兴奋等。

二、桥牌的基本技术

(一)准备阶段

1. 确定方位

打牌前应事先准备好 1 张方桌,4 把椅子和用来叫牌、记分的纸和笔。

桥牌使用的是一副去掉两张大小王的普通扑克牌,剩下的 52 张牌分黑桃、红心、方块、草花 4 种花色,每一种花色有 13 张牌,按大小依序排列是:A、K、Q、J、10、9、8、7、6、5、4、3、2。

如有条件,应尽量使用桥牌专用牌具,包括牌、牌套、叫牌卡、推盘等。玩牌时 4 人围桌分北(north,代号 N)、东(east,代号 E)、南(south,代号 S)、西(west,代号 W)4 个方位就座。N-S、E-W 互为同伴或搭档,双方互为敌方。如图 9-74 所示。

图 9-74

方位的确定应首先指定一方位为北,然后用抽牌大小的方式按照与北的正常关系依次入座。也可以先确定方位,由同伴或队友间按照所排定的方位,自行协商选择座位。打牌过程中,南家负责记分,北家负责监督取放牌的正确程序,并维持该桌的正常比赛进行。

2. 洗牌

第一副牌按北、东、南、西顺时针方向轮转。洗牌的目的是使牌均匀混合,在混合洗牌过程中应将牌面朝下,以防止暴露牌。如果有任一敌方要求,应请其切牌,以求公平。

3. 发牌

发牌时牌面务必向下,按顺时针方向回转,每人每次一张,发成 4 手,每人 13 张牌。如北发牌必须先从东家开始,然后是南家、西家、北家,每次一张,依次轮流,直到发完 52 张牌为止。发牌也是一项基本功,要迅速、稳准、不错发、不散乱,否则须重洗、重发。有牌套时,发牌和洗牌工作则由四人同时完成,并将发好的牌装入牌套以备用。

4. 持牌

发牌结束后,牌手在看到自己分发到的 13 张牌之前,首先要数一数,核实无误后再看牌面。每人拿到的 13 张牌称一手牌,牌手应将自己的一手牌按黑桃、红心、方块、草花四种花色分类整理,并按大小顺序排列。

通过整理牌,会发现各门花色的张数不一样,这种由四种花色组合成 13 张牌的组合有 39 种,我们称为牌型。牌型分平均型和非平均型两种。

(1)一般无单张或缺门的牌型为平均型

(2)有单张或缺门的牌型为非平均型。从持牌起至打牌结束,每人必须管理好自己的牌,不使自己的牌与他人的牌相混。打完一副牌后,每人均须将其原持的 13 张牌放回相应方位的牌套袋中。

(二)叫牌

叫牌是确定定约的过程。叫牌的目的是使同伴之间互通牌情,以便找到最佳定约,或者干扰对方选择出最有利的约定,战胜敌方。

桥牌的胜负,叫牌起着至关重要的作用。叫牌要取得优势,需要有一个适合的叫牌体系,要有伙伴的紧密配合和默契,还要在叫牌过程中具有科学推理和逻辑判断能力,运用机动灵活的叫牌技巧。

牌手看过自己的一手牌后,对于该方来说竞叫阶段已经开始。牌套上标明的发牌人是法定的首先叫牌人,称首叫,发牌人的左手下家为第二叫牌,然后按顺时针轮流叫牌。

一副牌中,第一个作出花色或无将叫的称开叫,当一方作出花色或无将叫后,另一方为参与竞争定约而作出的花色或无将叫(包括技术性加倍),称争叫。开叫者和争叫者的同伴对开叫、争叫所作的应答叫牌,称应叫。开叫、争叫以后的叫牌称再叫,其同伴的叫牌称再应叫。

叫出的内容称叫品,叫品分实际叫品和辅助叫品两种。在某一牌手叫出某一实际叫品后,其余三家均表示不叫,则叫牌结束,最后的叫品转化成这副牌的定约。

每一实际叫品包括两个成分:1~7 阶数和花色名目(或无将)。阶数表示应当完成的赢墩数,赢墩数为 6+阶数;花色即为先定将牌的花色,无将则表示无主牌。

如图 9-75 所示,2♥表示红桃为将,须 8 个赢墩;1NT 为无将牌,须 7 个赢墩。

图 9-75

花色或无将是有等级之分的,其等级南高至低依次为无将、黑桃、红桃、方块和草花,如表 9-1 所示。

表 9-1　花色与无将的等级以及符号

花色名称	英文	符号	书写代号
无将(无主牌)	no trunlp	NT	NT
黑桃(高花)	spade	♠	S
红心(高花)	heart	♥	H
方块(低花)	diamond	♦	D
草花(低花)	clad	♣	C

叫牌必须保证由低向高进行。新的实际叫品超越前一叫牌，后者的阶数应高于前者，或在阶数相同时，花色等级应高于前者。叫品的等级：1♣为最低，7NT为最高叫品，如图9-76所示。例：2♥之后可叫2♠、2NT、3♣等，但不能叫2♣或2♦，更不能叫一阶任何叫品。3NT、4♥(♠)、5♣(♦)及其以上为成局定约，6阶花色或无将为小满贯，7阶则为大满贯。

在实际叫牌中，叫牌的阶数、级别刚好超越前一叫牌，称平叫。如1♣—1♦(♥、♠)、1NT、2♣，而叫牌的级别比超越前一叫品的基本要求还要高一阶或两阶的叫牌，称跳叫。如2♥～3♠、3NT、4♣(♦、♥、♠)、4NT等。同一叫牌者，先叫高级花色，接着再叫低级花色，称顺叫，如先叫花色等级1♥，再叫2♦。若先叫低级花色，再叫高级花色，则称逆叫，如先叫♦，后叫♥。不同的叫牌体系中上述叫牌具有不同的含义。

```
高    7阶    7♣  7♦  7♥  7♠
 ↓    7NT
 低    6阶    6♣  6♦  6♥  6♠
      6NT
      5阶    5♣  5♦  5♥  5♠
      5NT
      4阶    4♣  4♦  4♥  4♠
      4NT
```

图 9-76

桥牌中的辅助叫品有以下3个。

第一，不叫(pass)。含义是不够开叫，争叫、应叫或是对前一叫品的认可。书写代号为"—"或"/"，最后一家为"="或"//"。

第二，加倍(double)。含义是惩罚敌方所叫的叫品，也可以是同伴间的约定叫，书写代号为"×"。

第三，再加倍(redouble)。含义是对敌方的加倍惩罚给以还击，书写代号为"××"。

辅助叫品没有等级。"不叫"可以在没有实际叫品之前出现，也可以在任何叫品后使用。牌手可对敌方的最后一个叫牌名目进行加倍，其后如有叫牌，仅为不叫。"再加倍"仅可对敌方前面最后的一个叫品"加倍"进行再加倍，其后如无叫牌即成为再加倍定约，若其后有叫牌，则仅视为不叫，而非其他形式的叫品。

桥牌叫牌方式有口语、书写、叫牌卡3种。一般练习或休闲娱乐常采用口语和书写法叫牌，而正式比赛则用叫牌卡叫牌。口语叫牌时，应使用桥牌叫牌的专门术语，不得有特别的强调和举止;书写叫牌时,使用书写符号要规范,如表9-2所示。

表9-2 叫牌书写符号示例

北	东	南	西
		1C	1H
1S	—	2D	2H
2NT	—	3NT	×
—	—	××	—
—	=		

拿到一手牌时,怎样知道这手牌的强弱,一般来说,牌的好坏要从牌力(大牌强度)、牌型或花色点分配两方面考虑。目前,大多采用计算大牌点和牌型点的办法来衡量,即:

甲:大牌点

A=4点,K=3点,Q=2点,J=1点。

(单张K、Q,双张Q、J扣减一点)

乙:牌型点,如表9-3所示。

表9-3 牌型点

	双张	单张	缺门
开叫方	1点	2点	3点
应叫方(将牌对应)	1点	3点	5点

每一花色有10个大牌点,一副牌共有40个大牌点,一手牌平均牌力为10个大牌点。每一副牌13墩,平均3点即可取得一个赢墩,于是开叫与13点牌便成了自然叫牌法的最低限开叫标准。同样,每门花色13张,每一手牌平均3张,因此一门花色的4张套也自然成为开叫的最低要求。常规情况下,联手大牌点的总和基本决定了相应赢墩的能力。根据前人经验的统计,可得到实力与定约的大致关系,如表9-4所示。

表9-4 实力与定约的关系

联手牌点	可望成局、满贯定约
26	3NT♥ 4♠
29	5♣ ♦
33	小满贯
37	大满贯

下面结合自然叫牌法,简要介绍开叫、争叫、应叫的基本方法。

1. 开叫和争叫

开叫和争叫如表 9-5 所示。

表 9-5 开叫和争叫

叫 品	开 叫	争 叫
1♣♦♥♠	13 点~21 点:4 张以上套	1♣除外,10 点以上好的 4 张以上套
1NT	16 点~18 点:3 门有止,均型牌	16 点~18 点:敌叫花色有止,均型牌
2♣♦♥♠	22 点~25 点:5 张以上套	13 点~15 点:好的 5 张套跳争;10 点以上好的 6 张套
2NT	22 点~24 点:4 门有止,均型牌	同开叫
3♣♦♥♠	8 点~10 点:7 张套	13 点以上好的 6 张套,跳争叫、同开叫
3NT	25 点~27 点:4 门有止,均型牌	
4♣♦♥♠	8 点~10 点:8 张套	同开叫

2. 开叫和应叫

开叫和应叫如表 9-6 所示。

表 9-6 开叫与应叫

开 叫	应 叫
1♣♦♥♠	0 点~5 点:不叫;6 点~10 点:简单加叫或 1NT;6 点~18 点:一盖一新花;11 点~18 点:二盖一;13 点~15 点:4 张支持跳加或 2NT;16 点~18 点:3NT;19 点以上:跳叫
1NT	6 点:不叫;7 点~9 点:2NT;10 点~14 点:3NT;15 点~16 点:4NT;17 点~18 点:6NT;21 点:7NT;2♣♦♥♠ 表示 6 点~8 点 5 张以上套;3♣♦♥♠ 表示 10 点以上和一门好套
2♣♦♥♠	0 点~7 点:无 A 叫 2NT,3♣♦♥♠ 张支持加叫;8 点以上报 A 或 5 张套
2NT	3 点:不叫;4 点~8 点:3NT;9 点~10 点:4NT;11 点~12 点:6NT;15 点:7NT;3 为 4 点~8 点和一门 6 张套
3♣♦♥♠ 4♣♦♥♠	一般不叫,将牌对应,有大牌实力则花色进局或满贯

例:第 15 副,南北局,南开叫(图 9-77)。

叫牌有以下几个注意事项。

(1)应选择适合自己的叫牌体系,并与同伴深刻领会叫牌体制精神。

(2)任何叫牌必须力求准确,以使同伴能最大限度地了解牌情,理解叫品的含义。应用约定叫时要记准内容,防止与同伴发生误解。

(3)叫牌时要充分估计同伴应叫的各种可能,注意分析敌方叫牌的含义及目的,以便为再叫、首攻、坐庄作好准备。

(4)持强牌时要谨慎,防止冒进,发现失配,要及时刹车。花色配合,联手牌力弱时,要贯彻速达原则,快速进局。

(5)阻击叫阶数一次叫足,阻击叫和争叫应参照"二三原则":有局时最多宕二,无局时最多宕三。

(6)特殊约定必须提请对方注意,对方提问时要如实相告。

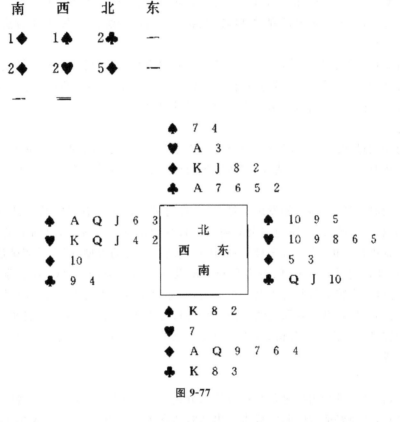

图 9-77

(三)打牌

竞叫结束,定约方首先叫出定约花色或无将的一家主打,称庄家,庄家的同伴称明手,定约方的敌方即成为防守方。第一张牌由庄家左手边防守者领出,称首攻。首攻出牌开始时牌面向下置于面前桌上,若无竞叫过程的复述与询问,首攻的牌即可翻明。之后,明手将其手中牌牌面向上摊于面前桌上,并按花色大小顺序排成四列,将牌放在右首。打牌时,每人每次都要按顺时针方向打出一张牌。四家出齐后构成一墩。每家必须跟出相同花色的牌称跟牌,如手中已无这门花色,可用将牌吃或垫其他花色的牌。

一墩牌中,无将牌时领出花色最大牌赢得此墩并获得下一轮引牌权,有将时则最大将牌赢得此墩并获得下一轮引牌权。每轮出过的牌应将牌面翻扣在自己面前的桌上。已扣过的牌墩,下一轮引出后,任何人不得再要求查看。为了便于计算和清点赢墩数,应按赢墩竖放,输墩横放的方法,并按出牌的先后顺序摆放整齐。

1. 坐庄与防守

桥牌有牌张大小、出牌顺序、引牌权、有将、无将等许多规定和特点,桥牌打法的理论和技巧是基于桥牌的规定和特点而形成的,下面按打牌的自然进程分别介绍首攻、坐庄和防守打牌的基本方法。

(1)首攻

首攻是明手摊牌前唯一的防守打法,首攻是否恰当往往成为定约成败的关键。对首攻花色与牌张的选择,应根据叫牌过程、持牌牌型、花色点分配等综合考虑,基本方法如下。

①有将定约

尽快树立自己的赢张并兑现大牌,以免定约者树立长套后垫掉输张;破坏定约者对将牌的控制,使自己的小将或长套变为赢张;首攻将牌减少,定约者或明手将吃,交叉将吃的机会;首攻短套,争取将吃;守势出牌,不给对方多得一墩的机会等。

②无将定约

首攻同伴叫过和惩罚性加倍过的花色;有进手张时,首攻自己的长套;长套连张时攻大牌;未叫过的高花时常是好的首攻选择;守势出牌,首攻无任何赢墩可能的花色等。

(2)坐庄

无将定约时先计算赢张,如发现不足,设法在打牌中产生。有将定约先计算输张,如发现过多,应充分利用将牌,设法避免多余的输张。打牌中最好二者统筹,以确定最佳方案。对叫牌和首攻信息进行分析,首攻含多种信息,庄家应结合本方的牌型、牌力及叫牌过程,判断首攻的目的,推算和预测对方的牌型、点力分布情况及主要进攻方向、路线、后果等。做好全盘筹划,在明手打第一张牌前就要订出两三个方案,并充分估计赢张兑现是否有意外,桥路是否畅通,如何发展和开拓赢墩以确保定约完成。打牌过程中要根据敌方叫牌和打出牌张,对敌方持有的牌力和牌型进行准确的分析,修正或改变自己的打牌计划和打牌路线,根据情况采取措施确保定约完成。

(3)防守

防守时,首先要进行叫牌过程与首攻信息分析,根据明手与自己手中的牌型、点力推算牌型及点力分布,选择好适宜的防守战术。出牌时通常第二家跟小牌,第三家出大牌或用大牌盖大牌;利用反吊将、忍让、顶掉进手张等形式,打断对方桥路,使对方赢墩作废;以打击定约者为主,利用反飞攻击下家的强套,上家的弱牌等。

此外,"十一法则"和利用各种信号传递信息,在防守中具有重要意义。"十一法则"指在无将定约巾,首攻长套第四张大牌 X,则 $11\sim X$ 的面值是其余三家手中大于 X 的张数,首攻者的同伴根据明手和自己手中的牌,可以算出庄家大于 X 的张数。防守中,用于沟通牌情,进行整体联防的常用信号 Y 有以下几个。

①双张信号:先大后小。
②花色欢迎信号:跟出不必要的大牌。
③将牌信号:先中后小表示3张,先小后大表示双张。

④花色选择信号:高花跟大,低花跟小等。
⑤长短信号:先大为偶数张,先小为奇数张。

综上所述,桥牌坐庄与防守的基本原则应是建立在COB的基础上的,其中C(count)——计算输赢墩;O(opening lead)——首攻信息分析;B(bidding)——叫牌过程分析。每位牌手根据每一副牌的具体情况,灵活加以应用。

2. 获得赢墩

打牌是定约的执行过程,定约规定了需要的赢墩数,因此打牌的整个过程是以竞争赢墩为目的,进行牌技较量的过程。打牌时,赢墩的产生不外乎以下几种途径。大牌赢墩;长套赢墩;将吃赢墩。围绕这3种方式可产生若干的技巧和方法,称之为打法。桥牌的打法很多,本书仅对这3种方法作简要介绍。

(1)大牌赢墩

一般情况下,大部分赢墩是靠大牌取得的,A是取得赢墩最有效的牌,K次之。A、K打掉则Q升级,以此类推。使次级大牌升为赢墩的方法很多,如飞牌、投入、紧逼等。

图9-78示例中,南家出J,西上K则北A盖,Q升级,如西不盖则J飞过后出小再飞K、Q、J升级。图9-79示例中,庄家出♥K,西家被紧逼,西垫♠A则北垫♦6,若西垫♦10则北垫♠J,然后用♦7过手,三墩全拿。

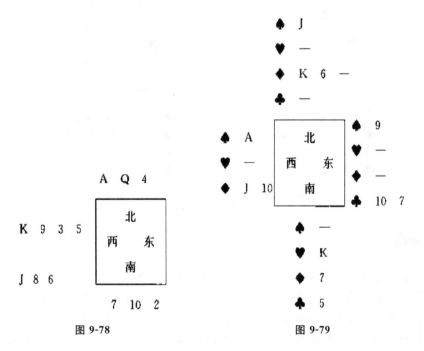

图 9-78　　　　　　　图 9-79

(2)长套赢墩

图9-80示例中,南家连打AKQ,三家跟出,2可赢一墩。图9-81示例中,南家先打A,续打7,三家牌型只要是2—2—2分布,则手中的小牌全部成为赢墩。因此,在无将定约中,当持有一个长套,虽缺少大牌,但只要把对方该套中的大牌逼出,就可以使小牌变为赢墩。

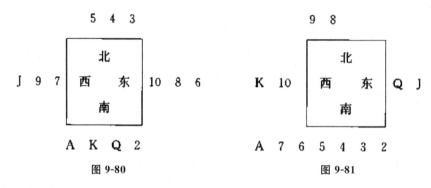

图 9-80　　　　　　　　　　　图 9-81

(3) 将吃赢墩

有将定约时，一门花色告缺，则可用将吃获得赢墩。常用的方法有将吃、交叉将吃、超将吃等。图 9-82 示例中，南打 5♥，首攻♣Q，明手须用小将将吃一张♠，南方可完成定约。图 9-83 示例中，南打 4♥，庄家与明手必须相互交叉将吃♣♥，方可完成定约。

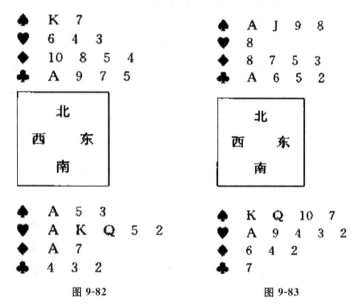

图 9-82　　　　　　　　　　　图 9-83

知识拓展

中国最著名的桥牌赛事项目为叶氏杯桥牌大奖赛，由中国台湾叶氏集团该项赛事（叶澄先生）资助，是目前中国举办的奖金最高、参赛队伍档次最高的长设性桥牌比赛。本次比赛是近年来中国桥牌协会举办的最高级别的一项国际赛事。参赛队共 28 支，分别是：世界锦标赛前 3 名、欧洲锦标赛前 6 名、各大洲代表队、亚太锦标赛前 3 名及其他世界传统强队。其中包括了曾获 10 多次世界冠军的意大利队和美国队，世界桥牌传统强队法国队、波兰队、荷兰队、瑞典队、加拿大队、英格兰队以及多次亚太锦标赛冠军得主印尼队等。

参考文献

[1]刘慧梅.城市化与运动休闲[M].杭州:浙江大学出版社,2014.
[2]谢卫.休闲体育概论[M].成都:四川大学出版社,2014.
[3]周兵.休闲体育[M].桂林:广西师范大学出版社,2002.
[4]江雯等.运动无极限——休闲运动大全[M].呼和浩特:内蒙古人民出版社,2003.
[5]庞元宁.大学体育与健康(下):运动篇时尚休闲体育[M].北京:高等教育出版社,2011.
[6]邢金善,续俊,田颖.时尚健身理论与运动方法[M].哈尔滨:东北林业大学出版社,2008.
[7]张建新,牛小洪.户外运动宝典[M].武汉:湖北科学技术出版社,2008.
[8]陈雪红,周兴富.球类运动教训与训练[M].哈尔滨:哈尔滨地图出版社,2007.
[9]黄益苏.球类运动[M].北京:高等教育出版社,2007.
[10]周建林.球类运动体育教程[M].南京:南京师范大学出版社,2005.
[11]周兵.休闲体育[M].桂林:广西师范大学出版社,2005.
[12]罗中才.中国象棋[M].长沙:湖南大学出版社,2004.
[13]黄静,熊昌进.攀岩运动[M].上海:上海科学普及出版社,2005.
[14]马尔斯·格瑞西,托马斯·弗里希克莱特.山地自行车[M].北京:人民体育出版社,2001.
[15]杨汉.山地户外运动[M].武汉:中国地质大学出版社,2006.
[16]王合霞.轮滑技巧[M].北京:中国社会出版社,2010.
[17]董范,国伟,董利.户外运动学[M].武汉:中国地质大学出版社,2009.
[18]历丽玉.户外运动与拓展训练[M].杭州:浙江大学出版社,2012.
[19]张瑞林.户外运动[M].北京:高等教育出版社,2005.
[20]董范,刘华荣,国伟.户外运动组织与管理[M].武汉:中国地质大学出版社,2009.
[21]孟刚.户外运动[M].北京:北京师范大学出版社,2008.
[22]董立.大学生户外运动[M].成都:西南交通大学出版社,2010.
[23]韩春远.攀岩技巧与训练[M].广州:华南理工大学出版社,2009.
[24]朱寒笑.登山和攀岩技巧[M].北京:中国社会出版社,2008.
[25]戴福祥.怎样打高尔夫球[M].苏州:苏州大学出版社,2006.
[26]袁运平,凌奕.高尔夫球运动手册[M].北京:人民体育出版社,2001.
[27]邹纯学,李远乐.户外运动[M].长沙:湖南科学技术出版社,2005.
[28]王小源.户外运动用品与装备手册[M].北京:中国水利水电出版社,2005.
[29]马红宇,等.登山、攀岩与野营入门[M].南京:江苏科学技术出版社,2002.
[30]陶宇平.户外运动与拓展训练教程[M].成都:电子科技大学出版社,2006.